KB166826

은막의 사회문화사

은막의 사회문화사

1950~70년대 극장의 지형도

한국영상자료원 엮음

Korean Film Archive
한국영상자료원

일러두기

- 이 책은 2016년 한국영상자료원 한국영화사연구소 학술 심포지엄 "은막의 사회문화사: 개봉관의 등장부터 1970년대까지"의 결과물로, 심포지엄에서 발표된 글들을 수정·보완하여 엮은 것입니다. 학술지에 발표된 경우 각 글의 앞면에 별도의 표기와 함께 출처를 명기했습니다.
- 책의 기획과 구성은 한국영상자료원 한국영화사연구소와 이 책의 필자들이 공동 진행하였으며, 책임 편집은 한국영화사연구소 연구원 오성지가 맡았습니다.
- 맞춤법과 띄어쓰기는 '한글 맞춤법'을 따르되, 신문 기사 등의 인용은 당대의 표기를 따랐습니다. 또한 영화 등의 작품명은 〈 〉, 노래 및 기사 제목은 " ", 신문과 잡지명은 《 》, 논문과 공문은 「 」, 단행본은 『 』로 표시하였습니다.

차례

저희 영상자료원 한국영화사연구소는 2007년에 설립된 이래, 한국 영화사 연구를 위한 보다 많은 자료 제공과 이를 토대로 한 심도 깊은 연구를 지원하기 위해 다양한 사업을 진행해왔습니다. 중요하지만 상대적으로 주목받지 못했던 한국영화사의 주제들을 연구자들과 함께 공부하고, 심포지엄을 통해 공개한 후 그 성과를 심화하여 연구서적을 발간하는 사업 역시 그중 하나입니다. 올해도 '극장'이라는 주제어로 흥미로운 연구서적을 발간하고자 합니다.

요즘 관객들에게 다양한 영화 중 한 편을 골라볼 수 있고, 영화 관람과 쇼핑 등을 함께할 수 있는 멀티플렉스 영화관이 친숙하지만, 과거의 극장은 한 개의 대형 극장에서 영화 한 편만을 볼 수 있는 현저히 다른 공간이었습니다. 1950년대 이후 한국의 극장은 서구의 영화를 제대로 감상하기 위해 최신 영사기와 스크린, 음향시설을 도입했고 관객들의 편안한 관람을 위해 좌석을 지정하고 휴게실을 마련하는 등 영화전문관으로서 자리 잡기 시작하였습니다. 극장의 규모도 확대되어 대한극장은 2000석이 넘는 좌석을 자랑하기도 하였습니다. 이와 함께 상영 전 배우들의 공연과 같은 부대행사가 활발히 이루어졌습니다. 1960년대가 되면 한국영화의 성장과 더불어 한국영화전용관과 외국영화전용관이 분리되었습니다. 나아가 외국영화 중에서도 액션영화를 주로 상영하는 개봉관, 여성 관람객을 대상으로 하는 한국영화를 주로 상영하는 개봉관 등 자신만의 독특한 성향을 가진 극장이 등장하기도 하였습니다. 완성된 영화가 관객과 만나는 가장 마지막 지점인 '극장'은 이렇게 관객들의 요구에 맞추어 보다 전문적인 공간으로 변모하였고, 이런 극장의 변화를 사회문화적 관점에서 연구하는 것은 매우 의미 있는 일이라 하겠습니다.

2016년 11월 한국영화사연구소가 진행한 "은막의 사회문화사: 개봉관의 등장부터 1970년대까지" 심포지엄 결과를 토대로 한 이번 도서는 1950년대부터 70년대까지 근 20여 년간의 영화관의 변화에 초점을 맞추었습니다. 50년대 서울 시내 극장의 변화와 상영 관행을 구체적인 자료를 통해 고찰한 연구 결과부터 60년대 시네마스코프 외화가 수입되면서 관객들이 극장에서 새롭게 체험하는 영화적 경험, '지방' 상설 극장의 설립과 확산, 60~70년대 서울 개봉관의 지형과 변화를 단성사를 중심으로 살펴본 연구 결과까지 흥미로운 글들로 꾸며진 이 도서는 영화사 연구자뿐만 아니라 오늘도 극장에서 영화 한 편을 보고 오신 모든 여러분이 재미있게 읽을 수 있는 책이 될 것이라고 생각합니다. 이 책을 바탕으로 '극장'을 주제로 한 연구 작업이 더 심도 깊게 이루어지기를 기대합니다. 아울러 소중한 원고를 게재해주신 필자 여러분, 편집과 교정 작업에 노고를 아끼지 않으신 출판 관련자 여러분의 노고에 감사의 인사를 드립니다.

한국영상자료원 류재림

1950년대
극장의 변화와 전문화의 양상 연구

이길성

1. 들어가며

한국영화사 연구에서 영화 수용에 관련된 논의는 주로 개별 작품이나 장르에 대한 관객의 태도에 중심을 두고 진행되었다. 그러므로 이러한 논의과정에서 영화작품과 대중이 조우하는 교합점인 극장에 대한 연구는 크게 관심을 받지 못하였다. 그러나 극장은 관객이 작품을 받아들이는 중요한 환경을 제공하는 곳이자 관람이라는 공적인 동시에 사적인 행위가 일어나는 공간이다. 따라서 영화를 본다는 것은 극장을 간다는 경험과 더불어 사고해야만 "일상생활을 영위하는 주체들의 문화적 실천의 구체적인 양상을 파악"할 수 있다.[1] 이러한 관점에서 극장 연구를 진행할 때 특히 1950년대는 매우 중요한 전환점이 되는데, 이른바 1950년대부터 1980년대 기간, 일명 충무로 시대를 관통하는 영화 상영의 기본적 틀을 형성한 시기였기 때문이다.

특히 1950년대 후반기는 전쟁 이후 거의 폐허 상태에서 한국 영화산업이 복구되는 시기로서 상영뿐만 아니라 제작과 배급 등 전반적인 영화산업 구조가 재형성되었으며 이후 시기까지 공고히 지속되는 기본적 토대가 세워졌다는 점에서 매우 중요하다. 특히 극장에서의 이러한 변화는 극장 자체를 바라보는 시각의 변화와 함께 일어났는데, 1940년대까지 극장을 둘러싼 논의들은 공적 공간으로서 역할을 부여하려는 경향이 강했고 계몽적인 활동에 대한 요구들이 높았다. 해방 이후 미군정, 정부 수립 그리고 전쟁을 겪으면서 극장은 영화와 공

---

1 위경혜, 「1950년대 중반~1960년대 지방의 영화 상영과 '극장가기' 경험」, 중앙대학교 첨단영상대학원 박사학위논문, 2010, 12쪽.

연뿐 아니라, 강연회, 정부 행사, 기념식 등의 다양한 행사들까지 시행되는 공간이었다. 더구나 상업적 흥행물만을 보더라도 극장은 영화와 각종 공연이 경쟁하는 장소였다. 1956년 이전까지 한국영화는 한 해 10편도 채 제작되지 않았기 때문에 영화 프로그램은 거의 외국영화로 채워져 있었으며 이마저도 영화 수급의 어려움으로 인해서 동시기에 제작된 작품들을 상영할 수 없었다.

이처럼 극장은 1950년대 전반기에는 재탕을 하는 외화, 공연 등으로 채워져 있었고 영화는 힘겹게 여타 상연물과 경쟁 관계에 있었다. 1956년 이후 한국영화의 급속한 성장 및 상대적으로 안정화된 외화 수급으로 인해서 서울의 극장들은 점차로 영화전문관으로 변모하였고 수입된 외화들도 최신 작품으로 변경되고 있었다. 안정되어가는 영화 수급은 극장 프로그램의 정례화 및 영화전문관으로의 전환을 가속화시켰고 이러한 토대 위에서 한국영화의 선전을 기반으로 한국영화전용관이 점차 증가했다. 또한 영화의 안정적 공급과 상영은 개봉관과 2번관, 그리고 이하 하번관의 위계적 질서를 정립시켰고 계층화된 극장들 각각의 상영 관행을 생성시켰다. 특히 개봉관은 '영화 구경'에서 '영화 감상'의 시기로 이행하는 전환기를 거치고 있었는데, 극장을 신축 혹은 개축하면서 최신식 영사기를 도입했고 개인별로 편안한 좌석을 설치했으며, 지정좌석제에 의해 안정적으로 자리가 확보되어 작품 감상에 집중할 수 있는 환경을 조성했다.

1950년대 후반기는 이러한 변화를 통해 영화전문관으로서 극장이 안정화되었고, 지역적 환경과 관객의 취향에 따라서 외국영화전용관과 한국영화전용관으로 분화되는 변화가 일어났다. 지역적으로 서울

종로와 중구를 중심으로 다수의 개봉관이 신설되면서 집중화되었고, 외곽 지역에는 대형 2번관이 새로 들어서면서 지역 관객을 흡수하였고 그 이하 하번관이 더 세분화되어서 다양해진 관객층을 상대하였다. 이러한 변화는 2000년대 이후 멀티플렉스 시대가 본격화되기 이전 시대의 극장과 수용 문화의 기본적 틀을 구축했다.

그러나 이러한 중요성에도 불구하고 한국영화사 연구에서 1950년대 극장 관련 연구는 위에 언급한 상황 변화에 대한 개략적 논의에 머물러 있었는데, 최근 극장에 대한 관심이 증대하면서 이 시기에 관련된 연구가 확대되고 있다. 이지윤의 논문은 1950년대 후반기 극장의 변화를 보다 구체적으로 논구하고 있는데, 한 축으로는 극장 자체 공간의 변화 즉 실내·외 제반 시설의 변화 및 그 동인이 되었던 사회적 담론을 설명하고 다른 축으로 지정좌석제를 비롯한 당국의 제도적 개선을 통해 해당 시기 극장이 영화관으로 정립되는 과정을 보여준다.[2] 박선영의 경우 1950년대 후반기 공연물이 극장에서 점차 사라지고 영화 상영이 중심화되었을 때 새로운 마케팅의 일환으로 시행되었던 실연무대를 고찰하고 있다.[3] 이처럼 1950년대 극장에 관한 연구는 개괄적인 지형도를 보다 구체적인 사실들로 보충하고 1950년대에 시작된 독특한 관행들에 주목하고 있다.

본 연구는 이러한 논의를 기반으로 1950년대 서울 시내 극장의 지형도와 그 변화 과정을 실증적인 자료를 통해 구체적으로 논구하고자

---

2 이지윤, 「자본주의적 선진 문화공간으로서의 1950년대 극장연구: 1950년대 중후반 서울 개봉관을 중심으로」, 중앙대학교 첨단영상대학원 박사학위논문, 2017.
3 박선영, 「1950년대 말~1960년대 초 극장의 영화 상영 관행: 실연무대와 무대인사를 중심으로」, 《한국극예술연구》 56집, 한국극예술학회, 2017.

한다. 크게 두 가지 지점에 착목해서 논의를 전개하고자 하는데, 우선 전쟁 이후 극장들의 상황을 살펴보면서 이들이 1950년대를 거치며 어떠한 방식으로 증가했거나 감소했는지를 조사하고, 극장 건물 자체의 내·외부 변화 등을 당시의 영화산업적 상황과 제도적 변화와 연결하여 고찰한 후 이러한 변동이 가지는 당대적 의미를 탐구한다. 다른 한편으로 당시 실제 상영된 프로그램을 목록화하고 그 수치를 기반으로 극장에서 공연물이 사라지고 영화관으로 정립되는 과정과, 그 이후 다시 한국영화관과 외국영화관으로 분화되는 실제적 추이를 구체적으로 파악하고자 한다. 이 작업을 위해서 해당 시기 발행된 경향신문과 조선일보 등의 신문광고를 기본적인 자료로 삼고 신문기사 및 여타 자료를 통합하여 해당 시기 극장별 상영 프로그램에 대한 구체적인 지형도를 그려내고자 한다.[4]

2. 1950년대 서울 상영관의 변화

1950년대 후반기 극장 변화의 명제는 '현대화'였다. 전쟁 이후 국가 재건과 복구의 움직임 속에서 극장 산업 역시 시설을 '현대화'하여 서구식으로 변모하려는 시도를 했다. 이러한 의도는 한국에서만 일어난 것은 아니었는데 가까운 일본 역시 1950년대에 유사한 변화가 시도되고 있었다. 가토 미키로우는 교토가 영화도시로 변모하는 과정을 고찰하

---

4 여기 실린 표와 수치는 《경향신문》과 《조선일보》의 극장광고를 중심으로 분석한 결과이며 《동아일보》 역시 참조하였다. 신문광고만으로는 확인할 수 없는 시기는 각 신문의 극장별 상영물을 소개하는 기사로 보충하였다. 그 외에도 연도별로 각 극장의 상영을 기록한 '세상키의 극장개봉사(http://blog.naver.com/merenguero)' 또한 참고하였다.

면서 1950년대 2차 세계대전 이후 일본의 영화관이 근대적 영화관으로 전환하는 방식을 드러낸다.[5] 가토 미키로우는 전후 혼란기를 벗어난 1950년, 교토의 한 극장이 "난방완비"를 크게 선전하여 경쟁 극장보다 큰 효과를 본 경우를 예로 들면서 상영설비 외에 부대설비가 주는 쾌적함은 영화관의 근대성을 드러내는 지표 역할을 수행하였다고 설명한다.[6] 일본에서 이러한 변화들을 둘러싼 담론들은 '이상적 근대영화관'에 대한 논의로 확장되는데, 영사 관련 최신 설비 및 냉·난방과 공기조절 시설, 대합실, 찻집, 공중전화 등 각종 부대설비가 충실한 것은 당연할 뿐더러 그 이상 중요한 것으로 관내 전체의 '분위기'가 강조되었다.[7] 이러한 '근대영화관'은 한편으로는 극장주들의 설비투자를 필요로 하는 한편 다른 측면으로는 이전의 공연과 영화 상영이 혼합되었던 시기와 다르게 영화 감상이 가능한 제도와 문화를 구축함으로서 가능해진다.

이러한 '현대화(근대화)'에 대한 생각은 한국에서도 유사한 방식으로 극장 공간을 변화시켰다. 가장 중요한 오락 공간으로서 극장은 전쟁의 폐해를 재빨리 극복하고 '최신식 현대화'를 이루고자 노력했다. 이러한 움직임은 극장 시설의 개선과 새로운 극장 건립으로 외화되었으며, 제도적으로는 지정좌석제 실시와 제반 영화 정책을 통해 구축되었다. 이 장에서는 우선 해방 이후부터 극장이 대중의 요구에 맞춰서

---

5 가토 미키로우, 『영화관과 관객의 문화사』, 김승구 옮김, 소명출판, 2017, 204~224쪽. 이 책에서는 이러한 변화를 지칭하는 당대의 담론을 인용하면서 '근대화'라는 말을 사용한다. 그러나 내용적 측면에서 보았을 때 근대화가 표현하는 의미는 1950년대 한국에서 극장의 변화를 표현하기 위해 사용한 '현대화' 와 거의 차이가 없다.

6 가토 미키로우, 위의 책, 205~209쪽.

7 가토 미키로우, 같은 책, 211~212쪽. 이러한 분위기의 강조는 "상영 영화뿐만 아니라 그 영화관의 고유의 매력"도 중요하며 "관객이 그 분위기를 그리워하여 그 영화관에 모이지 않으면 안되도록 해야한다" 라고 설명된다.

'현대화'하려는 방식을 고찰하고 제도적 개선을 통해 '현대화'의 감각
이 형성되는 일면을 살펴본다.

2-1. 1950년대 서울 시내 극장들 및 개봉관의 변화

해방 당시 서울에는 16개의 극장이 있었고 이후 3개관이 늘어나면
서 1949년 19개관이 되었다.[8] 당시 극장은 일제강점기부터 이어진 관
행으로 대체적으로 일류관과 이류관[9]으로 분류되어 있었고 상연물
에 따라 영화전문관과 공연전문관으로 나뉘었다. 일류관은 수도극장
과 국도극장이었는데, 이 두 극장은 중앙영화배급사와 계약을 맺고 영
화를 배급받았기 때문에 상대적으로 미국영화 수급이 원활했고 영화
전문관으로 분류되었다.[10] 이 두 극장과 더불어 이류관이었던 서울극
장 역시 중앙영화배급사와 계약을 통해 영화를 공급받았고 상대적으
로 영화 프로그램이 다수를 차지했던 상영관이었다.[11] 그러나 수도극
장은 1940년대 후반기로 갈수록 영화의 비중이 증가했던 것과 달리,
국도극장에서는 동시기 내내 공연과 영화의 비중이 거의 비슷하게 유
지되었으며 공연의 비중이 더 높을 때도 있었다. 이류관 역시 영화와
공연을 중심으로 분화되어 있었는데, 서울극장은 당연히 영화 중심의
상영관이었고 명동극장과 우미관 역시 영화 상영이 우위에 있었다. 반
면 단성사, 중앙극장, 동양극장, 제일극장 정도가 공연 위주의 상영관

---

8 이명자, 「미·소 군정기(1945~1948) 서울과 평양의 극장연구」, 《통일과 평화》 1권 2호, 서울대학교
통일평화연구소, 2009, 208쪽.
9 이류관도 더 세밀하게는 차이가 있었는데 이에 대해서는 이명자, 위의 글, 208~209쪽 참조.
10 "문열고 하품하는 극장", 《동아일보》, 1948년 6월 13일자 2면. 이 사항에 관련된 내용은 다음과 같다. "…
극장입장료에 대한 세율의 대폭인상으로 말미암아 연극을 주로 하는 중앙, 단성, 동양, 성남 등 4극장은 입
장자가 하루 평균 60% 줄고 국도, 수도, 서울 등 양화를 전문으로 하는 극장은 하루평균 40%가 줄었다…."

이었다.[12] 그러나 이러한 구도는 1940년대 말로 가면 점차 변하는데 영화 수급이 원활해질수록 대부분의 극장에서는 공연보다 영화 상영을 선호했기 때문이었다. 연극에 관련된 한 신문기사는 1948년 10할이 넘는 흥행세 부과 이후 당시 극장이 영화 상영에 치중하는 현상에 대해 분개하면서 "외국영화만이 오직 성행하여 외국영화 시장화에 우려가 더욱 커가는 결과… 소위 대극장이라고 불리워지고 있는 국도, 수도 등 각 극장에는 조선연극을 좀처럼 드러갈 수도 없고 외국영화만이 판을 치고 있을 뿐 불우한 연극은 언제나 변두리 지역의 소극장을 방황"하고 있다고 한탄한다.[13] 그러나 흥행시장에서 점점 영향력을 확장하던 영화는 전쟁을 겪으면서 시장 장악력이 다소 주춤하게 된다.

전쟁 중이던 1951년 서울의 상영관은 12개로 집계되며 1953년까지 4개관이 증가되었다.[14] 종전 직후에는 수도극장과 단성사가 상대적으로 일류극장이자 주로 영화를 상영하던 극장이었다. 전쟁 이후 미8군 오락장으로 사용되었던 국도극장이 1954년 4월 24일 명도이양을 받아 그해 5월 신장복구개관을 하면서 일류관 대열에 합류하였다. 1950년대 중반기 개봉극장은 국도극장, 수도극장, 단성사의 삼파전이 되었고 이후로 한국영화의 제작이 늘어나고 외화 수급이 안정되면서 서울에는 개봉관은 물론 여타 비개봉관도 대폭 증가하였다. 개봉극장의 경우, 1956년 시네마코리아, 1957년 명보극장, 국제극장, 1958년 대

---

11 극장의 등급에 대해서는 다음의 자료를 참조할 것. 이명자, 같은 글; 이지윤, 앞의 글, 35쪽.
12 상영관의 유형에 대해서는 1940년대 잡지광고를 참조하였다. 이 글 주 43 참조.
13 "민족문화는 어데로 갈거나 연극은 후퇴하고 영화만의 독무대", 《경향신문》, 1948년 10월 6일자 4면.
14 극장의 증감에 대해서는 다음 자료를 참조하였다. 영화진흥공사 편, 「1978년 한국영화연감」, 영화진흥공사, 1979, 121쪽. 신문기사나 잡지글 등의 여타 자료는 이와 다른 수치를 제시하기도 하지만 이 글에서는 일단 영화진흥공사의 통계에 따르기로 한다.

한극장과 세기극장, 아카데미극장이, 1959년 을지극장이 개관하면서 서울 중심가의 중요한 개봉관이 거의 설립되었다. 서울 전체의 극장 수도 급증해서 한 신문기사는 서울에서만 1956년 32개에서 1958년 은 47개로 늘어났고 동시기 전국적으로도 1956년 120관에서 1958년 150관으로 증가했다고 보도했다.[15]

전쟁 직후의 시기는 영화 제작과 배급 그리고 상영 등 모든 영화산업이 혼란을 겪고 있었다. 대부분의 극장은 영화 수급에 어려움을 겪었고 그에 따라 상영 프로그램이 규칙적으로 지속되지 못했다. 게다가

[표 1] 서울시 영화관 증감[16]

연도	극장 수	증가한 극장		감소한 극장	
1951	12	**수도, 중앙**,[17] 계림, 영보, **단성사**,[18] 성남, 제일, 동도, 광무, 경보(도화), 명동, 동화(한성)	12		
1952	15	시공관, 동양, 아현	3		
1953	16	문화관	1		
1954	16	**국도**	1	문화관	1
1955	19	남도, 신도, 문화	3		
1956	24	**시네마코리아**, 자유, 동보, 대공문화관, 동영	5		
1957	30	**명보, 국제**, 서울, 화신, 경남, 천일, 성림	7	대공문화관	1
1958	39	**대한, 세기, 아카데미**, 신영, 우미관, 초동, 봉래, 경미, 서대문	9		
1959	46	**을지**, 뚝도, 청계, 시대, 미도, 성도, 명수대	7		
1960	51	**피카디리**, 중부, 미우만, 오스카, 파고다	5		

---

15 "서울을 중심한 전국의 극장개관/ 전국 150관에 서울 시내는 47관", 《한국일보》, 1958년 12월 14일자 3면. 이 기사의 수치는 [표 1]과 많은 차이를 보인다. 이 신문기사의 경우 이 수치에 개관한 극장뿐 아니라 극장 허가를 기다리는 곳까지 포함한 것으로 추정되지만 그 차이의 정확한 원인에 대해서는 후속연구가 필요하다.

16 영화진흥공사 편, 앞의 책, 121쪽. 굵은 글씨는 개봉극장을 표시한 것이다.

17 중앙극장은 1956년까지 재개봉관이었으나 같은 해 개축공사를 통해 개봉관으로 재개관하였다. 그러나 이후에도 재개봉관과 개봉관 사이에서 부침이 있었다.

18 단성사는 일류관에서 일제시기 말 '대륙극장'이라는 이름으로 변경하면서 이류극장으로 격하되었다. 해방 이후에도 단성사는 이류극장으로 유지되었다가 1953년 10월 내부수리공사를 단행하고 10월 28일부터 개봉관으로 흥행을 시작하였다. 《동아일보》, 1953년 10월 29일자 1면 하단 근고.

대부분의 극장이 일제강점기부터 지속되었던 건물들이었기 때문에 원래 시설이 노후해졌을 뿐 아니라 전쟁의 극심한 피해로 인해 개축이 필요한 상황이었다.

단성사의 경우 해방 직후에는 일류관이 아니었지만, 1953년 10월 내부공사를 통해서 의자 수리 및 개축을 시행하여 개봉관으로 재개관하였다. 국도극장은 해방 이전 소실되었던 극장을 1947년 의자 보수 및 수리를 시행했고 전쟁 중 파손된 건물을 다시 수리한 바 있었다.[19] 그 후 1954년 다시 신장복구 공사를 마치고 5월에 재개관하였다. 중앙극장의 경우 계속 이류관이었다가 1956년 신축공사를 거치면서 6월 개봉관으로 다시 문을 열었다. 그러나 영화 수급에 어려움을 겪으면서 1958년 11월 다시 재개봉관으로 '신발족'을 하였고 1959년 3월 신축개관 이후 다시 개봉관이 되었다.[20] 이러한 수리 및 개·증축은 시설의 노화와 전쟁으로 인한 피해의 복구이기도 했지만, 한편으로는 영화관으로 전향하기 위한 노력의 일환이었다. 전쟁 이후 영화 수급이 불안정해졌던 상황 속에 극장의 프로그램에는 공연들이 대거 재등장하여서 영화의 빈틈을 메웠다. 하지만 2~3년 내로 영화는 빠르게 다시 극장을 점령했고 공연은 1956년 정도에는 개봉관에서 거의 사라지게 되었다. 극장은 본격적으로 영화전용관으로서의 전환을 시도했고 변화하는 시대에 맞춰서 최신식으로 극장을 변화시키고 있었다.

---

19 "국도 내부 수리, 근일중 공사착수", 《경향신문》, 1947년 2월 20일자 4면; "국도극장 반환요구, 종업원이 미8군에 진정", 《동아일보》, 1953년 9월 30일자 2면.
20 중앙극장의 변화에 대해서는 다음의 광고를 참조. "개봉관으로 개관", 《경향신문》, 1956년 6월 11일자 3면; "재개봉관으로 신발족", 《경향신문》, 1958년 11월 23일자 2면; "신축개관이후 개봉관", 《조선일보》, 1959년 3월 1일자 4면.

단성사의 변화는 그 시기 극장들이 영화전문관으로 변모하기 위한 수순을 보여주고 있다. 이류관이었던 단성사는 일류관이 되기 위해서 1953년 10월 내부 수리공사를 단행하고 개봉관으로 재개관했다. 단성사에서 가장 역점을 두었던 것은 개별 안락의자의 설치였다.[21] 다음 해인 1954년 "최고급형 발성영사기"로 교체하여 "실경 그대로의 밝은 화면! 육체 그대로의 맑은 토키!"를 향유할 수 있다고 광고하였으며 시대에 발맞춰 와이드스크린을 설치하였다.[22] 단성사는 1954년의 시설 수리 이후 특별한 이벤트(어린이날과 어머니날의 영화와 연극 합동공연) 외에는 영화 프로그램만을 고수하였다. 이후 1955년 다시 웨스트렉스 영사기로 교체했고 "웨스탄 완전방음 입체음향장치"를 설치해서 "세계각국 일류봉절관과 같은 영사를 즐길 수 있"다고 선전하였다. 이러한 영사기와 음향장치, 와이드스크린으로의 시설 교체는 당시 일류관의 명성을 유지하기 위해서는 필수적인 과정이었고, 수도극장과 국도극장 역시 비슷한 경로를 겪었다. 1955년부터 개선된 시설을 바탕으로 시네마스코프 영화들이 상영되기 시작했다. 1955년 6월 말 국도극장과 수도극장 각각에 〈원탁의 기사(Knights of the Round Table)〉(1953)와 〈성의(The Robe)〉(1953)가 동시기에 상영되었고 8월 말 수도극장에서 〈지옥과 노도(Hell and High Water)〉(1954)가 상영되었다. 드디어 한국 극장에 상륙한 세 편의 시네마스코프 영화는 관객들에게 "1 대 2.55의 넓은 스크린과 넘쳐흐르는 음향의 홍수"가 만드는 "새로운 매혹"을 선사했다.[23] 이미 수도극장은 시네마스코프 외에 3D 영화인 〈타이콘데로가

---

21 《동아일보》, 1953년 10월 29일자 1면 광고.
22 《경향신문》, 1954년 2월 14일자 2면 광고.

의 요새(Fort Ti)〉(1953)를 4월에 선보인 바가 있었다. 세 극장의 1955년 경의 영사기 교체는 시네마스코프 혹은 입체영화 상영을 위한 것으로 보이는데, 최초의 시네마스코프 영화인 〈성의〉가 1953년에 제작된 것을 감안하면 한국의 극장들은 재빠르게 할리우드의 변화에 적응했다고 볼 수 있다. 이후 세 개봉관은 지속적으로 시네마스코프 영화들을 선보이면서 여타 극장과 차별되는 화면과 음향 환경을 제공하였고 1950년대 후반기 신문광고에서 '시네마스코프'는 영화를 선전하는 주요한 문구였다.[24]

위의 세 극장이 일제시기부터 존재했던 개봉관으로 관객의 취향을 따라서 영화 감상에 필요한 시설을 갖추면서 영화전문관으로 변모하는 과정을 겪었다면, 이후 새롭게 설립된 극장들은 이미 영화전문관으로 기획되고 건립되었다. 1956년 시네마코리아가 조선일보 사옥 건물에서 개관하였다. 1957년에는 이러한 붐을 타고 1000석이 넘는 관객석을 보유한 대형극장 세 곳이 건설 중이었다.[25] 같은 해에는 국제극장과 명보극장이, 다음 해인 1958년에는 대한극장이 설립되었다. 1958년 세기극장과 아카데미극장이, 1959년 을지극장, 그리고 1960년 반도극장이 설립되면서 이후 멀티플렉스 극장으로 대체되기 이전까지의 충무로 시대를 받쳐주던 서울 시내 개봉관의 대략적인 구도가 완성되었다.

이미 언급한 것처럼 이 극장들은 영화전문관으로서 시설과 설비를 갖추어 개관했는데, 국제극장의 광고는 이러한 측면을 잘 보여주고 있

---

23 허백년, "1955년도 상영 내외영화의 결산", 《동아일보》, 1955년 12월 27일자 4면.
24 영사기의 교체와 와이드스크린의 시설 및 효과에 대해서는 다음의 논문을 참조. 이지윤, 앞의 글, 100~105쪽.
25 이 신설되는 세 극장에 대한 당대의 관심에 대해서는 다음 논문을 참조할 것. 이지윤, 같은 글, 84~87쪽.

다. 국제극장이 내세운 특징으로는 다음 네 가지가 있었다. 첫 번째로 1957년식 최신형 웨스트렉스 영사기와 입체음향 4본 트랙이었고, 두 번째로 70척 최대 기준의 시네스코·와이드스크린, 세 번째로 완벽한 방음장치, 마지막으로 좌석인데, 스타디움식 좌석 배열과 어느 좌석에서나 평안하고 이상적인 시각 각도로 스크린에 집중할 수 있는 구조로 배열되었다는 점이 강조되었다.[26] 이처럼 새롭게 개관한 개봉관들은 최신 영사기와 와이드스크린, 음향장치 등을 자랑하고 있는데 명보극장은 이외에도 한국 초유의 "미국식 냉방장치"와 "구미식 휴게시설" 그리고 호화설비, 환기시설을 내세우고 있으며, 대한극장의 경우 2000석이 넘는 최대 규모라는 점과 냉·난방시설이 완비되었다는 점, 그리고 최신자가발전기를 설치했다는 것을 광고하고 있었다. 시청각적 설비 외에도 고급화된 휴게실은 서구 극장에 뒤지지 않는 문화공간으로서의 특성을 보여주고 있다. 특히 냉·난방에 관한 선전은 여름 혹서기의 관객 저하 문제를 해결하고자 노력했음을 보여준다.

1950년대에 개축 혹은 설립된 서울 시내 1000석이 넘는 개봉관은 국도극장, 국제극장, 단성사, 대한극장, 명보극장, 수도극장으로 전쟁 직후보다 두 배가 증가했고, 이들 극장은 거의 부침 없이 개봉관으로 지속되었다. 반면 그보다 소규모의 극장들은 영화가 원활하게 수급되지 않았고 경제적 문제 때문에 개봉관과 재개봉관을 오갔다. 중앙극장은 앞서 언급한 바대로 1956년 신축공사 이후 개봉관으로 재개관하고 1957년 최신 영사기를 도입하면서 여타 개봉관과 힘겨운 경쟁을 했지만, 결국

---

26 《경향신문》, 1957년 9월 28일자 2면 광고.

1958년 11월부터 다시 재개봉관으로 운영되었다. 그러다가 1959년 다시 한 번 내부공사를 하여 500여 석 정도였던 규모를 1200석 넘게 확장하고 다시 개봉관으로 등장하였다. 시네마코리아는 이와 다르게 개봉관으로 시작했지만 2년 이후 재개봉관으로 전환되었다. 이 극장은 1956년 조선일보 사옥 내 공간에 개장하면서 "개봉영화관"으로 "현대적 호화설비, 경이적인 입체자동영사기 장치"를 내걸었다.[27] 그 광고에 맞춰 11월 프로그램으로 입체영화 〈공포의 지옥(Devil's Canyon)〉(1953)을 상영하기도 하였다. 그러나 다음 해 10월 극장주인 조선일보 방우영 사장이 바로 옆 건물에 아카데미극장을 개봉관으로 세우면서 시네마코리아는 재개봉관으로 전환했고 이후 계속 재개봉관으로 유지되었다. 1950년대 후반기에 신설된 1000석 미만의 극장들은 대규모 현대식 개봉관과의 경쟁에서 불리한 위치에 있었고 중앙극장이나 시네마코리아처럼 개봉관과 재개봉관 사이에서 부침을 겪거나 아카데미극장이나 세기극장처럼 독특한 영화 프로그램 구성으로 활로를 찾아야 했다. 세기극장의 경우는 규모나 위치에 있어서 매우 불리했지만 자회사가 영화 수입사인 세기상사였기 때문에 영화 수급에 있어 상대적으로 유리했다. 그러나 재개봉관이었던 명동극장은 1959년 초반기에 위치상 이점을 기반으로 잠시 개봉관이 되었지만 곧 재개봉관으로 되돌아갔다.

2-2. 영화관의 근대화와 상영된 외국영화의 시기적 감각

1950년대 후반기 공연과 영화가 공존했던 극장에서는 점차 영화의

---

27 《경향신문》, 1956년 10월 13일자 4면 광고.

인기에 밀려 연극 및 악극, 창극 등의 공연이 사라지게 되었다. 그러면서 극장은 점차 영화전문관으로 정립되어가고 있었다. 극장들은 편안한 영화 관람을 위해 건물을 수리하거나 증축 및 개축을 했고 서구에서 들여오는 시네마스코프 영화에 맞춰서 영사기와 스크린, 음향시설 등의 설비를 구비하였다. 본격적으로 영화를 '관람'하는 환경이 조성되기 시작했던 것이다. 영사시설만이 변한 것이 아니라 휴게실이 만들어져서 차를 팔고 전화기를 설치했으며 외관 역시 옥외광고를 비롯하여 대중들의 눈길을 끌게끔 화려하게 변모했다. 그뿐만 아니라 환기시설과 위생시설의 개선을 통해서 이전과 다른 '문화공간'임을 대중에게 인지시켰다. 이러한 변화는 이제 본격적으로 극장들이 '현대화'되어가는 과정을 보여준다.[28] 가토 미키로우는 '근대영화관'의 성황이 도래하기 직전에 이러한 기반을 마련하는 고객 서비스 정책에 주목하는데, 그중 하나가 '정원교체제도'에 기반을 둔 '전관 지정석 교체 제도'였다.[29] 1955년 한국에서도 실시된 '지정좌석제'와 거의 흡사한 이 변화는 일본에서는 극장의 자발적인 서비스 방식의 일환이었지만 우리나라에서는 정부의 강제적인 정책으로 실행되었다.

1955년 11월에 실시되었던 지정좌석제는 많은 논란 끝에 다음 해 7월 개봉관에 한정되어 실시되는 것으로 일단락되었다.[30] 이 정책이 가진 타당성은 차치하더라도, 문제는 개봉극장 외에 변두리 극장의 경우

---

28 "현대화" "현대적인" "현대식" 등의 문구는 1950년대 극장들이 시설 설비 및 극장 개·증축을 한 이후 광고에서 가장 빈번하게 사용된 표현이다. 이지윤은 이러한 현대화의 의미를 1950년대 한국사회 저변에 깔려 있던 세계주의적 인식이라고 설명한다. 이러한 변화 양상과 광고 및 세계화에 대한 자세한 설명은 다음 글을 참조. 이지윤, 앞의 글, 107~112쪽.
29 가토 미키로우, 앞의 책, 213~216쪽.
30 지정좌석제 정책의 시행에 대해서는 다음 논문을 참조. 이지윤, 앞의 글, 33~82쪽.

개인당 좌석이 구비되어 있지 않은 곳도 있을 정도로 낙후되었다는 점이다. 좌석제 실시를 독려해야 할 경찰국장도 "변두리 극장에서는 좌석이 긴 의자로 되어있고 조속한 실시를 보지 못하고 있"다고 말하고 있으며[31] 극장주들 역시 "변두리 조고만 극장들… '벤취'에다 갑자기 번호를 적어놓고 여기 앉아라… 하면 사람들 안옵니다"라고 한 좌담에서 고충을 토로한다.[32] 이처럼 극장을 '현대화'하려는 시도들은 개봉관을 제외한 극장들에서는 1950년대까지도 요원한 상황이었다. 개봉관과 비개봉관 극장에서 '현대화'의 지체는 극장 프로그램에서도 마찬가지였다. 개봉관 프로그램의 '현대화'는 일차적으로는 공연이 배제되고 영화가 독점적으로 상영되고 있는 과정을, 이차적으로는 점차 상영 프로그램이 최신 영화로 변모하고 있었던 과정을 의미하는 것이었다.

1950년대 후반기에 들어서면 이전의 혼란기에 일관성 없이 수입되었던 외국영화에 대한 비판들이 나오기 시작한다. 지나치게 선정적이거나 오락영화 위주라는 비판들 중에서 흥미로운 점은 수입영화 제작 연도에 한계를 정해서 "시대감성에 맞지 않는 옛날의 것도 무난한 것이면 얼마든지 들여왔던 종래의 폐단"을 없애야 한다는 주장이 나타났다는 데 있다.[33] 그러나 많은 영화평론가들이나 관객들이 가졌던, 최신 외국영화를 수입하지 않는다는 것과 오락물 위주라는 불만은 1957년 정도에 이르면 많이 줄어든다. 1957년 수입영화를 결산하는 한 글은 당해 연도 수입영화가 "양보다 질에 치중되어 영화본수는

---

31 "좌석지정강행/ 변 시경찰국장담", 《조선일보》, 1955년 12월 11일자 3면.
32 "극장을 살리는 길/ 경영주들이 말하는 좌담회/ 녹아난 지정좌석제", 《한국일보》, 1955년 12월 29일자 4면.
33 "바로잡혀야할 외화수입/ 검열진 강화와 기준확립이 시급", 《동아일보》, 1956년 7월 8일자 4면.

적으면서 양화를 많이 봉절"하였다는 점을 들어 "황금기"라고 평가한
다.[34] 이와 같은 프로그램 변화를 반기는 비평가들의 글은 다음 해에
도 보인다. 예를 들어 1958년의 한 글은 "외국잡지를 들여다보고 놀라
게 되는 일의 하나에 우리나라에도 외국의 우수작이 한두 편을 빼놓
고는 거개가 다 수입"되고 있다는 점을 지적하고 있다.[35] 몇 년 전만 해
도 수입된 외화의 제작 시기가 오래되었을 뿐 아니라 저속하다는 점에
비판이 제기되었던 것을 상기하면, 불과 몇 년 사이에 외화의 수급 상
황은 빠르게 안정화되었고 관객들은 최신식 서구영화를 관람하게 됨
으로써 '현대화'를 실감할 수 있게 되었다.

[표 2] **1950년대 후반기 개봉관 수입영화의 제작 시기 분류**[36]

상영 연도	제작 연도					
1954	1950년대 이전	1950~1951	1952~1953	1954	–	–
	70 (30년대 8편) / 57%	25 / 20%	26 / 21%	2 / 2%	–	–
1956	1950년대 이전	1950~1951	1952~1953	1954~1955	1956	–
	16 (30년대 2편) / 16%	10 / 10%	22 / 22%	51 / 50%	2 / 2%	–
1958	1950년대 이전	1950~1951	1952~1953	1954~1955	1956~1957	1958
	13 (30년대 2편) / 8%	12 / 7%	15 / 9%	44 / 27%	77 / 47%	2 / 1%

이러한 외화 수입의 변화는 1950년대 후반기 외화 수입 정책과 연
관된 것으로 보인다.[37] 1955년 공보부로부터 영화의 수입 및 검열권을

34 최백산, "1957년도 수입영화 총결산", 《국제영화》 1957년 12월호, 54쪽.
35 "시네마코너", 《국제영화》, 1958년 12월호, 70쪽.
36 이 통계는 개봉관에서 상영된 영화만을 대상으로 한 것이다. 1954년부터 1956년까지의 자료는 수도
극장, 단성사, 국도극장의 상영작품만을 분석한 것이고, 1958년의 자료는 세 극장 외에 국제극장, 명보
극장, 아카데미극장, 세기극장을 추가한 수치이다. 표 안의 숫자는 제작 시기별 편수를 나타내고 '/' 이하
의 수치(%)는 전체 외화 편수에서 차지하는 비중을 보여준다.
37 최백산, 위의 글, 54쪽.

이양받은 문교부는 국산영화 진흥과 무대예술 보호 정책의 하나로 외화 수입을 대폭 제한하였고 이에 따라 "업자들은 과거 재상영 작품이나 흥행적으로 예술적으로 그리 도움이 되지 않는 푸로그램 픽처 등은 자연 수입하지 않을 것"이므로 수입영화에 대해서도 "질적인 향상"이 일어날 것으로 생각되었다.[38] 당시 1955년부터 시행된 외화 수입 억제책의 결과로 수입업자들은 장기적으로 상영할 수 있는 "질 좋은" 영화에 중점을 두게 되었고, 상영되는 외화는 "차차 정돈되어가고 있었다."[39] 이러한 정책과 더불어 '질 좋은 영화'들이 장기 상영을 하였던 또 다른 이유는 신축 개봉관들이 3개관이나 증가하면서 소비가 확대되어 장기 상영을 할 수밖에 없는 특이한 현상이 일어났으며, 세 번째로 관객들이 영화를 평가하는 수준이 높아졌기 때문에 영화를 보는 식견이 향상되었다는 점을 들 수 있다.[40] [표 2]에서 제시하는 것처럼 1956년 이후 수입된 외국영화는 눈에 띄게 최신작들이었다.

1956년은 외화수입추천제가 폐지된 후 최초로 대본검열제를 실시한 해였다. 문교부는 신중을 기해서 검열을 하여 수입 외화를 선정하겠다고 발표했는데, 1950년도 이전의 작품은 제외시키려고 하였으며 교육상 유익한 것, 외국에서 뚜렷한 정평이 있는 최우수작 영화상 수상작품 등을 무조건 입선하고 범작인 것은 검열에서 제외시킬 것이라는 입장을 표명하였다.[41] 이러한 기조는 1956년 이후 계속 지속되었다. 1958년

---

38 "외화본수 제한", 《동아일보》, 1955년 1월 23일자 4면.
39 "영화행정에 일언함", 《경향신문》, 1957년 3월 26일자 2면.
40 최백산, 앞의 글, 54쪽. 그러나 실제 수입 편수는 줄어들지 않았는데 신문기사나 잡지에 실린 당국의 수입 정책 발표에 비해 실제로는 항상 더 많은 수의 영화가 수입되었다. 국산영화 제작 편수와 공연물의 상영을 예측하여 조정된 외화 수입 편수는 매번 부족해서 문제가 되었고 추가적으로 수입하는 일이 되풀이되었다. 실제 영화 수입 편수에 대해서는 이지윤, 앞의 글, 119쪽의 표 4-6을 참조.

의 경우 1930년대 제작된 수입영화는 〈바람과 함께 사라지다(Gone with the Wind)〉(1939)와 〈허리케인(The Hurricane)〉(1937)인데 〈바람과 함께 사라지다〉의 경우 이미 1957년 개봉되어 그해 최고의 흥행 수입을 기록한 바 있었다. 수도극장은 인기의 여세를 몰아 "한국고별상영"이라는 타이틀을 걸고 1958년에 다시 상영한 것이었다. 〈허리케인〉의 경우에도 한국에서 인기 있었던 존 포드 감독 작품이라는 점과 "스펙터클 거편"이라는 점에서 선택되었던 것으로 보인다. 1940년대 작품들 중에서는 〈우리 생애 최고의 해(The Best Years of Our Lives)〉(1946)나 〈유황도의 모래(Sands of Iwo Jima)〉(1949), 〈제3의 사나이(The Third Man)〉(1949) 같은 작품성 있는 영화가 선택되었다. 관객들은 그동안 잡지나 풍문으로만 듣던 아카데미 수상작이나 유럽의 예술영화를 접할 수 있다는 것 때문에 이 영화들이 최신작이 아니라는 점에 그다지 신경 쓰지 않았다. 관객들이 1950년대 후반으로 갈수록 점차 상영작이 '현대화'되었다고 느꼈던 것은 실제 최신작이 수입되었을 뿐 아니라, 그 이전에 상영되었던 1940년대 제작된 작품들이 해양영화 혹은 이국적 풍경을 담아낸 모험영화가 다수였던 반면 1956년 이후에는 동시대적 문제를 그린 멜로드라마나 범죄영화가 주류를 차지하거나 유럽의 작품성 있는 영화들이 다수 공개되었던 경향이 반영된 것으로 보인다.

앞에서 본 바와 같이 1950년대 후반기는 극장들이 본격적인 영화전용관으로 변모하던 시기였고 이러한 변화를 통해 극장은 관객들에게 '현대화'의 감각을 제공했다. 최신식 영사기 및 음향시설, 와이드스크린,

41 "외화 검열대상 39본 선정/ 추천제 폐지 후 최초로", 《서울신문》, 1956년 9월 9일자 4면. 그러나 이 기사에 언급된 기준은 우선 검열대상 39본을 선정하는 규준이며 새로운 시스템을 실험하고자 하는 성격이 짙다.

안락한 좌석과 냉·난방시설, 환기시설 등은 영화 관람에 최적화되도록 구비되었다. 그와 더불어 건물의 내·외관의 세련된 인테리어 및 휴게실과 안내원, 공중전화 같은 시설을 구비함으로써 극장은 "영화를 보기" 위한 공간인 동시에 "고급화된 휴식시설"로서 서구적인 일상의 느낌을 전달하고자 했다. 더구나 이제는 할리우드에서 제작된 지 2년 안팎의 작품들이 상영되고 있었다. 최초의 시네마스코프작으로 유명세를 탔던 〈성의〉를 단 2년의 시차를 두고 동일한 크기의 시네마스코프 화면으로 누릴 수 있었다. 향상된 관객의 취향은 정부의 문화 정책에도 영향을 미쳐서 문교부의 외화 수입 기준을 더 엄격하고 시대적 흐름에 뒤떨어지지 않도록 제어했다. 이처럼 극장 공간과 정부 정책의 변화는 궁극적으로 관객들의 문화에 대한 관심과 소구력이 만들어낸 것이라고 볼 수 있다. 이처럼 공간과 제도의 변화를 견인했던 영화에 대한 대중의 높아진 관심과 선호는 다양한 매체가 공존하는 복합적인 상영 공간이었던 극장을 분화시키고 관객들의 취향에 따라 다시 전문화시켰다.

3. 1950년대 후반기
극장의 '영화관'으로의 변화와 전용관 분화

앞서 살펴보았듯이 1950년대 후반기에 들어서면 거의 모든 극장은 영화관으로 전환했고, 특히 개봉관에서는 무대극이나 공연이 거의 사라졌다. 그러나 종합적인 상연 공간으로서 극장의 존재감이 완전히 사라졌다고 볼 수는 없다. 개축을 한 극장이나 신축을 한 극장 모두, 공연을 위한 무대 시설은 철거되었지만 무대 자체까지 철거하지는 않았기 때문이다. 1958년의 한 극장 탐방기사는 이를 잘 드러내는데, 같은 해 개관한 아카데미극장 관계자는 이 극장이 "영화상설관으로 건립" 되었지만 "우리나라의 극장문화가 지닌 중책을 완수하기 위해서 간단한 연극이나 쇼는 할 수 있도록 무대를 꾸미긴" 했다고 폭 66자인 무대가 설치된 이유를 설명한다.[42] 그렇다면 영화전문관으로 전환된 이후에도 개봉관들은 전혀 공연 프로그램이 없었는가에 대한 의문이 들 수 있다. 복합적인 상영 공간에서 영화관으로, 그리고 다시 외국영화전문관과 한국영화전문관으로 변화하는 개괄적 지형도는 그동안 논의되어 왔지만 구체적인 상황과 변화의 양상에 대한 연구는 아직 진척된 바가 없다. 이 장은 이러한 변화 과정을 신문광고를 비롯한 구체적인 자료를 통해 추적해보려고 한다. 그러나 1950년대 후반기까지는 모든 극장이 항상 프로그램 광고를 하는 것은 아니었다. 따라서 신문광고 및 여타 자료를 통해 여기서 논의되는 구체적인 변화의 과정과 상영 규범의 외형은 오차 없는 수치를 나타내는 것이 아닌 일정한 경향을 드러내는 것으로, 아직은 더 세밀한 조사가 필요한 작업이다.

3-1. 영화 프로그램 위주로 전환하는 극장들

해방 이후부터 전쟁기를 거치는 동안 극장은 공연과 영화, 연설회 등등 각종 상연물의 격전장이었다. 그중 가장 인기 있고 흥행 이윤이 높은 프로그램은 영화였지만, 격변기의 상황 속에서 영화의 원활한 배급은 여의치 않았다. 이러한 경쟁 속에서 1940년대 후반기 극장은 영

---

42 "전국극장 순례기: 아카데미극장─현대감각의 아카데미", 《국제영화》 1958년 12월호, 69쪽.

화상설관과 연극상설관 혹은 영화연극상설관 등으로 분리되어 있었다. 당시 광고를 보면 국도극장은 이 시기 내내 영화연극상설관이었고, 서울극장은 영화상설관이며 1947년 광고에는 "고급영화봉절관"으로 되어 있다. 수도극장의 경우 1946년 초에는 연극상설관으로 되어 있지만, 바로 같은 해 후반기에는 영화상설관으로 광고하고 있다. 이후 광고에서 수도극장은 "고급영화연예전당"으로 광고된다. 1946년 초기 광고에는 연극상설관으로 동양극장이 있고, 영화상설관으로 서울극장, 수도극장, 우미관 등이 있으며, 단성사, 국제극장, 국도극장, 중앙극장, 제일극장, 영보극장 등은 모두 영화연극상설관으로 되어 있다.[43] 그러나 서울극장이나 수도극장처럼 영화상설관을 표방한다 해도 100% 영화만 상영된 것은 아니었고 위에서 언급한 것처럼 상대적인 비율이었다. 그러나 서울극장과 수도극장의 경우 1940년대 후반기로 갈수록 영화 상영 비율이 현격히 높아졌다.[44]

전쟁 이후에도 이러한 경향은 한동안 지속되었다. 전쟁 중에도 계속 운영되었던 수도극장과 단성사의 1953년 광고를 조사하면 거의 모든 프로그램이 영화로 채워져 있었다. 1954년 국도극장이 개관하자 일류관은 다시 삼파전이 되었다. 단성사의 경우 총 52편을 상영하였는데 모두 영화였고 평균 상영일수는 7일 정도였다.[45] 수도극장의 경우

---

43 이러한 분류는 다음 잡지의 광고를 참조하였다. 《영화시대》 속간 1-1호, 영화시대사, 1946; 《영화시대》 속간 1-2호, 영화시대사, 1946; 《영화시대》 속간 1-3호, 영화시대사, 1946; 《영화시대》 속간 2-1호, 영화시대사, 1947. 제일극장은 속간 1-1호 6쪽, 국제극장(이후 시공관)은 같은 호 7쪽, 수도극장의 연극상설 광고는 같은 호 8쪽, 단성사는 같은 호 9쪽, 국도극장은 속간 1-2호 27쪽, 동양극장은 속간 1-2호 28쪽, 우미관은 속간 1-2호 29쪽(이후 우미관은 속간 2-1호 18쪽에서는 영화연극상설로 변경했다), 영보극장은 속간 1-2호 29쪽, 서울극장은 속간 1-3호 21쪽, 중앙극장은 속간 2-1호 18쪽 등을 참조.
44 이길성, 「해방 직후 뉴스문화영화의 상영 연구」, 《영상예술연구》 27호, 영상예술학회, 2015, 115쪽 참조.
45 1954년 단성사는 공연이 거의 없었지만 어린이날과 어머니날의 경우 특집으로 영화와 연극이 혼합된 상연물을 올렸다. 이 외에는 공연을 상연한 광고 기록은 없다. 단성사나 수도극장, 국도극장의 총 상

총 52편 상연에 공연 두 편을 제외하고 모두 영화 프로그램이었다. 평균 상영일수 역시 7일 정도였다. 국도극장은 1940년대 후반기와 마찬가지로 영화와 공연을 모두 상연하는 극장이었고, 5월 15일 개관한 이래 총 35편의 상연 관련 광고가 실렸다. 영화 23편과 공연 12편이 각각 136일과 92일 동안 상연되었다. 공연물의 평균 상영일수는 6.4일이었고 영화의 경우 6.7일 정도였다.[46] 공연의 경우 영화보다 상연 기간이 평균적으로 짧기 때문에 평균 상영일수는 다른 개봉관들에 비해 적다.

이처럼 개봉관의 평균 상영일수는 거의 7일인 반면 재개봉관은 상영일수가 더 단기간이었다. 공연 프로그램이 더 많은 비중을 차지했던 계림극장이나 동양극장의 경우 편당 평균 상영일수는 각각 3.5일과 3.9일이었고 영화 상영만을 계산하면 두 극장 모두 4일을 약간 넘는 수치를 보인다. 반면 명동극장이나 중앙극장처럼 영화를 중심 프로그램으로 상영하는 극장의 경우 각각 편당 평균 상영일수는 4.9일과 5.5일로 공연 중심의 극장보다 높게 나온다. 1954년의 경우 정확한 통계를 낼 수 있을 정도로 광고 빈도가 많지 않다. 그 때문에 수치가 정확하지는 않지만 적어도 일정한 경향성을 나타낸다고 해석할 수 있다. 또한 이 수치는 영화가 공연보다 더 장기 상영이 가능했으며 하루 상영 횟수가 더 많았기 때문에 흥행 이윤이 높았음을 드러낸다. 당연히 극장들은 공연보다 영화 상영을 선호했다.

영 편수에는 어린이날 특집이나 1~2일 상영하는 시사회 등의 특별한 이벤트성 상영작품은 제외하였다. 또한 1950년대는 몇 작품을 묶어 상영하는 명작감상회 등의 행사도 있었는데 이 경우 전체 행사는 한 작품으로 계산하였다.
46 국도극장의 평균 상영일수는 광고가 적어서 프로그램의 전체 구성을 알기 힘든 11월을 제외하고 계산한 결과이다.

1955년에 이르면 단성사와 수도극장은 공연물을 한 작품도 상연하지 않았으며, 국도극장 역시 현저하게 공연물 상연이 줄어든다. 1954년 국도극장의 경우 총 35편 중 공연물이 12편이었던 반면 1955년에는 단지 여덟 편으로 줄어들었다. 편당 평균 상영일수는 공연이 5.5일이고 영화가 8일에 가까운 수치로 전체적으로 7일 정도이다. 영화만 상영하는 수도극장과 단성사의 경우 편당 평균 상영일수는 8일을 넘었고 〈춘향전〉(1955)(국도극장, 16일 간 상영), 〈쿼바디스(Quo Vadis)〉(1951)(단성사, 21일 간 상영),[47] 〈성의〉(수도극장, 19일 간 상영)처럼 장기 흥행으로 상영하는 작품 수도 이전과 비교할 수 없을 정도로 증가했다.

1959년까지 국도극장의 경우는 꾸준하게 3~5편 사이로 공연이 상연되었던 반면 단성사와 수도극장은 지속적으로 영화만 상영하였다. 그러나 수도극장의 경우 이례적으로 1959년 다섯 편의 쇼 무대가 상연되었다.[48] 또한 새로 개관한 개봉관들 대부분은 영화만을 상영하는 영화전문관을 표방하였다. 국도극장을 제외하면 매우 특별한 이벤트성 공연 외에 1957~59년 사이에 개봉관에서 공연이 있는 경우는 거의 없었다.[49]

1956년 이후부터 국도극장에서도 눈에 띄게 공연이 줄어들었고 이류관인 극장에서도 공연은 급격히 줄어들었다. 연극인들은 "변두리 극장"에서도 공연을 할 수 없어 고민이었고 "돈벌이가 잘 되는" 서양

---

47 〈쿼바디스〉는 단성사와 국도극장에서 동시개봉한 작품이다. 국도극장에서는 16일 동안 롱런하였다.
48 여러 기사와 당시 상황을 고려했을 때 이러한 현상은 수도극장의 경영상 어려움을 보여주는 실례라 할 수 있을 것이다.
49 이 중 예외는 1957년 개봉관이었던 중앙극장에서 6일 동안 〈재즈동경〉 공연이 있었던 것이 유일하며, 특별한 이벤트성 공연으로는 1958년 8월 6일 대한극장에서 〈모리스윌크 바이올린 독주회〉가 하루만 상연되었던 것과 1959년 3월 13일부터 3일간 이태리 오페라단 공연이 상연된 경우가 있다. 후자의 경우 특이하게 오전엔 영화가, 오후엔 공연이 진행되었다.

[표 3] 1950년대 주요 개봉관들의 공연물과 영화 상영 편수 비교[50]

연도	국도		단성사		수도	
	전체상연 편수	영화상영 편수 (비율)	전체상연 편수	영화상영 편수 (비율)	전체상연 편수	영화상영 편수 (비율)
1954	35	23 (66%)	52	52 (100%)	53	51 (96%)
1955	52	44 (85%)	42	42 (100%)	45	45 (100%)
1956	46	43 (93%)	43	43 (100%)	41	41 (100%)
1957	42	37 (88%)	35	35 (100%)	41	41 (100%)
1958	39	36 (92%)	32	32 (100%)	43	43 (100%)
1959	29	26 (90%)	33	33 (100%)	35	29 (83%)

영화의 위세 앞에서 양심과 문화의식에 호소할 수밖에 없었다.[51] 이미 "연극으로부터 영화로 옮긴다는 것은… 어찌할 수 없는 시대적인 추세"로 인식되고 있었으며 "시내에 있는 수도, 국도, 단성, 동양 등 극장은 연극에게 완전히 무대를 봉쇄하고 있으며 과거 시설해 놓은 조명장치 등 연극공연에 필요한 시설까지 완전히 철거되다시피 되어 연극은 활동할 무대를 제한"받게 되었다.[52] 한 평자는 "연극이 그 상품가치의 희박성으로 말미암아 거의 생존권을 상실한 채 기식도 알아 볼 수 없는 존재"가 되었다고 이 상황을 평가하였다.[53] 1957년부터 새로 건립한 개봉관들은 이미 언급했듯이 영화전문관으로 기획되었고 특별한 경우 외에는 영화만을 배타적으로 상영하였다. 공연이 상연목록에서 제외되면서 개봉관들의 평균 상영일수도 점차 증가했는데 가장 흥행 성적이 좋았던 단성사의 경우 1954~56년 정도까지 평균 7~8일을

---

50 각 극장의 수치는 시사회나 특별공연 등을 제외한 수치이며, 연말 개봉 역시 다음 해로 이월해서 계산하였다. [표 3]을 포함하여 이후 모든 표의 수치는 소수점 두 자리에서 반올림한 것이다. 이러한 변화를 보여줄 수 있는 또 다른 지표는 상연일이다. 그러나 계산 결과 유사한 경향을 보여주기 때문에 상영 편수만 제시하였다.

51 김영수, "본대로 들은대로: 변두리 극장", 《경향신문》, 1956년 1월 27일자 4면; 김영수, "본대로 들은대로: 다시 극장주에게", 《경향신문》, 1956년 1월 28일자 4면.

52 "외화노력은 압도적/ 전문극장 없음도 주원인", 《서울신문》, 1956년 11월 21일자 4면.

53 "개탄만 할 것은 아니다/ 1956년과 연예계", 《한국일보》, 1956년 12월 31일자 4면.

유지하다가 1957년부터 10일을 넘기고 1959년에는 11일이 조금 넘는 수치를 보였다. 1957년 이후 신설된 극장으로 가장 흥행 성적이 좋았던 국제극장의 경우 1959년 작품당 평균 상영일수는 2주가 넘는 14.6일을 기록한다. 25일 상영된 〈비극은 없다〉를 비롯해서 21일 상영된 〈청춘극장〉〈동심초〉〈장마루촌의 이발사〉, 20일의 〈춘희〉〈대원군과 민비〉 등의 장기간 상영기록을 가진 작품들이 많아진 탓이었다. 이제 관객들은 개봉관 평균 상영일수가 대체로 10~12일이라고 인식하게 되었다. 1954~55년 시기에 공연과 영화가 혼합되어 편성되어 있었기 때문에 5~7일이던 상영일수는 극장들이 영화전용관으로 변모함에 따라 7일에서 12일 정도로 증가하게 되었다.

[표 4] 개봉관들의 상연물 편당 평균 상영일수[54]

연도	국도	단성사	수도	국제	명보	대한	아카데미	중앙[55]	을지
1954	6.4	7.0	6.8	–	–	–	–	–	–
1955	7.6	8.1	8.1	–	–	–	–	–	–
1956	8.0	8.4	8.9	–	–	–	–	–	–
1957	8.7[56]	10.7	8.9	*[57]	–	–	–	9.4	–
1958	9.4	11.7	8.5	10.7	8.9	9.2	–	9.3	–
1959	10.9	11.4	10.8[58]	14.6	12.6	10.1	9.6	12	11.0

---

54 1956년 11월 개봉관으로 시작한 시네마코리아는 1957년에 재개봉관으로 변경되었다. 이후 계속 재개봉관으로 운영되었기에 이 표에서는 제외했다. 한편 [표 4]를 해석하는 데 있어 좀 더 주의가 필요하다. 예를 들어 1959년 을지극장의 평균 상영일수가 11일이라고 해서 국도극장보다 더 인기 있는 프로그램이 상영되었다고 볼 수만은 없다. 을지극장의 경우 영화의 수급이 원활하지 않았기 때문에 기존 영화를 다른 극장보다 상대적으로 더 길게 상영했다고 해석하는 것이 타당할 듯하다.
55 중앙극장은 1950년대 후반기에 재개봉관에서 개봉관으로 변경했다가 다시 재개봉관으로 변화하였다. 이 표에서는 개봉관으로서 유의미한 수치를 나타내는 시기만을 기록하였다. 예를 들어 1958년과 1959년 사이에 재개봉관으로 운영된 시기는 계산에서 제외하였다.
56 1957년 국도극장에서는 다섯 편의 공연물을 상영했고, 극장의 총 상영물은 42편이었다.
57 국제극장은 1957년 9월 29일에 개관하였다. 시네마코리아의 경우 1957년도에 극장을 운영한 기간은 세 달 정도여서 당해 연도 평균은 내지 않았다.
58 1959년 수도극장은 이례적으로 쇼 공연을 중심으로 여섯 편의 공연물을 상연하였다.

3-2. 한국영화전용관과 외국영화전용관으로 분리

1950년대 개봉관 상영문화에 있어서 가장 중요하게 성립된 관행 중 하나는 한국영화전용관과 외국영화전용관이 분리되었다는 점이다. 이전까지 공연과 영화가 경쟁하던 공간인 극장은 1956년 이후 점차 개봉관을 중심으로 영화 프로그램만이 상영되었다. 1957년 이후부터 점차 개봉관이 늘어나서 10~12개 정도로 고정되었다. 하지만 공연무대는 시공관이나 소수의 이류관에서 상연되는 것으로 고착되었다. 상대적으로 서울의 개봉관은 외국영화가 점령하는 듯 보였다. 1955년 〈춘향전〉이나 1956년 〈자유부인〉 같은 흥행 성공작이 없는 것은 아니었지만, 이러한 작품들은 특이한 현상처럼 보였고 1957년까지 한국영화는 흥행 비수기나 외화 수급이 어려울 때 상영하는 작품으로 취급되었다. 국산영화면세화조치로 인해 반사이익이 커졌음에도 불구하고 극장업계에서 선호하는 것은 외화였다. 1957년 극장주들의 방담회 기사는 이를 잘 보여준다. '영화와 관객'을 주제로 한 대담에서 극장 관련자들은 국산영화가 소수의 작품을 제외하면 모두 흥행에 실패했다고 하면서 관객들이 한국영화를 별로 좋아하지 않는다고 평가했다.[59] 1957년도 흥행 성적 역시 이러한 상황을 잘 보여주는데, 전체 흥행 순위 10위 중 한국영화는 〈속편 자유부인〉이 4위를 기록했을 뿐 나머지 아홉 편의 영화는 모두 외화였다. 6만이 넘는 영화는 외화만 세 편이었고 3만 이상의 영화는 한국영화가 10편, 외국영화는 25편이었다. 그러나 이러한 양상은 1958년 이후 급격히 변화하였다. 1958년 영화 흥행 1위는 홍성기 감독

---

59 "팔리는 영화, 안 팔리는 영화/ 개봉극장 영화사 관계자들의 방담회", 《한국일보》, 1957년 4월 7일자 6면.

의 〈별아 내 가슴에〉였다. 이 영화는 13만 7천 명의 관객을 동원했으며, 이 해에 1위부터 5위까지 한국영화가 순위를 휩쓸었다. 외화 중 흥행 1위였던 〈우리 생애 최고의 해〉는 7만대의 성적을 거둬 전체 6위에 그 쳤다. 1959년에는 한국영화가 더욱 강세를 보였다. 1958년에는 10만 이 상의 흥행 성적을 기록한 영화가 두 편이었지만 1959년에는 〈청춘극장〉 〈동심초〉 〈육체의 길〉을 포함, 다섯 편이 10만 이상의 성적을 올렸다.[60]

이러한 한국영화의 흥행 호조로 인해 극장들은 1958년도부터 서서 히 한국영화를 빈번하게 상영하기 시작했다. 물론 외화가 인기 있었던 이전 시기에도 한국영화는 전 개봉관에서 상영되기는 했었다. 1954년 일류개봉관에서는 한국영화가 상영되지 못했지만 1955년 국도극장에 서 상영된 〈춘향전〉이 공전의 히트를 기록하면서 그 가능성을 보여주 었다. 그러나 단성사에서 개봉한 〈젊은 그들〉, 수도극장에서 선보인 〈운 명의 손〉과 〈주검의 상자〉 세 편 모두 흥행에서 참패를 했다. 그럼에도 1956년에 한국영화 제작 편수는 점차 증가하였고 국도극장에서는 총 일곱 편의 개봉작 중 〈단종애사〉와 〈처녀별〉 그리고 〈애인〉이 흥행에 서 성공을 거두었다. 단성사에서도 총 일곱 편에서 〈왕자호동과 낙랑 공주〉 정도가 성공하였고, 수도극장은 세 편 개봉으로 가장 적은 숫자 였지만, 〈자유부인〉이 26일이라는 상영 기록을 세우면서 1955년 〈춘 향전〉에 이어 흥행 기록을 갱신했다. 1957년 국도극장은 13편의 한국 영화를 개봉하였고, 〈속편 자유부인〉을 비롯해서 다른 극장보다 상대 적으로 양호한 흥행 성적을 보여주었다. 국도극장은 1957년 9월부터

---

60 "59년의 영화계; 사상 최초의 황금시대/군소기업시스템은 정리단계", 《동아일보》, 1959년 12월 23일자 4면.

한국영화와 공연으로 프로그램을 거의 채웠고, 외화는 단 두 편과 이미 개봉한 영화를 모은 명작감상주간 상영뿐이었다. 1958년에 들어서면서 국도극장은 본격적으로 한국영화를 중심으로 프로그램을 짜기 시작했다. 총 39편의 작품이 상연되었고 공연 세 편, 외화(영화감상주간 포함) 세 편 외에는 모두 한국영화가 상영되었다.[61]

수도극장의 경우는 1959년 9월부터 한국영화가 주로 상영되었고 국제극장 역시 8월 중순을 기점으로 한국영화를 전면에 내세웠다. 영화계는 두 극장의 "방화상영전문관으로 전향"을 환영하는 분위기였다.[62] 1959년 국도극장, 국제극장, 수도극장은 확실한 국산영화전문관으로 입지를 굳혔다. 그리고 뒤이어 명보극장이 1959년 2월 이후 한국영화를 주로 상영함으로써 한국영화전문관 대열에 합류했다. 1959년을 기점으로 서울의 개봉관 중 국도극장, 수도극장, 국제극장, 명보극장 등 네 개 관은 한국영화전용관이 되었고, 단성사, 대한극장, 중앙극장, 아카데미, 을지극장, 중앙극장은 외화전용관이 되었다. 외화전용관이지만 이들 극장에서는 한 편에서 많게는 여섯 편(아카데미극장)까지 한국영화를 상영하였다. 외화관은 다시 대작과 오락물 위주의 대규모 극장인 단성사와 대한극장, 그리고 중·소규모 극장인 중앙극장과 을지극장, 아카데미극장으로 분류되었는데, 중·소규모 극장들은 대규모 흥행작이 아닌 작품성 위주의 영화로 활로를 개척했다.

이렇게 1957년부터 영화관이 분화된 데에는 한국영화의 증가와 선전이 가장 큰 영향을 미쳤지만, 한편으로는 전환한 극장들이 이 시

61 외화 세 편도 1,2월에 상영되었다.
62 "시네마로터리", 《국제영화》, 1958년 10월호, 93쪽.

[표 5] **주요 개봉관의 한국영화 상영 편수 변화**[63]

연도	국도		단성사		수도		국제		명보		대한		중앙	
	상영영화편수	한국영화편수	상영영화편수	한국영화편수	상영영화편수	한국영화편수	상영영화편수	한국영화편수	상영영화편수	한국영화편수	상영영화편수	한국영화편수	상영영화편수	한국영화편수
1954	23	0	47	0	50	0	–	–	–	–	–	–	–	–
1955	43	3	42	1	45	2	–	–	–	–	–	–	–	–
1956	43	10	43	7	41	3	–	–	–	–	–	–	26	6
1957	36	13	35	7	41	7	9	1	–	–	–	–	38	9
1958	35	33	32	3	40	7	34[64]	15	42	1	27[65]	1	35	3
1959	26	24	33	8	29	29	25	25	29	24	37	3	26	0

기에 경제적 위기를 겪고 있었다는 점 또한 중요한 요인 중 하나였다. 1958년 서울 시내 개봉관을 소개하는 한 신문기사는 세 극장을 다음과 같이 소개했다.

> 수도극장– …단성사와 함께 전통있는 극장이면서도 운영난 때문인지 근래에는 한국영화 전문관적 경향이 짙어가고 있다.
>
> 국제극장– 스타디움식의 1천 6백 15개의 좌석이 자랑이 되는 극장인데 근래의 한국영화 전문관적 경향…
>
> 국도극장– 개봉관으로서는 가장 먼저 운영난에 허덕이다가 한국영화 전문관으로 전향하여 명맥을 유지…[66]

위의 기사처럼 국산영화전용관으로 변화하고 있었던 국도극장과 수

---

63 이 표에 기재된 상영 편수는 시사회나 영화감상회 등의 이벤트성 상영을 제외한 수치이다. 중앙극장의 경우 개봉관일 경우에만 계산하였다. 매년 편수 계산에서 12월 30일 이후 개봉한 영화는 다음 해로 이월하였다.
64 국제극장의 경우 1958년 8월 10일 이후는 모두 한국영화이다.
65 1958년 대한극장의 경우 총 29편 상영인데, 한 편은 공연이며 다른 한 편의 경우 확인이 불가능해서 총 27편으로 집계하였다.
66 "서울을 중심한 전국의 극장 개관", 《한국일보》, 1958년 12월 14일자 8면.

도극장은 운영난에 허덕이고 있었다. 국도극장은 1955년 세금 체납으로 휴관하는 일이 두 차례나 있었고 1957년 10월에도 부채와 체납으로 9일 간이나 휴관을 했다.[67] 수도극장 역시 자회사인 수도영화사의 사업 확장의 후유증으로 체납이나 사기횡령 등으로 빈번하게 기사화 되었다. 후발주자였던 국제극장과 명보극장 역시 마찬가지였다. 국제극장과 명보극장은 개관 이후에는 건축허가 부정 사건으로 자주 문제가 되었다. 명보극장은 개관 사흘 만에 잠시 문을 닫기도 하였고 국제극장은 1957년 말 탈세 혐의로 사장이 입건되기도 했다. 특히 명보극장은 1959년 1월 거액의 탈세 사건으로 물의를 일으켰는데, 1월에 개봉한 〈부활(Auferstehung)〉(1958)이 1957년 〈바람과 함께 사라지다〉가 세운 외화 흥행기록을 깨며 크게 성공했지만 세금포탈로 인해 큰 논란이 되었다. 〈부활〉로 불거진 일명 명보극장 사태는 탈세를 방지하기 위해 정부 차원에서 통일적인 입장권을 발행하는 정책 시행의 원인이 되었다. 1956년 이후 115%까지 상승된 입장세로 인해 경제적 문제를 겪고 있던 단성사, 명보극장, 아카데미극장 등 외화전문극장들은 1959년 정부발행입장권이 도입되면서 한국영화전용관으로 전환하려는 움직임을 보였고,[68] 결국 명보극장은 한국영화전용관이 되었다.

이처럼 명보극장이 한국영화전용관으로 전환된 배경에는 국도극장이나 수도극장과 같이 내부적인 경제 문제가 있었을 것이라 추측된다. 그러나 국제극장의 경우는 좀 다르게 보이는데, 건축부정 문제가 불거

---

67 "또 문 닫은 국도극장", 《동아일보》, 1957년 10월 5일자 3면.
68 "흥행계의 이변/ 정부발행 입장권 사용을 계기, 외화업계는 위축/ 기세올리는 국산영화계", 《동아일보》, 1959년 4월 5일자 4면.

지긴 했지만 국제극장은 운영상의 어려움이나 세금 포탈 등의 문제로 논란이 된 적은 거의 없었기 때문이다. 국제극장은 같은 계열사인 제작사 선민영화사의 작품들이 흥행에 성공했기 때문일 가능성이 농후하다. 1958년 흥행 1위부터 5위까지의 작품을 보면, 3위를 한 신필름의 〈어느 여대생의 고백〉이 단성사에서 개봉한 것을 제외하고는 네 편 모두 국제극장 상영작이다. 또한 1위와 3위를 한 〈별아 내 가슴에〉와 〈산넘어 바다건너〉는 두 작품 모두 선민영화사의 홍성기 감독작이다. 나머지 두 편은 김화랑 감독의 〈사람팔자 알 수 없다〉와 〈한번만 봐주세요〉인데 모두 한국연예주식회사의 작품들이다. 1958년 한 해만 살펴보면 국제극장 상영작 중 한국영화는 흥행에 큰 성공을 거두었고 특히 같은 계열사인 선민영화사는 어떤 외화보다도 흥행에서 호조를 보이고 있었다. 아마도 국제극장이 한국영화전용관으로 전환한 이면에는 선민영화사가 같은 경영주 하의 계열사였다는 배경이 크게 작용한 것으로 보인다. 이미 언급한 것처럼 국제극장은 서울의 개봉관 중에서 가장 시장성 있는 공간에 위치하고 있었으며 1950년대 후반기부터 1960년대 내내 가장 "밸류 있는" 극장이었다. 그러한 국제극장의 위상 때문에 1959년부터 시작된 제작사와 극장 간의 체인이 형성되었을 때 제작사 중 가장 성공적으로 운영되었던 선민영화사, 한국연예주식회사와 동업 관계를 맺을 수 있었을 것이다.

국제극장을 제외하면 운영난이 기존의 개봉관을 한국영화전용관으로 전환시킨 원인 중 하나였지만 이러한 변화에는 정부 당국의 기획성 없는 영화 정책도 큰 역할을 했다. 1950년대 후반기 외화 수입 및 흥행은 일관되지 않는 정부 정책으로 인해 혼란을 겪고 있었다.[69] 외화 수입의 기준은 1950년대만 네 번이나 개정되었으며 또한 정책적으로 규제한 외화 편수는 항상 예측을 넘어서는 시장의 요구에 무원칙적으로 추가되었다. 이러한 정책을 결정하는 정부 당국의 비현실적인 판단 역시 혼란의 원인 중 하나였다. 1955년 실태조사도 시행되지 않은 채 갑작스럽게 실시된 지정좌석제도 그런 경우였으며, 1956년 11월에 발표된 1957년도 영화 수입 정책은 역시 이러한 정책적 문제점을 여실히 보여준다. 당국은 1957년 국산영화 생산량을 50본, 무대예술 관련 프로를 86본으로 상정하고, 개봉극장 5개 처에 월 20본씩 240본이 필요하므로 수급할 외화를 104본으로 책정했다.[70] 실제 1957년 한국영화 제작 편수는 38편이었으며, 개봉관에는 이미 1956년부터 공연이 사라지기 시작했다.[71] 그러므로 이 기준으로 책정한 104본의 외국영화는 개봉관에서 상영하기에 너무 적은 숫자였다. 게다가 1957년에는 새로 세 개의 개봉관이 개관할 예정으로 심각한 외화 경쟁이 일어나게 되었다. 결국 정부는 10월경 수입영화가 거의 상영되었기 때문에 특혜조치를 할 수밖에 없어 별도로 수입허가를 실시했다.[72] 그러나 담당자는 이러한 수급 문제를 "내년 일은 내년에 생각하겠다. (…) [형편을 낙관하는 이유는] 현 일류극장 몇몇이 이류극장으로 전락할 것으로 보이며… 내년도 제작될 국산영화는 충분할 것"으로 생각한다며 그 문제를 안일하게 해결하려고 할 뿐 아니라, 같은 해 9월경에는 국산영화를 장려

---

69 1950년대 외화 수입 정책의 변화에 대해서는 김동호 외, 『한국영화 정책사』(나남출판, 2005)를 참조.
70 "국산영화생산에 편의/ 연간 50본으로 당국 적극지원", 《조선일보》, 1956년 11월 19일자 석간 3면.
71 해당 기사나 이후 기사를 조사해도 공연물 86본의 기준을 발견할 수 없다. 이에 대해서는 좀 더 면밀한 조사가 필요할 것이다.
72 "영화검열의 현황/ 서류와 실사 2단계의 심사/ 아직도 막연한 그 기준과 과정", 《한국일보》, 1957년 10월 23일자 4면.

하고 무질서한 외국영화 수입 경쟁을 억제하기 위해서 한 지역에 다섯 개 이상의 개봉극장을 인정하지 않고 한 프로를 10일 이상 장기 공연 하도록 조장하겠다는 입장을 발표해 비난을 받았다.[73] 이처럼 1950년 대 내내 정부 당국의 영화 정책은 실태조사나 면밀한 검토 없이 졸속 으로 기획되었거나 안일한 상황 인식에서 만들어지는 경우가 대부분 이었고, 때로는 특정 단체의 로비로 인한 것이기도 했다. 서울의 극장 들이 겪었던 경영적인 문제가 모두 무원칙적이었던 정부 정책의 결과 라고 볼 수는 없지만 많은 혼란을 일으킨 것은 사실이었다. 그러나 이 러한 갈등에도 불구하고 개봉관을 중심으로 한 서울의 극장 산업은 증가하는 관객을 기반으로 자생력을 키우고 사업성을 확장시키기 위 해 노력했으며 관객들의 취향에 민감하게 반응하면서 극장의 방향성 을 변화시켰다. 그 결과 1959년은 "사상 최초의 황금시대"로서 100편 이 넘는 한국영화가 개봉했고 극장들은 그중 10만 흥행작이 다섯 편 이나 되는 결과를 얻을 수 있었다. 또한 1960년 입장세의 정률세 도입 이후에도 급격한 부침을 겪지 않고 1950년대에 형성한 극장 지형도를 유지할 수 있었다.

4. 나오며

영화가 본격적으로 대중문화에서 우위를 차지하였던 1950년대는 극장이라는 공간이 여러 상연물들 간의 경쟁 구도에서 벗어나 영화전

---

73 "개봉극장 한 지역에 다섯/ 문교부 공천허가 방침 발표", 《조선일보》, 1957년 8월 11일자 석간 3면.

문관으로 재정향되었던 시기였다. 영화 구경에서 본격적인 영화 관람으로의 변화는 1930년대부터 지식인을 중심으로 한 일군의 영화애호가들 사이에서 요구되었던 것이었으나, 극장이 영화작품 감상만을 위한 공간이 되기까지는 거의 30년이 소요되었다. 1950년대 중반부터 서울의 일류관은 영화를 '개봉'하는 곳이라는 의미를 담은 개봉관으로 지칭되었고, 이들은 영화 감상을 위한 최적의 환경을 형성하기 시작했다. 극장 내 공연을 위한 시설을 제거했고 극장 시설 개·보수 및 건물의 개·증축이 시행되었다. 이 과정을 통해 극장은 '현대화'되어서 세련되고 좋은 분위기에서 안락하게 영화 감상을 할 수 있게 변화하였다. 이처럼 극장은 점차 영화를 위한 공간이 되었고 특히 개봉관은 배타적으로 영화만을 상영하는 곳으로 인식되었다. 공연은 시공관이나 이류관 혹은 변두리 극장으로 밀려났고 1950년대 말에는 시공관을 제외한 극장은 거의 영화전문관으로 변모했다.

이처럼 영화전용관으로 정착된 극장은 1950년대 말 다시 한 번 변화를 겪는데 국도극장, 수도극장, 국제극장, 명보극장 등 네 개의 대규모 극장이 한국영화전용관으로 전환한 것이었다. 극장의 이러한 변화는 일차적으로는 한국영화산업의 성장에 힘입은 것인데, 급격히 늘어난 영화 편수와 1958년에 흥행 성적에 있어 외화를 앞지른 한국영화의 성공을 반향하는 것이었다. 하지만 다른 측면에서 보았을 때 이 전환은 외화 흥행시장에서 후퇴한 것인데, 이는 일관되지 못하고 편의적인 외화 수입 정책과, 한국영화가 면세인데 반해 1956년 115%까지 상승한 외화 입장세의 압박 때문이었다. 국도극장과 수도극장은 운영난에 시달렸고 명보극장은 빈번하게 탈세 문제로 곤란을 겪었다. 한국영화의 입장세 면제는 극장들에게 이러한 위기를 탈출하는 기회가 될 수 있었다.

당시 개봉관만 계산하면 네 개의 극장 좌석 수는 외화관 총 좌석 수와 300석도 차이가 나지 않았으며, 주로 1000석 이상의 대형관이라는 점에서 한국영화가 당시에 가진 경쟁력을 보여준다. 한국영화와 외국영화가 가진 시장 구매력 경쟁은 개봉관만의 문제는 아니었다. 1958년부터 재개봉관도 경향적으로 분화되기 시작하는데, 1958년에는 동양극장이 그리고 1959년이 되면 천일극장과 문화극장이 한국영화전용관으로 변화한다.[74] 이러한 산업 내부의 진전과 더불어 일회적이고 이벤트성 행사였던 영화 보기는 일상적이고 습관적인 관행으로 정착하기 시작했고, 영화를 감상하는 대중의 취향에 따른 극장의 분화로 진전되었다. 그 과정에서 형성된 극장의 지형도와 상영 관행은 이후 1960~70년대까지 이어지는 극장 문화를 정착시켰다.

이 글은 기존의 1950년대 중후반의 서울 개봉관의 변화와 그 변화가 의미하는 영화산업 및 흥행산업 내부의 역동성에 주목하여 그 실제적 지형도를 그리고자 하였다. 하지만 실제 극장을 둘러싸고 일어났던 변화에는 몇 개의 수치나 통계의 추이를 넘어서, 격변기를 살았던 관객들의 생활 감각과 감성 구조가 연관되었다. 이 글은 이러한 논의 전개를 위한 기초 작업이며 정확한 자료의 해석 속에서 첫걸음을 내딛으려는 시도로서 1960년대의 정부의 강압적 정책 속에서 재배치되었던 산업과 구별되는 1950년대 영화산업의 한 측면을 논구하고자 하였다.

---

74 "삼월호 논설", 《국제영화》, 1959년 3월호, 32쪽.

참고문헌

신문 및 잡지

《경향신문》《국제영화》《동아일보》《서울신문》《영화시대》《조선일보》《한국일보》 등
　　각 기사 및 광고

영화진흥공사 편, 『1978년 한국영화연감』, 영화진흥공사, 1979.

논문 및 단행본

가토 미키로우, 『영화관과 관객의 문화사』, 김승구 옮김, 소명출판, 2017.

김동호 외, 『한국영화 정책사』, 나남출판, 2005.

박선영, 「1950년대 말~1960년대 초 극장의 영화 상영 관행: 실연무대와 무대인사를
　　중심으로」, 《한국극예술연구》 56집, 한국극예술학회, 2017.

위경혜, 「1950년대 중반~1960년대 지방의 영화 상영과 '극장가기' 경험」, 중앙대학교
　　첨단영상대학원 박사학위논문, 2010.

이길성, 「해방 직후 뉴스문화영화의 상영 연구」, 《영상예술연구》 27호, 영상예술학회,
　　2015.

이명자, 「미·소 군정기(1945~1948) 서울과 평양의 극장연구」, 《통일과 평화》 1권
　　2호, 서울대학교 통일평화연구소, 2009.

이지윤, 「자본주의적 선진 문화공간으로서의 1950년대 극장연구: 1950년대 중후반
　　서울 개봉관을 중심으로」, 중앙대학교 첨단영상대학원 박사학위논문. 2017.

기타

세상키의 극장개봉사 http://blog.naver.com/merenguero

1950년대 중후반
서울 시내 영화관의 변화와
공간에 투영된
세계 보편을 향한 열망*

이지윤

* 이 글은 필자의 박사학위논문인 「자본주의적 선진 문화공간으로서의
1950년대 극장 연구: 1950년대 중후반 서울 개봉관을 중심으로」(중앙대학교
첨단영상대학원, 2017)의 일부를 발췌, 수정·보완한 것이다.

1. 들어가며

현재 서울 시내에는 수도극장, 국도극장, 단성사 등 대소 25개의 극장이 있습니다마는, 100여만 서울시민의 수요를 충족할 수 없어서 이와 같은 시민의 요청에 호응해서 서울 시내에는 현대적인 시설을 갖출 3대 극장이 신축 중에 있습니다. 광화문 로터리 옆에 신축되고 있는 이 국제극장은 총 공사비 2억 7000만 환, 건평이 820평에 4층 건물로서, 정원수가 1600명에 이르는 영화 상설극장으로 금년 8월 중순경 개관 예정입니다. 또한 수도극장 부근에 건축 중인 명보극장은 총 공사비 2억 환에 3층 건물로서 1500명의 정원으로 금년 7월 초에 개관을 보게 될 것입니다. 그리고 필동에 자리 잡고 있는 이 대한극장은 명실공히 우리나라 최대의 극장으로서 총 공사비 약 4억 환, 건평이 1600평에 4층 건물로서 2200명의 정원을 가질 대극장입니다.

1957년 6월경 〈대한뉴스 제117호: 신축되는 극장〉(공보실 영화과, 이하 〈대한뉴스 제117호〉)은 나날이 높아지는 서울시민들의 문화 의식과 요구에 부응하여 서울 시내에 국제극장과 명보극장, 대한극장 등 3개 대형 극장이 신축 중임을 위와 같은 내레이션과 함께 알린다. 화면은 관객들로 북적이는 수도극장·국도극장·단성사의 전경을 보여준 후, 공사 중인 3개 극장을 주변의 번화한 모습과 함께 빠른 카메라 움직임을 통해 담아낸다. 카메라는 위에서부터 아래 방향으로 지어지고 있는 건물 외부를 스케치한 후 단단한 철근들이 모습을 드러내고 있는 건물 내부를 훑는다. 이와 함께 내레이션은 각 극장의 총 공사비와 건평,

수용 정원 등을 구체적인 숫자로 언급한다. 내레이션이 언급하는 구체적인 숫자는 화면이 전달하는 역동적인 공사 현장의 모습과 함께 제시되어, 보는 이에게 웅장하고 스펙터클한 인상을 심어준다.

이 극장들의 웅장하고 스펙터클한 인상은 개관을 예고하는 신문 광고에서도 발견된다. 명보극장·국제극장·대한극장은 광고를 통해 각 극장의 특징을 빼곡하게 적은 가운데, 극장의 외부와 내부를 묘사한 그림을 함께 제시한다.[1] 여기서 각 극장들은 단관극장임에도 불구하고 2~3층 규모의 웅장한 건물로 그려져 있다. 특히 명보극장은 극장 외부를 묘사한 그림뿐 아니라 1층부터 3층으로 이루어진 상영관의 단면 그림을 함께 제공함으로써 극장의 거대한 규모를 강조한다. 나아가 국제극장의 광고는 1600석의 좌석을 보유하고 있음을 홍보하고 있으며, 대한극장 광고는 총 건평이 1600평에 달하고 2000여 석의 좌석을 구비하고 있음을 강조하고 있다. 그런데 우리는 위의 〈대한뉴스 제117호〉를 비롯해 각 신축 극장들의 개관 광고가 전달하는 정보를 어떻게 해석할 수 있을까. 다시 말해 우리는 극장에 관한 이 같은 정보에서 무엇을 발견할 수 있을까.

샬롯 헤어조크(Charlotte Herzog)는 극장이란 "제작에서 시작된 과정이 소비로 완벽해지는 장소"로서, 극장의 건축 디자인과 그것의 기능을 영화 소비의 과정에서 중요한 요소로 바라본다.[2] 그는 1910년대에서 1930년대 미국 영화궁전의 건축 스타일과 디자인에 주목하여,

---

1 각 극장의 개관 광고에 대해서는 2장에 게재된 〈그림 2〉와 〈그림 3〉, 〈그림 4〉를 참조할 것.
2 Charlotte Herzog, "The Movie Palace and the Theatrical Sources of its Architectural Style," Ina Rae Hark ed., *Exhibition, The Film Reader*, Routledge, 2002, pp. 51–61.

극장의 화려한 외관과 현관 옆에 위치한 박스오피스, 대형 규모의 좌석, 오케스트라와 파이프 오르간 등을 구비한 최상급 어뮤즈먼트 그리고 좌석 안내원과 도어맨을 상주시킨 최고급 서비스 등이 극장 밖 사람들의 관심을 끌고 극장 안 관객들을 만족시키는 기능을 효과적으로 수행할 수 있었다고 분석한다. 그뿐만 아니라 그는 초기 영화를 상영했던 현장이 영화라는 새로운 엔터테인먼트를 소개하고 적절히 노출시키는 공간이었던 것과 비교했을 때, 영화궁전은 화려한 외관과 스펙터클한 규모 등을 통해 수많은 관객들을 극장으로 견인하는 대중 엔터테인먼트의 핵심 공간이 될 수 있었다고 설명한다. 그에 따르면 이는 영화에 대한 대중의 태도 변화에 기인한 것으로, 1910년대에서 1930년대의 미국 사회에서 영화는 더 이상 새로운 것이 아니었으며 관객은 영화와 함께 그것을 보는 환경에 더 많은 것을 기대하게 되었기 때문이다.

헤어조크가 1910~1930년대 미국의 영화궁전에 접근하는 방식, 다시 말해 극장 건축 양식과 디자인의 변화를 사회적 변화 내지는 영화에 대한 인식의 변화와 관련지어 접근하는 방식은 우리가 1950년대 중후반 서울의 극장에 접근하는 데 있어 유효한 참조점을 제공한다. 이러한 접근 방식을 참조할 때 〈대한뉴스 제117호〉와 명보극장·국제극장·대한극장의 개관 광고가 웅장하고 스펙터클한 외관과 함께 언급하는 극장 규모와 관련된 수치는 단순히 사실 전달의 기능을 넘어 당대 사회적 맥락에서 눈여겨볼 만한 것으로 발견되기 때문이다. 따라서 이 글은 1950년대 중후반 서울 극장가에서 발견되는 특징 중 하나로서, 서울 시내 극장들, 특히 영화관들이 그들의 규모와 시설을 정비하는 현상에 주목하고, 이 시기 서울 시내 영화관들의 규모와 시설의 변화 양상 및 그 배경을 살핀 후 이 같은 현상을 바라보는 영화계의 시각을 분석한다. 그리고 이를 통해 1950년대 중후반 서울 시내 영화관들의 변화가 시대적 맥락과 함께 세계 보편성을 향한 당대 영화계의 열망이 투영되는 것으로서 긍정되고 있었음을 논한다.

2. 1950년대 중후반 서울 시내 영화관의 변화

2-1. 규모의 대형화

그렇다면 1950년대 중후반, 서울 시내에 위치한 극장들의 규모는 과연 어떠했을까. 1962년에 발간된 『한국연예대감』은 1962년 9월 현재 각 지역의 개봉관과 재개봉관 등을 구체적인 사항들과 함께 일람하는데, 여기에는 극장에 관한 정보가 지역별, 개봉관과 재개봉관별로 소재지, 전화번호, 대표자, 설립자, 좌석 수, 시설, 운영진 등으로 정리되어 있다. 『한국연예대감』에 실린 극장 정보를 1950년대 후반을 기준으로 서울 시내 개봉관에 한정하여 정리하면 다음의 [표 1]과 같다.

[표 1] **1950년대 후반 서울 시내 개봉관 현황**[3]

극장명	소재지	대표자	설립 연도	좌석 수	영사설비
국도극장	중구 을지로	안태식	1937년	1,457석	후지
시공관(국립극장)[4]	중구 명동	황기오	1932년	820석	심플렉스
국제극장	종로 세종로	이성근	1957년[5]	1,613석	웨스트렉스[6]
단성사	종로구 묘동	이남규	1898년	1,118석	웨스트렉스
대한극장	중구 충무로	우기동	1958년[7]	2,002석	심플렉스
명보극장	중구 인현동	지덕영	1957년[8]	1,385석	모티오그래프[9]

수도극장[10]	중구 초동	김근창	1935년	1,400석	에르네망 70mm
아카데미 극장	중구 태평로	방우영	1958년	964석	뉴스타
을지극장	중구 을지로	김동준	1959년	933석	스타[11]
중앙극장	중구 저동	윤보박	1934년	1,109석	웨스트렉스
반도극장[12]	종로구 돈의동	김유준	1959년	1,156석	에르네망

※ 「전국극장일람」(『한국연예대감』, 성영문화사, 1962, 483~485쪽)을 토대로 재구성.

3 당시 개봉관과 재개봉관의 구분은 유동적이었다. [표 1]은 1962년에 정리된 『한국연예대감』의 내용을 토대로 재구성한 것으로, 1950년대 후반의 개봉관 목록과 다소 다를 수 있음을 미리 밝힌다. 또한 각 극장의 대표자명 역시 1962년도를 기준으로 정리된 것으로, 1950년대 후반과 차이가 있을 수 있다. 일례로 단성사의 대표 이남규는 1962년에 새로 취임한 인물로, 그 이전까지는 김인득이 경영하고 있었으며, 수도극장은 1960년대 초까지 홍찬이 경영하다가 1962년 김근창에게 매입되었다. 한편 1956년에 개관한 시네마코리아는 개봉관으로 시작하였으나 1957년 이후 재개봉관으로 전환한 극장으로, [표 1]에서는 제외되어 있다. 『한국연예대감』에 재상영관으로 분류된 시네마코리아는 1962년 현재 808석 규모에 심플렉스 영사기를 보유하고 있었다.

4 원문에는 '국립극장'으로 명기되어 있다. 국립극장은 1950년 4월 부민관을 양도받아 설립되었으나 1950년 6월 전쟁 발발로 인해 제대로 활동하지 못하였으며, 1952년에는 대구의 문화극장이 국립극장으로 지정되었다. 이후 1957년 국립극장은 다시 서울로 돌아와 시공관과 건물을 함께 사용하게 되었다. 따라서 『한국연예대감』에 정리된 '국립극장'은 엄밀한 의미에서 '시공관'과 함께 병기할 필요가 있다. 시공관의 전신은 1935년에 세워진 명치좌로, 이 극장은 해방 이후 국제극장으로 개칭되었다가 1948년경에 시공관으로 이름이 바뀌었다. 유민영, 『한국 근대극장 변천사』, 태학사, 1998, 338쪽 참고.

5 원문에는 설립 연도가 1956년으로 표기되어 있으나, 국제극장은 1957년도에 개관하였다. 이러한 사실은 앞에 인용한 공보실 영화와 제작 〈대한뉴스 제117호〉의 내레이션을 비롯하여 《신영화》가 1957년 송년호에 신축 개관한 국제극장 탐방기를 게재하고 있는 데에서 확인 가능하다. 《신영화》에 수록된 국제극장 탐방기에 대해서는 4장에서 상세히 다룰 것이다.

6 원문에는 '위스트렉스'라 표기되어 있으나, 웨스트렉스 영사기(Westrex Projector)로 판단되어 바로잡았다.

7 원문에는 설립 연도가 1956년으로 표기되어 있으나, 대한극장은 1958년도에 개관하였다. 1957년 6월에 발표된 〈대한뉴스 제117호〉에서 대한극장은 한창 공사 중에 있었으며, 1958년 4월 대한극장이 개관 첫 작품으로 〈잊지 못할 사랑(An Affair to Remember)〉(레오 맥캐리, 1957)을 상영하였음을 신문 광고 등을 통해 확인할 수 있다.

8 원문에는 설립 연도가 1956년으로 표기되어 있으나, 명보극장의 설립 연도는 1957년이다. 명보극장의 설립 시기는 〈대한뉴스 제117호〉의 내레이션을 통해 확인되며, 또한 1957년 8월 15일자 《경향신문》에 실린 명보극장 개관 광고를 통해서도 확인할 수 있다.

9 원문에는 '모쇼그레프'라 표기되어 있으나, 모티오그래프 영사기(Motiograph Projector)로 판단되어 바로 잡았다.

10 원문에는 '스카라극장'으로 표기되어 있다. 이 극장은 1962년 4월 수익 악화로 성업공사의 김근창에게 3억 760만 환에 낙찰된 후 그해 9월 스카라극장으로 개명하여 정식 개관했는데, 1950년대 후반에는 '수도극장'으로 불렸다. 여기에서는 1950년대 후반 시점을 기준으로 '수도극장'으로 표기한다. "수도극장 공매 낙찰", 《경향신문》, 1962년 3월 28일자 1면.

11 원문에는 '스으파'라 표기되어 있으나, 《국제영화》 1959년 4월호에는 을지극장의 영사기종이 '스타 F10'으로 명시되어 있으므로 '스타'로 바로 잡았다. "전국극장 순례기(4): 을지극장편, 현대 감각을 자랑하는 현대인의 을지극장", 《국제영화》, 1959년 4월호, 104~105쪽.

12 원문에는 '피카디리극장'으로 표기되어 있다. 이 극장은 1959년 말 '반도극장'이라는 이름으로 설립

[표 1]을 통해 1950년대 후반 서울 시내에는 11개의 개봉관이 존재했으며, 이 중 국도극장과 시공관(국립극장), 단성사와 수도극장 그리고 중앙극장 등 5개 극장을 제외한 나머지 6개 극장은 모두 1950년대 중반 이후에 신설된 극장임을 알 수 있다.[13] 더 나아가 상기 표는 서울 시내 11개 극장의 좌석 수를 기재하고 있는데, 시공관(국립극장)과 아카데미극장, 을지극장을 제외한 8개 극장 모두 1000석 이상을 보유했음을 알 수 있다. 또한 1950년대 이전부터 운영되어온 극장 중 국도극장과 단성사, 수도극장, 중앙극장 등 4개 극장만이 1000석 이상의 대규모 극장이었던 반면, 1950년대 후반에는 대규모 극장이 8개로, 이전에 비해 2배 증가했음을 볼 수 있다. 이는 서울 시내 개봉관 전체의 70%에 달하는 수치이다.

한편 다음의 [표 2]는 『한국연예대감』의 「전국극장일람」에 나오는 극장들을 서울 시내 개봉관과 재개봉관으로 분류하고, 각각을 1950년대 중반 이전에 설립된 극장과 1950년대 중후반에 설립된 극장으로 나눠 극장 수와 평균 좌석 수의 통계를 낸 것이다. 여기서 개봉관의 규모를 좀 더 면밀히 살펴보면, 전체 11개 중 1950년대 중후반에 설립된 6개 개봉관의 평균 좌석 수는 1342석으로, 이전부터 운영되던 5개 개봉관 평균 좌석 수 1181석과 비교했을 때 그 규모가 커졌음을 알 수 있다. 서울 시내 재개봉관 현황 역시 유사하다. 1950년대 말 서

되어 1960년 1월 극장명 현상 공모를 통해 '서울키네마'라는 이름으로 개관하였으며, 1962년 '피카디리 극장'으로 개명하였다. 여기에서는 1950년대 후반 시점을 기준으로 '반도극장'으로 표기한다. 또한 설립 연도 역시 원문에는 1958년으로 기재되어 있지만, 1959년으로 정정하였다. "극장명 현상모집", 《동아일보》, 1959년 12월 13일자 3면 광고; "정초의 극장가", 《동아일보》, 1959년 12월 28일자 4면 등 참조.
13 이 같은 수치는 [표 1]에 근거한 것으로, 각주 3에서 전술한 바와 같이 개봉관과 재개봉관의 구분은 유동적이었기 때문에 다소의 오차가 있을 수 있음을 미리 밝힌다.

울 시내 재개봉관 수는 총 37개인데, 이 중 28개 극장이 1950년대 중후반에 설립되었다. 재개봉관들의 좌석 수는 적게는 288석(독도극장: 성동구 성수동 소재, 1957년 설립)에서부터 많게는 1100석(서울극장: 영등포구 영등포동 소재, 1955년 설립)에 이르며, 1000석 이상 규모의 재개봉관 수는 비록 3개에 그치지만, 재개봉관들은 전체 평균 647석 규모를 보이고 있다. 한편 재개봉관 중 1950년대 중후반에 설립된 28개 극장만 놓고 볼 때, 평균 좌석 수는 665석이 된다.

[표 2] **1950년대 후반 서울 시내 개봉관·재개봉관 좌석 규모**

설립시기	개봉관		재개봉관	
	극장 수	평균 좌석 수	극장 수	평균 좌석 수
1950년대 중반 이전	5개	1,181석	9개	588석
1950년대 중후반	6개	1,342석	28개	665석
합	11개	1,268석	37개	647석

※ 「전국극장일람」(「한국연예대감」, 성영문화사, 1962, 483~491쪽)을 토대로 재구성.

개봉관과 비교하여 재개봉관의 좌석 규모가 크다고 할 수 없지만, 재개봉관의 평균 좌석 수가 600석 이상이라는 점과 1950년대 중후반에 설립된 재개봉관의 평균 좌석 수가 이전에 설립된 재개봉관 평균 좌석 수보다 높다는 점은 이 시기에 이르러 서울 시내 재개봉관 역시 대형화 추세에 동참하고 있었음을 보여준다. 따라서 1950년대 중후반, 서울의 극장 규모는 개봉관 혹은 재개봉관 여하와 무관하게 점차 대형화되고 있었다고 할 수 있다. 이런 점에서 〈대한뉴스 제117호〉가 한창 건설 중인 3개 극장의 공사 현장을 스펙터클한 인상으로 보여주고 있는 것은 바로 이와 같은 서울 극장가의 대형화 현상과 밀접한 관련을 맺고 있는 것이었다.

2-2. 시설의 재정비

한편 이 시기 서울의 영화관들은 스펙터클하게 대형화된 규모를 갖추는 동시에 시설을 재정비하기 시작했다. 무엇보다 1950년대 중후반의 서울 시내 영화관들은 영사 설비를 정비하기 시작했다. 아래 〈그림 1〉은 단성사가 1955년에 재개관하면서 잡지에 게재한 광고인데, 여기에는 "세계적 웨스탄 영사기 완비"라는 광고 문구로 단성사가 보유한 영사기명이 돌출적으로 강조된다. 1957년 신축 개관한 명보극장은 〈그림 2〉의 광고를 통해 모티오그래프 영사기를 보유하고 입체음향을 지원한다고 홍보하고 있으며, 마찬가지로 같은 해에 신축 개관한 국제극장은 〈그림 3〉의 광고를 통해 "1957년식 최신식 웨스트릭스 영사기" 구비 및 입체음향 지원을 강조하고 있다. 한편 1958년에 신축 개관한

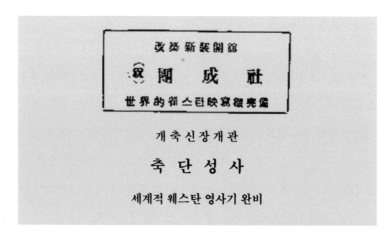

〈그림 1〉 단성사 신장개관 광고, 《영화세계》, 1955년 11월호, 99면.

명 보 극 장

내부 시설
경이적인 세계 최고의 영사기 모-쇼오·그래프 장치
고성능완전입체음향장치!
한국 초유의 송풍식 냉난 시설! (에어-콘디숀)
현대식 관람석 시설! 특별석 2층 설치
밝고 맑은 은막 와이드 스크린 설치!
휴게실에 최신식 호화설비!
단연 한국 최대의 시설 근일 개관

〈그림 2〉 명보극장 개관 광고,《경향신문》, 1957년 8월 15일자 3면.

국 제 극 장 / 개 봉 영 화 관

당당 개관박두!!
한국 최초의 스타디움식 좌석과 냉난공기 정화 장치 완비의 입체음향 4본 트랙
① 영사기: 1957년식 최신식 웨스트릭스영사기
② 스크린: 70미리 대표준 씨네스코·와이드스크린
③ 방음: 이상적인 파상(波狀) 천장과 이중창의 방음 장치
④ 좌석: 스타디움식 좌석 배열은 어느 좌석에서나
평이한 이상적인 시각도를 스크린에 집중시킴
좌석 1,600여 석
세종로 네거리

〈그림 3〉 국제극장 개관 광고,《경향신문》, 1957년 9월 24일자 2면.

동양제일의 **대한극장 드디어 근일 개관**

★ 총 건평 1,600평의 국제도시 일류극장의 규모를 과시하는 최신현대식 무창(無窓) 건물
★ 현대적인 최신 극장 시설을 구비
　(1) 강철스프링과 폼래텍스 고무로 된 안쾌(安快)한 쿳숀을 갖인
　　　고급좌석 2,000여 석을 국제표준으로 배치한 국내 최대의 영화관
　(2) 완전한 에어콘듸숀의 냉난방 장치
　(3) 최신 고급 영사기와 최고의 싸운드 씨스템을 자랑하는
　　　4본 트럭 입체음향의 완전 시설 (40개의 확성기 설치)
　(4) 200평의 지하실에 156KVA의 최신 발전기
　　　50마력 사이크로돔보이라 2대, 에어불러워 3대를 설치
　(5) 극장 내외에 다방 당구장 등의 휴게소 오락실 완비

〈그림 4〉 대한극장 개관 광고, 《경향신문》, 1958년 3월 25일자 3면.

대한극장 역시 〈그림 4〉의 광고에서 입체음향 및 "최신 고급 영사기"
를 갖추고 있다고 말한다. 마지막으로 〈그림 5〉에서처럼 1959년 개관
하여 극장명을 현상공모하고 있는 반도극장은 에르네망 영사기를 보
유하고 있음을 강조하고 있다.

이처럼 서울 시내 개봉관들은 1950년대 중후반에 개축(단성사) 혹
은 신축(명보극장, 국제극장, 대한극장, 반도극장 등)되면서 개관 광고를
신문에 게재하는데, 이때 각 극장들은 자신들이 보유한 영사 설비를
주요한 특징으로 내세우고 있음을 알 수 있다. 비록 앞의 [표 1]에 정
리된 서울 시내 개봉관 중 1950년대 이전에 설립된 국도극장과 시공

관(국립극장), 수도극장과 중앙극장 역시 1950년대 중후반에 영사 설비를 재정비하였는지를 확인할 수는 없지만, 적어도 단성사와 국제극장, 대한극장, 명보극장, 반도극장은 이 시기에 들어 구종의 영사기를 신종으로 교체하거나 신축과 함께 최신 영사기를 구비하기 시작했다고 할 수 있다.

두 번째로 1950년대 중후반 서울 시내 영화관들은 대형 스크린을 구비하기 시작했다. 위의 광고들에서 국제극장은 70mm 대형 스크린을 설치했음을 극장 특징 중 하나로 강조하고 있으며, 명보극장 역시 와이드스크린 설치를 열거하고 있다. 단성사는 〈그림 1〉의 광고 외에도 다음과 같은 광고 문구를 통해 와이드스크린 설치를 대대적으로 홍보하고 있다.

약진 단성사가 보내는 또 하나의 쾌거! 웅대한 스크린에 선명히 영사되어 기대감을 배가시키는 WIDE SCREEN. (중략) 한국 초유의 와이드스크린 장치 완성, 종래의 스크린 24×27, 와이드 스크린 30×80.[14]

서울 시내의 모든 영화관들이 이 시기에 그들의 스크린을 와이드스 크린으로 교체하였다고 단정 지을 수는 없지만, 명보극장과 국제극장, 단성사의 사례는 이 시기부터 서서히 극장들이 스크린 크기를 확대하 고 있었음을 보여준다.

3. 규모 확대와 시설 정비의 배경

3-1. 신축 극장의 등장

그렇다면 상기한 것처럼 서울 시내 영화관들이 1950년대 중후반 에 이르러 규모를 확대하고 그들의 시설을 재정비하게 된 배경은 무 엇이었을까? 먼저 이 같은 변화의 원인은 이 시기에 이르러 서울 시 내 극장 수가 증가한 데에서 찾을 수 있다. 1950년대 중후반은 한국 영화 산업이 성장하면서 극장 수 역시 증가했던 시기로 기록된다. 물

---

14 "단성사 와이드 스크린 설치", 《조선일보》, 1955년 11월 20일자 조간 3면 광고.

론 이 시기의 극장 수를 정확하게 파악하는 데에는 한계가 존재한다. 1950년대에 극장 수를 집계한 공식 자료가 부재할뿐더러, 당시의 신문 및 잡지 등이 부분적으로나마 다루고 있기는 하지만 지면마다 기록이 상이해 정확한 집계라 볼 수 없다. 이 때문에 선행연구들이 언급하는 극장 수 통계 역시 조금씩 다른 문제가 존재한다. 대표적으로 『한국영화 정책사』는 전국의 상설 극장 수가 1948년 당시에는 90개였으나 1958년에는 150여 개, 1959년에는 200여 개로 늘어났다고 서술하고 있는데,[15] 유민영에 따르면 해방 직후의 전국 극장 수는 96개,[16] 위경혜에 따르면 1959년경 전국의 극장 수는 101개로 제시된다.[17] 이같은 문제는 전술한 바와 같이 당시의 극장 수에 대한 정확한 통계가 부재하기 때문이다. 그러나 신뢰도 높은 근거자료가 부족하다고 하더라도, 위 연구들이 제시한 수치들을 재구성할 때, 극장 수에 대해 다음과 같은 유의미한 결론을 도출할 수 있다.

다음 [표 3]은 유민영과 위경혜가 각각 제시한 해방 직후와 1954년, 1959년경의 지역별 극장 분포 현황을 조합한 것이다. 이 표를 참조할 때 전국의 극장 수는 일반적인 통념처럼 1950년대 후반에 기하급수적으로 늘어난 것으로 보이지는 않는다. 또한 지역별 극장 수가 시간이 지날수록 지속적으로 증가하는 양상을 보이는 것 역시 아니었다. 그러나 서울 및 경기권의 극장 수를 주목할 때 다음의 사실을 확인할 수 있다.

---

15 김동호 외, 『한국영화 정책사』, 나남출판, 2005, 159쪽.
16 유민영, 『한국 근대극장 변천사』, 태학사, 1998, 315쪽.
17 위경혜, 「1950년대 중반~1960년대 지방의 영화 상영과 '극장가기' 경험」, 중앙대학교 첨단영상대학원 박사학위논문, 2010, 14~15쪽.

[표 3] **시기별·지역별 극장 분포 현황**

	서울	경기	강원	충북	충남	경북	경남	전북	전남	합계
해방직후	16		10	2	11	16	24	8	9	96
1954년	17 (10)	6 (4)	12 (8)	6 (4)	9 (7)	15 (12)	22 (18)	10 (7)	11 (8)	108 (78)
1959년	22	15	2	4	16	* 부산: 21		6	15	101

※ 유민영, 앞의 책, 315쪽 표; "한국영화계의 현황", 《한국일보》, 1954년 8월 2일자 4면;
　위경혜, 앞의 논문, 14~15쪽의 [표 1]을 토대로 재구성.
※ 1954년도의 지역별 괄호 안의 숫자는 영화관 수를 의미함.

　첫째, 서울 및 경기권의 극장 수는 해방 직후 16개였던 데 비해, 1954년에는 23개(이 중 영화관 14개), 1959년 무렵에는 37개로 증가하였다. 그 밖의 지역들의 극장 수가 들쭉날쭉한 것에 비해 서울 및 경기권의 극장 수만큼은 지속적인 오름세를 취하고 있음을 알 수 있다. 둘째, [표 3]을 근거로 전국 극장 중 서울 및 경기권에 분포한 극장 비율을 살펴보면, 해방 직후에는 16.7%, 1954년에는 21.3%, 1959년에는 36.6%로 나타나고 있다. 이는 극장 수가 서울 및 경기권을 중심으로 증가하는 양상을 보여준다. 특히 이 중 1954년과 1959년의 전국 대비 서울의 극장 비율만을 살필 때, 전국 극장 중 서울은 1954년에 15.7%(경기권 5.6%)의 비중을 보이다가 1959년에는 21.8%(경기권 14.9%)의 비중을 기록하고 있다. 이러한 수치는 휴전 이후 새로운 극장들이 서울 및 경기권 중에서도 특히 서울을 중심으로 설립되고 있었음을 보여준다. 다시 말해 기존의 통념처럼 휴전 이후에 전국 극장 수가 기하급수적으로 늘어났다고 할 수는 없으나, 서울을 중심으로 새로운 극장들이 신축되고 있었음을 알 수 있다.

　그런데 휴전 후 서울을 중심으로 신축 극장들이 세워지고 극장 수가 증가하는 현상은 해방 직후 서울의 극장 대부분이 적산을 불하받아 운영되었다는 점과 비교했을 때 고무적인 현상이라 할 수 있다. 단성사와 시공관, 수도극장, 국도극장 등 해방 후 서울의 대표적인 극장들은 모두 적산극장들이었다. 나아가 해방 이후에는 적산극장 운영 문제가 문화계 내부의 첨예한 관심사였는데, 이는 이 극장들 외에도 이 시기 대부분의 극장들이 일제강점기에 세워진 적산이었음을 방증하는 것이기도 하다. 그러하기에 문화예술계는 미군정이 제시한 적산극장 대여 입찰 방안을 반대할 수밖에 없었다. 적산극장이 일반 기업인에게 낙찰될 경우 극장은 영리 추구를 위한 공간으로 전락할 것이라는 우려를 낳았고, 이는 곧 영세한 문화예술계의 공연 기회가 축소되는 것을 의미했다. 그들의 갈증을 해결해줄 만한 대안적 극장을 신설할 물적 토대가 부족한 상황에서 그들이 기댈 수 있는 공간은 적산극장뿐이었기 때문이다.[18] 이런 점에서 휴전 후 서울에 많은 수의 극장들이 신축되는 상황은 이 시기의 특기할 만한 변화라고 할 수 있다.

그렇다면 이 무렵 실제 신축 낙성된 서울의 극장 수는 어느 정도였을까. 앞의 [표 1]과 [표 2]에서 보는 바와 같이 1950년대 후반의 서울 시내 개봉관 수는 11개로, 그중 6개 극장(국제극장, 대한극장, 명보극장, 아카데미극장, 을지극장, 반도극장)이 1950년대 중후반에 신축되었다. 여기에 재개봉관 수까지 합하면 1950년대 후반 서울 시내에서 운영 중인 극장 수는 개봉관 및 재개봉관을 포함하여 48개(개봉관 11개, 재개봉관 37개)였으며, 1950년대 중후반에 신축된 극장 수는 도합 34개였

---

18 해방 이후 적산극장 불하와 관련한 일련의 움직임에 대해서는 필자의 박사학위논문 2장을 참고.

다. 이를 다시 운영 극장 수 대비 신축 극장 수의 비율로 정리하면 다음의 [표 4]와 같이 신축 극장의 비율은 개봉관의 경우 54.5%, 재개봉관의 경우 75.7%에 달하며, 전체 서울 시내 극장 중 70.8%에 달하는 수치였음을 알 수 있다.

[표 4] **1950년대 후반 서울 시내 전체 극장 및 신축 극장 수**

분류	운영 극장 수	신축 극장 수	신축 극장 비율
개봉관	11	6	54.5%
재개봉관	37	28	75.7%
총합	48	34	70.8%

※ 「전국극장일람」(「한국연예연감」, 성영문화사, 1962, 483~491쪽)을 토대로 재구성.

이처럼 1950년대 중후반 서울 시내에 영화관들이 신축되는 현상은 휴전 후 사회 전반의 재건 사업과 함께 흥행계 내적으로도 극장 신축을 위한 물적 토대가 서서히 형성되고 있었다는 추론을 가능하게 한다. 한국전쟁 이후 전쟁의 폐허를 복구하려는 움직임은 사회 전반의 주요 의제 중 하나였다. 한국전쟁으로 인한 피해는 막대해서 공보처가 발표한 조사 결과에 따르면 "한국전쟁 동안의 총 피해액은 4,105억 9,000만 환으로 1953년 국민총생산 4,818억 환의 85%에 해당하는 것"이었으며, 이 중 사회간접자본과 일반 주택의 피해는 전체의 72%, 일반 기업체의 피해 규모는 전체의 18%를 차지하였다고 한다. 이에 비해 공업 부문의 피해 규모는 전체의 10%를 차지하였으나, 사실상 공업 부문은 생산 시설의 절반을 상실한 꼴이었다고 기록된다.[19] 그만큼

---

19 최상오, 「한국의 전후 재건과 미국」, 《민주사회와 정책연구》 4호, 민주사회정책연구원, 2003, 96쪽.

전후 한국 사회에서 산업 재건은 그 어떤 것보다도 시급하고 우선되는 것이었다고 할 수 있다. 그러나 재건의 기록은 전술한 일반 산업체 현장뿐 아니라 영화계 내부에서도 두드러지게 발견된다. 대표적으로 이 시기의 한국영화계는 운크라(UNKRA)의 기술 및 교육 원조를 통해 영화 산업을 재건하는 과정에 놓여 있었다. 또한 1957년 1월에 건립된 정릉스튜디오는 아시아재단이 5만 달러에 달하는 영화 기자재를 원조함에 따라 설립될 수 있었다.[20] 하지만 영화계의 재건은 비단 영화 제작 현장에만 해당되는 것이 아니었다. 이 시기 서울에 신축 극장들이 증가하고 있었다는 점은 재건 움직임이 서울 극장가에서도 진행되고 있었음을 말하는 주요한 지표가 되기 때문이다.

따라서 전술한 1950년대 중반 이후 영화관 규모의 대형화 현상은 서울 극장가 재건의 일환이었다고 할 수 있다. 극장 규모는 때로는 극장의 발전 정도를 가늠할 수 있는 지표로 작용하기 때문이다. 1935~1936년 사이에 메이지자(明治座: 명치좌, 해방 후 국제극장, 시공관, 국립중앙극장, 현 명동예술극장), 고가네자(黃金佐: 황금연예관, 해방 후 국도극장), 와카쿠사영화극장(若草映畵劇場: 약초극장, 해방 후 수도극장, 스카라극장)이 1000석 이상을 보유한 대규모 극장으로 남촌에 개관하는데, 이 극장들의 개관은 1934년 신축 낙성한 단성사와 함께 일본 건축가들의 관심을 받았다. 1936년 일본 건축 전문가들은 영화관에 관한 좌담회를 개최하고, 경성 극장가의 수준이 과거에 비해 한층 발전하였으며 내지 일본과 비교하여도 손색이 없음을 피력했다. 이 좌

---

20 "한국영화문화협회 발족: 아(亞) 재단 기증 기재 관리", 《동아일보》, 1956년 7월 7일자 4면; "한국영화문화협회, 정릉스타디오 완성", 《동아일보》, 1957년 1월 13일자 4면.

담회에서 한 건축가는 1932년경 경성의 극장과 영화관은 "정말로 비참한 상황이고 (중략) 의자도 없고 앉아서 활동사진을 보는 정도이고 조금 나은 데면 긴 의자를 설치한 정도로, 난방설비도 아무것도 없는 상당히 불쾌한 것"이었지만 "작년[1935년] 즈음부터 상당히 훌륭한 영화관이 생기는 분위기가 되어서" "내지의 상당한 도시의 영화관과 비교해도 손색이 없다고 여겨진다"고 평가했다.[21] 다시 말해 경성에 들어선 대규모 극장은 곧 경성 극장가의 발전 정도를 보여주는 지표였으며 나아가 식민지 근대화의 표상으로 읽히고 있었던 것이다. 이로 미루어 1950년대 중후반에 서울의 영화관 규모가 확대되는 현상은 일제강점기 경성의 대규모 극장들이 식민지 근대화의 표상이 되었던 것처럼, 전후 사회 전반에 자리한 재건 분위기에서 문화 발전 혹은 문화 재건의 표상이 되었다고 할 수 있다. 서울의 극장가는 기존의 적산을 불하받은 극장 운영에서 벗어난 새로운 극장들의 설립으로 활기를 띠기 시작했고, 나아가 대규모 극장들의 등장으로 서울 극장가의 발전 정도를 가시화할 수 있었기 때문이다.

이런 점에서 당시의 영화관들이 보유한 영사기명을 전시하는 현상 역시 극장의 현대적인 발전 내지는 극장가 재건과 관련이 깊다고 할 수 있다. 앞의 [표 1]에 따르면 1950년대 후반 서울 시내 개봉관들은 대체로 심플렉스 영사기[22]와 웨스트렉스 영사기[23]를 구비하고 있었고, 그밖에 모티오그래프, 에르네망, 스타 등의 영사기를 사용하고 있었음을 알 수 있다. 그런데 여기서 주목할 점은 극장 보유 영사기들이 각

---

21 《朝鮮と建設》 제15집 제12호, 1936년 12월, 9쪽, 김순주, 「식민지시대 경성의 극장 문화에 관한 연구」, 한국학중앙연구원 박사학위논문, 2011, 167쪽에서 재인용. 대괄호([ ])의 내용은 인용자.

각 어떤 특징을 지니는지에 대한 설명 없이 영사기명만이 단순히 열거되고 있다는 점이다. 가장 대중적이거나 가장 유명한 심플렉스 영사기와 웨스트렉스 영사기를 비롯하여 기타 영사기들은 그것이 구체적으로 의미하는 바, 다시 말해 영사기 각각의 세부적인 특징보다는 이름 그 자체만으로 중요한 상징이 된다. 영화관의 대형 규모가 극장가의 재건과 극장의 발전 정도를 나타내는 지표가 되는 것처럼, 구형 혹은 신형 여부와 상관없이 제시되는 영사기명은 그 자체로 영화관을 전문적인 설비와 기술을 갖춘 공간으로 인식시키기 때문이다. 이런 점에서 1950년대 중후반에 서울의 개봉관들이 규모와 시설을 정비하기 시작한 데에는 당시 사회 전반의 재건 움직임과 그 일환으로 서울 극장가에서 시작된 극장 신축 및 재건이 자리하고 있었으며, 영화관의 대형 규모와 최신 시설은 서울 극장가의 발전 정도를 가시화하는 지표가 되고 있었다.

---

22 심플렉스 영사기(Simplex Projector)는 에드윈 포터(Edwin S. Porter)와 바이타그래프의 기술자였던 프랜시스 캐녹(Francis B. Cannock) 및 마이크 벌코위츠(Mike Verkowitz)가 개발하여 1909년 시장에 첫 출시한 것으로, 1990년대까지 계속해서 생산된 가장 인지도 높고 오랜 역사를 지닌 영사기라 할 수 있다. 특히 1920년대 후반에는 RCA와 웨스턴 일렉트릭의 사운드 영사 시스템을 심플렉스만이 운용할 수 있었기 때문에, 심플렉스 영사기는 초기 토키 시대를 지배했던 영사기이기도 했다. John Cannon, "The Simplex Projector", www.film-tech.com/warehouse/manuals/STRSIMPLEXHIST.pdf (최종 검색일: 2016년 7월 13일)

23 웨스트렉스 영사기(Westrex Projector)는 미국 센츄리(Century) 사의 라이선스로 1950년에 영국에서 제작된 영사기이다. 센츄리 사는 처음에는 심플렉스 영사기 부품 공급사로 시작하여 1930년대에 들어 자체적으로 센츄리 영사기를 개발하여 1961년까지 생산하였다. 특히 센츄리 영사기는 1940년대에 들어서면서 심플렉스와 함께 업계 1, 2위를 다툴 정도의 경쟁력을 갖추게 되었으며, '영사기사들의 영사기'라 불릴 정도로 높은 인지도를 보였다. 센츄리 사의 라이선스 승인 하에 제조된 영사기로는 영국의 웨스트렉스 영사기 외에, 미국의 웨스타(Westar) 및 일본과 캐나다의 노던 일렉트릭(Northern Electric), 멕시코의 시네멕스(Cinemex), 페루의 센트리(Centree), 인도의 시네시타(CineCita)와 모니(Monee) 등이 있다. "The Projectionist's Projector", www.film-tech.com/manuals/STRCENTURYHIST.pdf (최종 검색일: 2016년 7월 13일)

3-2. 새로운 영화, '와이드스크린'의 등장

한편 서울 시내 영화관들이 스크린과 음향 설비를 정비하기 시작한 것은 이 무렵 극장가에 와이드스크린 영화들이 개봉하기 시작한 것과 관련을 맺는다. 서울 극장가에 와이드스크린 영화가 등장한 시기는 1955년 6월경이었다. 1955년 6월 28일 수도극장에서는 세계 최초의 시네마스코프 영화 〈성의(The Robe)〉(헨리 코스터, 1953)가 개봉했고, 뒤따라 6월 30일 국도극장에서는 〈원탁의 기사(Knights of the Round Table)〉(리처드 소프, 1953)가 시네마스코프로 개봉했다. 이후 서울의 다른 극장들도 서서히 시네마스코프, 비스타비전, 슈퍼스코프, 메트로스코프, 테크니라마 등의 와이드스크린 영화를 상영하기 시작했고, 1950년대 후반에 이르면 시공관(국립극장)을 제외한 서울 시내의 모든 개봉관들이 와이드스크린 영화 상영을 병행하고 있었다.

물론 이 시기의 극장들은 와이드스크린 영화와 기존 표준 포맷의 영화 상영을 병행하고 있었을 뿐만 아니라 아래의 [표 5]와 같이 여전히 표준 포맷의 영화들을 와이드스크린 영화보다 자주 혹은 비슷한 비율로 상영하고 있었다.[24] 그러나 이 무렵 국내 극장가에 등장한 와이드스크린이라는 새로운 화면비의 영화들은 극장 시설에 새로운 변

---

24 본문의 [표 5]는 1955년 국내 최초로 시네마스코프 영화를 상영한 수도극장과 국도극장, 1950년대 후반에 신축되어 영화를 전문으로 상영했던 국제극장과 명보극장, 대한극장을 표본으로 와이드스크린 영화 상영 비율을 산출한 것이다. 최초의 시네마스코프 영화 〈성의〉를 상영한 수도극장은 1958년 9월경 국산영화 전용관으로 전환된 까닭에 1959년 상영한 외화 및 와이드스크린 영화가 전무하나, 1956년부터 1958년까지 지속적으로 와이드스크린 영화를 상영하였고 그 비율은 40%를 넘지 않았다. 1955년 수도극장에 이어 시네마스코프 영화 〈원탁의 기사〉를 상영한 국도극장 역시 1958년 2월경 국산영화 전용관으로 전환하였는데, 그 전인 1956년부터 1958년 초까지 와이드스크린 영화 상영 비율이 최대 50% 이내로, 표준 포맷의 영화 상영 비율을 넘지 않았음을 알 수 있다. 1957년에 신축된 국제극장과 명보극장의 와이드스크린 상영 비율 역시 상기 두 극장과 크게 다르지 않으며, 1960년대 70mm 대형영화 상영관으로 차별화되는 대한극장 역시 1958년과 1959년의 와이드스크린 상영 비율은 표준 포맷 상영 비율을 엎치락뒤치락하는 정도의 수준을 보여주고 있음을 알 수 있다.

화를 요구하는 것이었다. 대표적으로 시네마스코프 영화는 촬영 시 기존의 1.33:1 비율의 35mm 카메라에 아나몰픽 렌즈를 장착하여 2.35:1의 이미지를 압축한 후 영사 시 영사기에 장착된 아나몰픽 렌즈를 통해 2.35:1의 비율로 이미지를 재확대하는 방식이었는데, 이를 위해 극장은 무엇보다 영사기에 장착할 아나몰픽 렌즈 및 2.35:1 비율의 영상을 담아낼 수 있는 대형 스크린을 구비해야 했다.

[표 5] **극장별 와이드스크린 영화 상영 비율**

극장	연도	외화 편수	WS 편수	WS 상영 비율
수도극장	1956	39편	9편	23.1%
	1957	33편	13편	39.4%
	1958	21편	6편	28.6%
	1959	–	–	–
국도극장	1956	33편	7편	21.2%
	1957	22편	8편	36.4%
	1958	2편	1편	50%
	1959	2편	–	–
국제극장	1957	8편	2편	25%
	1958	20편	9편	45%
	1959	–	–	–
명보극장	1957	12편	3편	25%
	1958	41편	17편	41.5%
	1959	4편	–	–
대한극장	1958	21편	9편	42.9%
	1959	33편	18편	54.5%

※ 《경향신문》 《동아일보》 및 누리집 '세상키의 극장개봉사(http://blog.naver.com/merenguero)'의 해당 극장 광고를 토대로 집계했으며, 특별상영 등의 단발성 흥행은 제외함.
※ WS은 시네마스코프를 비롯한 비스타비전, 메가스코프, 메트로스코프, 슈퍼스코프 등의 와이드스크린 영화를 의미함.

한편 시네마스코프 영화는 영사기 렌즈와 스크린 뿐 아니라, 극장의 사운드 시스템을 변화시키는 것이기도 했다. 최초의 시네마스코프 영화 〈성의〉가 제작될 당시까지도 영상과 사운드는 분리된 필름을 사용하는, 소위 '더블 시스템' 방식이었다. 그러나 시네마스코프를 처음 도입한 20세기 폭스는 릴리즈 프린트를 '더블 시스템' 방식에서 영상과 사운드가 하나의 필름에 합쳐진 '단일 시스템' 방식으로 전환해야 할 필요성을 인식하였고, 기존 필름의 퍼포레이션 크기를 축소하는 대신, 다음의 〈그림 6〉과 같이 퍼포레이션 좌우에 사운드 트랙을 입히는 스테레오 4트랙 프린트의 단일 시스템을 개발하였다.[25] 이로써 시네마스코프의 스테레오 4트랙 프린트는 양쪽의 퍼포레이션을 사이에 두고, 좌측에 해당하는 사운드 트랙과 중앙 사운드 트랙, 효과음 트랙 및 우측 사운드 트랙을 설계하여 관객들에게 입체음향을 제공할 수 있었다.

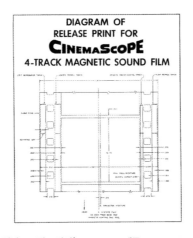

〈그림 6〉 시네마스코프 릴리즈 프린트 단면(John Belton 제공, Herbert E. Bragg의 글에서 재인용)

이런 점에서 국내의 영화관들이 시네마스코프 영화를 상영한다는 것은 곧 그들이 시네마스코프 영사를 위한 설비, 즉 영사기용 아나몰픽 렌즈를 구비하였을 뿐 아니라 극장 스크린을 와이드스크린으로 교체하고 극장에 입체음향 시스템을 도입했다는 것을 의미한다. 따라서 각 극장들은 앞에서 언급한 극장 광고들처럼 그들이 보유한 스크린과 사운드 시설 자체를 홍보하기 시작하는 한편, 영화 광고를 통해서도 그들이 상영하는 영화가 와이드스크린 영화임을 적극적으로 알리기 시작했다. 일례로 〈그림 7〉과 〈그림 8〉에서 알 수 있듯이 수도극장과 국도극장은 각각 〈성의〉와 〈원탁의 기사〉 광고에 와이드스크린을 묘사하는 그림을 삽입하고 "완전 입체음향" 영화임을 강조함으로써 그들이 시네마스코프 영화 상영을 위한 설비를 완벽하게 갖추고 있음을 강조하고 있다.

이와 함께 당시의 언론들은 새로 등장한 와이드스크린에 대한 대중 이해를 높이기 위한 작업을 시작했다. 1950년대 중반 이후 와이드스크린 영화들이 상영되자, 신문들은 와이드스크린이란 무엇이며 그 같은 영화들을 구현하기 위한 기술적 원리가 무엇인지에 대한 설명을 덧붙이기 시작했다.

이십세기폭스사의 입체영화 '시네마스코프' 제1회 작품 〈성의〉는 크기는 일반영화와 같이 35미리인데 화면이 세(縱)로 극도로 가늘게 촬영되어 있는 것이 특색이다. 이것을 특수렌즈에 장치한 영사기에 걸면 아래위로

---

25 Herbert E. Bragg, "The Development of CinemaScope", *Film History*, Jan. 1., 1988, p. 363.

완전 입체음향 영화 역사적 첫 공개
안경 없이 보는 현대의 기적! 입체영화는 과거로 사라지고
수(遂) '씨네스코' 현대 도래! 보시라! 본격 씨네마스코-프 영화!

씨네마스코-프
CINEMASCOPE

총천연색 초대호화 거편!! **성의 The Robe** 근일 수도극장
☆ 군소 약식 씨네마스코-프 영화와 혼동시하지 마십시오.
☆ 거대한 10배의 대 스크린과 경이의 완전입체음향의 자연성에 기대하시라!
☆ 씨네마스코-프의 기원을 창건한 "씨네마스코-프" 영화의 최대 최고의 결정판

〈그림 7〉 수도극장 개봉영화 〈성의〉 광고, 《경향신문》, 1955년 6월 24일자 4면.

CINEMASCOPE 개봉 이래로 처음 보게 된 영화사상의 경이적 제1탄!

원탁의 기사

6월 30일 봉절
전국 유일의 완전 시네마스코-프 설비관 국도

〈그림 8〉 국도극장 개봉영화 〈원탁의 기사〉 광고, 《경향신문》, 1955년 6월 29일자 4면.

가늘고 길게 휘늘어진 상이 가로 퍼져서 보통 스크린의 두 배나 되며 옆으로 1×2.5의 '와이드스크린'에 영사된다. (중략) 시네마스코프의 또 하나의 특색은 녹음대인데 재래의 영화가 필름 한 쪽에 녹음이 프린팅되어 있으나 시네마스코프는 음의 원근감을 내기 위하여 네 개의 스피커를 사용하여 네 개의 녹음대를 사용하는 데 있다. 그래서 녹음 재생 장치도 개조해야 된다.[26]

○ 씨네라마… 〈이것이 씨네라마이다〉라는 영화가 52년 뉴욕 워너극장에서 공개되어 장기상연의 신기록을 세운 바 있다. (중략) 사람의 시각이 수평 150도 수직 60도라는 데 착안하여 완전한 반원형의 스크린 안에 관객을 두고 그것을 싸고도는 좌우 146도 상하 55도의 스크린과 전후좌우에서의 음향에 의해서 관객을 완전히 화면 안에 흡수시키는 데 성공하였다. (후략)

○ 와이드스크린·씨네마스코프… 지금까지의 4.3의 화면비율에서 5.3 또는 8.3 등으로 폭의 비율을 넓히고 영사 화면의 면적도 확대시킨 것이다.

(중략)

○ 비스타비죤… 와이드스크린 영화 방법 중에 하나로 54년부터 미국에서 일부 이용되고 있다. 25미리 필름으로 표준화면의 약 2배 반(약 37×25미리)의 크기에다 초점심도의 깊은 렌즈로 촬영한다. 프린트는 원판에 가까운 크기 또는 축사에 의한 압축상 그리고

---

26 "초대시사회", 《경향신문》, 1955년 6월 30일자 4면.

보통 프린트의 필름으로 만든 다대형 프린트는 특별 영사판을 쓰고 압축상프린트는 씨네마스코프와 같이 압축상 확장 렌즈에 의해서 영사되고 보통은 와이드스크린 영화로서 보통 영사기로 영사한다. 또한 비스타비죤은 한 개의 사운드 트럭으로 입체음 효과를 얻을 수 있는 것을 '지향성 복음 사운드 방식'이라 하며 시네마스코프에서도 이 방법이 채용되도록 되어 있다. 이것은 종전과 같이 화상의 왼쪽에 3미리 폭으로 굽는 사운드트럭이나 특수한 분리장치를 병용하면 3방향으로 음을 분리하게 되고 또한 보통 재생 장치로 종전과 같은 재생음을 얻을 수 있다.[27]

위 인용문에서 와이드스크린 영화가 기존의 영화들과 다른 점은 기술의 차원으로 설명된다. 와이드스크린이 궁극적으로 추구했던 것은 서사에 대한 관객의 몰입을 강화하여 새로운 시각적 체험을 관객들에게 제공하는 것이었지만,[28] 위 인용문들은 와이드스크린이라는 테크놀로지의 궁극적 목적보다는 와이드스크린 영화를 위한 촬영 및 영사 원리, 사운드 구동 원리 등을 설명하는 데에 대부분의 서술을 할애하고 있다. 와이드스크린을 통한 관객의 관람 방식 내지는 관객의 시각적, 청각적 체험 변화보다는 기술의 변화가 보다 중요하게 여겨지고 있는 것이다. 따라서 국내에서 와이드스크린은 영화 기술 발전에 대한 경이감의 측면에서 접근되며 이해되고 있었다고 할 수 있다.

---

27 "영화상식", 《동아일보》, 1958년 5월 4일자 5면.
28 정찬철, 「관객 참여형 영화기술로서 와이드스크린 테크놀로지의 기술문화사」(2016년 한국영상자료원 한국영화사연구소 심포지엄 "은막의 사회문화사: 개봉관의 등장부터 1970년대까지" 자료집, 한국영상자료원, 2016)를 참고.

이런 점에서 서울의 개봉관들이 신축·개축과 함께 자신들의 설비를 점검하고 그들이 보유한 스크린 크기와 음향 설비를 강조하기 시작한 때가 이 무렵 극장가에 시네마스코프 등의 와이드스크린 영화가 등장하는 때와 일치하는 것은 절대로 우연이 아니다. 기존과는 다른 유형의 영화는 영화관에 기왕의 영사 시스템과 극장 설비를 재점검할 것을 요구했고, 영화관들은 이와 함께 기존의 스크린을 대형 스크린으로 교체하고 입체음향 시스템을 구비하기 시작했다. 따라서 이 시기에 영화관들이 스크린 크기와 음향 등을 적극적으로 강조하는 것은 그들이 와이드스크린이라는 새로운 영화 상영에 최적화된 공간임을 가시화하는 것이었으며, 이는 곧 영화관의 영사 및 제반 시설이 발전하는 영화 기술을 뒷받침할 수 있을 만큼 선진화되고 있음을 드러내는 것이었다.

4. 영화관 변화에 투영된 세계 보편성을 향한 열망

이상에서 살펴본 것처럼 1950년대 중후반 서울 극장가는 신축 극장들이 들어서고 와이드스크린 방식의 새로운 영화들이 등장하면서 규모를 확대하고 시설을 재정비하는 등의 변화를 맞이하고 있었다. 그런데 일각에서는 이 같은 영화관의 규모와 시설 변화를 극장 발전 정도를 가시화하는 것으로써 긍정적으로 바라보고 있었다. 특히 이 같은 긍정의 시각은 영화계의 담론에서 주로 발견된다. 앞의 [표 4]에서처럼 1950년대 후반 서울의 극장가는 서울 전체 극장의 70% 이상이 신축 극장일 정도로 발전 일로를 걷고 있었지만, 문화 향유 공간에 대한 영화계의 갈증은 여전했기 때문이다. 일례로 시나리오 작가이자 제작사 한국영화공사의 대표였던 이정선은 신축 극장들이 한창 지어지고 있던 시점인 1958년, "한국의 경우 총 인구가 영화 인구와 동수"이며 따라서 "영화의 수요가 굉장한 것"임에도 불구하고 국내 극장 수는 총 130개밖에 되지 않아 15만 3070명당 극장 1개를 가질 뿐이라고 애석해했다. 그리고 그는 이 같은 수준은 다른 나라와의 비교에서 상당히 열등한 것이라고 지적했다([표 6] 참조).[29] 이러한 상황에서 서울 극장가에 일어난 규모와 시설 변화는 이 같은 영화계의 오랜 갈증을 해결해주는 것으로서 긍정된다.

[표 6] **각국의 극장 수와 극장당 인구 비율**

국가	극장 수	1개 극장당 인구
영국	4,160	12,108
멕시코	2,459	10,948
소련	12,614	15,300
스웨덴	2,583	2,759
브라질	2,100	25,100
덴마크	486	9,000
파키스탄	220	344,013
노르웨이	508	6,581
한국	130	153,070

※ 이정선, "분기점에 선 영화: 한국영화계의 현황 Ⅰ"《국제영화》, 1958년 3월호, 53쪽) 중 [참고도 B]의 내용을 재구성.

특히 영화관의 규모와 시설 변화에 대한 긍정적인 시각은 이즈음의 영화 잡지들이 '탐방기' 형식으로 당시의 신축 극장들을 소개하는 담

---

29 이정선, "분기점에 선 영화: 한국영화계의 현황 Ⅰ", 《국제영화》, 1958년 3월호, 52~54쪽.

론에서 두드러지게 발견된다. 먼저 《신영화》는 1957년 송년호에 국제 극장 순방기를 발표하는데, 여기서 국제극장은 "최초의 스타디움식 극장"으로 소개된다.

먼저 화려하게 꾸며진 당 극장의 외관이 위선 기자의 마음에 흡족한 감을 주었고, 우연히 일우어진 극장 앞에 청수를 하늘 높이 내어 풍기고 있는 분수에 상쾌한 느낌을 가졌다.

입장권을 한 장 사들고 아무도 몰래 살거머니 극장 안에 발을 드린 기자는 넓직한 현관이 마음에 든든했고 좌석으로 발을 옮긴 후 1층의 관람권과 2층의 관람권이 합쳐져 일우어진 우리나라 최초의 최신식 스타디움식 좌석 1,600석에 현출적인 감각을 맛보았다.

잠시 동안 최신식의 좌석을 감상한 기자는 장내를 빠져나와 1, 2, 3층에 각각 자리 잡은 휴게실로 행하였다. 1, 2층의 휴게실은 다방을 속해 있었고 4층 옥상에는 노천 휴게실의 아주 시원스럽게 꾸며져 있었다. 청결하게 정돈이 잘 되어 있는 각 휴게실에는 차회(次回) 상연을 기다리는 신사숙녀로서 초만원을 이루어 있었고 모두 푹신한 안락의자에 걸쳐 앉아 아주 만족한 표정들이었다.

화장실은 1층의 좌우 양측과 2층의 좌측에 3개소 자리 잡고 있었으며 수세식으로 된 것이 매우 깨끗하였다. 만일을 위한 비상구는 1층 전면에 4개소, 후면에 2개소 그리고 2층, 3층에 각각 1개씩 준비되어 있었다.[30]

---

30 "최초의 스타디움식 극장: 최신식 호화시설을 자랑하는 국제극장(순방기)", 《신영화》, 1957년 송년호, 쪽 번호 미상.

이 순방기는 지금의 우리에게 1957년에 신축 개관한 국제극장의 외부와 내부를 그려볼 수 있게 한다. 국제극장은 3층짜리 건물로, 현관 외부에는 분수대가 설치되어 있고 티켓부스는 아마도 극장 현관 밖에 위치해 있었을 것으로 추정된다. 내부를 살펴보면 상영관은 1, 2층 복층 구조로 되어 있음을 알 수 있다. 또한 위 인용문에서는 생략되어 있지만 동 기사에는 3층에 정무실(政務室)이 자리해 있다고 기술되어 있다. 상영관이 위치한 1층과 2층에는 각각 다방이 있는 휴게실이 있고, 4층에 해당하는 옥상에는 노천 휴게실이 들어서 있다. 화장실은 1층 상영관 좌우에 1개씩, 2층 상영관 좌측에 1개, 총 3개소가 설치되어 있으며, 모두 수세식 화장실이라는 점이 강조되고 있다. 비상구 역시 1층 전면 4개소, 후면 2개소 및 2, 3층에 각 1개소씩 설치되어 있음을 알 수 있다. 지금의 시점으로는 그다지 특징적인 것은 아니지만, 국제극장의 구조와 시설이 이처럼 상세하게 묘사되어 있는 점은 이 신축된 극장이 당시로서는 보기 드문 "최신식"의 건물이었음을 말해준다. 특히 수세식 화장실이 3개소, 비상시를 대비한 비상구가 8개소 설치된 점이 강조되고 있는 것은 당시가 위생과 질서의 문제가 끊임없이 강조되었던 시기라는 점을 상기시키는 대목이기도 하다.[31]

한편 《국제영화》는 1950년대 후반 무렵 일련의 극장 순례기를 연재하는데, 당시에 신축되었던 명보극장과 아카데미극장이 다음과 같이 소개된다.[32]

---

31 1950년대 중후반 극장의 위생과 질서의 문제에 대해서는 필자의 박사학위논문 3장을 참고.
32 이 글의 원 출처인 필자의 박사학위논문에서는 《국제영화》 1959년 4월호에 실린 을지극장 순례기를 분석하였으나, 당시 신축 극장에 대한 담론들이 태도의 유사성을 보이고 있는 까닭에 이 글에서는 을지극장 대신 명보극장과 아카데미극장을 다루는 담론들을 분석한다. 을지극장 순례기에 대한 분석은 필자

일년유여(一年有餘)의 신축공사로서 준공되어 개관을 보게 된 화제의
명보극장은 도심지인 을지로 3가에서 수도극장으로 가는 중간 좌편에
자리 잡고 있다. 웅대하게 흘립(屹立)한 불란서식의 4층 건물은 방대한
규모와 시설을 가진 개봉관으로서의 면모를 과시하고 있다. 이 극장은
오랫동안 외화 수입을 힘써 오던 이약룡 씨가 개봉관의 소수(小數)와
시설의 빈약에 불만을 품고 최대의 개봉관을 건립하겠다는
웅지(雄志)에서 작년 7월에 착공하였던 것이다. 건평 592평에 불란서가
낳은 세계적 건축가 르·콜비제 씨 문하에서 수학한 김중업 씨의 설계에
의하여 설립된 이 극장은 외국 극장과 다름없는 현대식 극장으로서
호화로운 시설을 갖추고 있다.[33]

하기야 서울에 봉절관이 많다고는 하지만 지리의 형편상 휴게실을
이렇게 재미나게(?) 만든 것은 당 극장을 두곤 없을 것 같다. 휴게실
천정엔 형광등의 아름다운 샨데리야 같은 등불이 빤짝이고 있다. (중략)
스타듐 양식의 극장 내부는 그 현대적인 후렛슈한 감각이 잘 조화를
일우어 있었고 대한극장 다음 간다고 뽐내는 의자도 아주 아담하고
보기 좋고 앉아서 기분 좋은 의자이었다.[34]

첫 번째 인용문은 1957년 개관한 명보극장을 다룬 글로, 〈대한뉴스
제117호〉에서 한창 공사 중인 현장을 다룰 정도로 당대의 기대를 받

의 박사학위논문을 참조할 것.
33 "전국극장 순례: 현대적인 호화시설을 자랑하는 명보극장", 《국제영화》, 1957년 10월호, 76쪽.
34 "전국극장순례기: 아카데미극장 편", 《국제영화》, 1958년 12월호, 69쪽.

은 바 있는 명보극장은 여기서 프랑스식 웅대한 외관을 지닌 4층짜리 건물로 설명된다. 두 번째 인용문은 1958년에 개관한 아카데미극장에 대한 것으로, 아름답게 꾸며진 휴게실과 스타디움식 극장 그리고 편안한 좌석을 보유한 공간으로 묘사되고 있다. 비록 앞에서 인용한 국제극장 순방기처럼 극장 곳곳이 세밀하게 묘사되고 있지는 않지만 명보극장과 아카데미극장 역시 "현대"적인 신축 공간으로서 긍정되고 있음을 알 수 있다.

그런데 위의 탐방기들은 본질적으로 극장의 어떤 면을 긍정하고 있는 것일까. 나아가 이들 극장으로 대표되는 당시의 신축 극장들은 본질적으로 어떤 점에서 긍정되고 있었을까. 이와 같은 질문에 답하기 위해 다시 한 번, 위에 인용된 극장 탐방기들을 꼼꼼히 살펴보자. 국제극장에 대한 앞의 인용문에서 확인할 수 있는 것은 극장의 외관이 "화려하게" 꾸며져 있으며, 현관은 "넓직"하고 좌석은 "최신식 스타디움식"으로 구비되어 있다는 것이다. 이 덕분에 글쓴이는 극장 앞 분수에서부터 "상쾌한 느낌"을 받으며, "현출적인 감각을 맛보았다"고 적고 있다. 휴게실로부터 받은 느낌 역시 비슷하다. 글쓴이는 노천 휴게실로부터는 "시원"한 느낌을 받았고, "청결하게 정돈"된 모든 휴게실에서 관람을 기다리는 관객들에게서 "아주 만족한 표정들"을 발견한다. 더욱이 글쓴이는 극장을 찾은 관객들을 "신사숙녀"라 표현함으로써 관객들의 수준을 높이 사고 있다. 명보극장과 아카데미극장에 대한 묘사는 어떠한가. 명보극장은 "불란서가 낳은 세계적 건축가 르·콜비제 씨 문하에서 수학한 김중업 씨의 설계에 의하여 건립된" "외국 극장과 다름없는 현대식 극장"이자 "호화로운 시설을 갖"춘 곳이며, 아카데미극장은 "후렛슈한 감각"과 조화를 이루는 곳으로 휴게실의 형광등은 마치 샹들리에처럼 아름답게 빛나고 있으며 관객석의 의자는 "기분 좋은" 느낌을 준다. 또한 위의 인용문에서는 생략되었지만, 아카데미극장의 관객들은 국제극장 순방기와 유사하게 "뉴 스타일과 뉴 햇숀[fashion]에 몸을 감은 청춘남녀들"[35]로 표현된다.

이처럼 표현이 조금씩 상이하지만, 언급된 영화관들은 현대적이고 최신 시설을 갖춘 만족스러운 공간으로 긍정된다. 그런데 이처럼 긍정적인 묘사는 비단 국제극장, 명보극장, 아카데미극장에만 특수하게 적용되는 것은 아니었다. 일례로 《국제영화》는 명보극장과 아카데미극장 순례기 외에도 1957년 4월에는 중앙극장, 1959년 2월에는 명동극장, 1959년 4월에는 을지극장을 다루며 개축 및 신축된 극장에 대한 높은 관심을 보여주었다. 1956년에 증축 개관한 중앙극장은 "스마아트'하고도 호화로운 영화극장"[36]이라는 표현으로, 그리고 1958년 말에 재개관한 명동극장은 "한국판 몽파르나스의 전당"[37]이라는 수식어로 긍정되었다. 1959년에 신축된 을지극장은 "새로운 미에 반짝이고 현대인과 같이 호흡하"[38]는 공간으로 긍정된다. 이런 점에서 1950년대 중후반에 개축 및 신축된 극장들은 당대의 높은 관심 속에서 일종의 사회적 기대감이 투영된 공간으로 다뤄지고 있음을 알 수 있다.

그렇다면 이처럼 당대 개축 및 신축된 극장, 특히 영화관에 투영된

---

35 앞의 기사, 69쪽. 대괄호([ ])의 내용은 인용자.
36 "영화극장 해부: 중앙극장 편", 《국제영화》, 1957년 4월호, 광고면 참조.
37 "전국극장 순례기(3): 명동극장 편, 한국판 몽파르나스의 전당", 《국제영화》, 1959년 2월호, 104∼105쪽.
38 "전국극장 순례기(4): 을지극장 편, 현대 감각을 자랑하는 현대인의 을지극장", 《국제영화》, 1959년 4월호, 105쪽.

당대의 기대감이란 구체적으로 무엇이었을까. 이를 위해서는 이 같은 영화관들에 대한 위의 담론들에서 발견되는 '현대적인 것'이 구체적으로 무엇을 의미했는지를 밝혀야 한다. 그런데 그 의미를 추적하기 위해서는 현대적이라는 용어 뒤에 숨어 있는 괄호를 풀어야 한다. 이 용어가 명확한 의미를 지니기 위해서는 일종의 비교항이 필요한데, 특히 이 용어가 사용된 맥락을 고려할 때 이는 비교항과의 관계에서 이미 가치판단이 개입된 것이기 때문이다.

이 지점에서 참고할 수 있는 것은 1950년대 한국 사회 저변에 깔려 있던 세계주의적 인식이다. 이 시기의 세계주의란 "당대의 미국과 서구 중심의 가치체계를 세계적이고 보편적인 가치로 인식하고 적극적으로 수용하여 그로부터 뒤처지지 않으려는 세계관"으로 정의될 수 있다.[39] 한국전쟁은 한국이 냉전체제의 최전방에 위치한 나라이자 반공/멸공을 통해 자유라는 세계 보편적 가치를 수호하는 최후의 보루라는 인식을 확산시키는 계기가 되었다. 그리고 이를 계기로 세계정세를 피부로 느낀 한국사회는 한국을 세계 안에 위치 짓기 시작했다. 따라서 세계 속에 위치한 한국은 서구 선진국의 가치를 보편 가치로 상정하고 이를 적극적으로 수용했다.[40] 이 무렵 냉전의 산물로서 한국사회 전반에 나타난 미국화(Americanization) 역시 세계주의적 사고에서 미

---

39 정영진, 「1950년대 세계주의와 현대성 연구: 강력한 주체성과 봉쇄된 개성」, 《겨레어문학》 제44집, 겨레어문학회, 2010, 266쪽.
40 1950년대 세계주의적 담론은 문학장에서 두드러지게 발견되는 것 중 하나였다. 이 시기 김동리는 민족문학이 세계사적 흐름에 동참하여 민주주의 이념에 충실한 문학으로 거듭남으로써 후진성을 벗어나 선진문화에 가까워질 것을 주장했다. 이 같은 사고는 정태용, 정병욱, 김양수, 백철 등의 문학평론가들의 담론에서도 쉽게 발견되는 것으로, 1950년대 문학장에서 당위적 명제로 받아들여지고 있는 것이었다. 이은주, 「1950년대 문학비평의 세계주의와 미국적 가치 지향의 상관성: 김동리의 세계문학 논의를 중심으로」, 《상허학보》 18집, 상허학회, 2006, 13~15쪽.

국을 이상적인 모델로 바라보는 태도였다고 할 수 있다.[41] 이런 점에서 1950년대 한국의 세계주의는 한국의 후진성 논의를 전제로 한다. 서구 선진국의 가치를 보편 가치로 욕망하는 한국은 역으로 그러한 보편 가치에 도달하지 못하는 후진성을 드러내는 곳으로 표상되기 때문이다. 1950년대 영화계 역시 예외가 아니었다. 당시의 담론들에는 낙후된 영화 제작 환경에 대한 탄식과 비판, 세계 수준에 버금가는 제작 시스템을 향한 염원이 공존하기 때문이다.

이 같은 인식은 대표적으로 당시의 영화 촬영소를 둘러싼 담론들에서 찾아볼 수 있다. 당시의 영화계 담론들은 왕왕 변변한 영화 촬영소가 부재하는 현실을 호소한다. 일례로 윤봉춘은 자신이 경험한 영화 촬영 현장들을 거론하며 그럴듯한 세트장만 있더라도 훌륭한 영화들을 만들 수 있을 것이라 주장하고, 영화인들을 위해 촬영소를 제공해줄 독지의 자본가의 등장을 꿈꾸었다.[42] 그리고 이러한 현실 인식이 1950년대 중후반에 건립된 군영화촬영소와 안양촬영소, 삼성스튜

---

41 1950년대 출간되어 당대 지식인들 사이에서 폭넓게 읽혔던 월간 교양잡지 《사상계》를 통해 당대 문학의 흐름을 살피는 김건우는 《사상계》의 주요 필자들이 식민 잔재를 후진성으로 바라보고 이를 청산할 것과, 한국사회의 후진성을 극복하기 위해 미국의 문물과 사상을 선택적으로 받아들여야 할 것에 동의하고 있었음을 지적한다. 한편 이 시기 언론에서 묘사되는 미국의 이미지 역시 다르지 않았다. 언론을 통해 형성된 미국의 이미지와 미국화를 추적하고 있는 김연진은 해방 이후부터 1950년경까지 언론을 통해 발견되는 미국은 "해방자, 후원자, 혈맹, 자유의 수호자이며 이상적 제도와 문명의 전달자이자 선진화의 모델"이었다고 지적한다. 따라서 당대의 언론들은 미국적인 것을 "자발적이고 적극적"으로 모방하여 "탈식민과 근대화를 이"루어야 하는 것으로 접근하고 있었다. 그러나 이 같은 미국화 혹은 미국적인 것의 모방 및 수용은 비단 지식인층과 언론만이 공유하던 것이 아니었다. 이보다는 일상의 차원, 대중의 차원에서 그 선망과 동경이 더욱 컸다고 할 수 있다. 소비문화의 일면에서 미국화를 시기적으로 조망하는 김덕호는 해방 이후부터 1960년대까지를 산업화 이전 시기로 구분하는데, 이 시기의 소비문화에서 미국이란 신기루와 같은 것, 다시 말해 현재의 경제적 상황에서 일반 시민으로서는 좀처럼 손에 넣을 수 없는 것이지만, 영화 등을 통해 간접적으로 목격되는 미국은 풍요로운 이미지로 형상화되면서 언젠가는 가져야 할 이상이자 꿈으로 소비되고 있었다. 김건우, 「사상계와 1950년대 문학」, 소명출판, 2003; 김연진, 「'친미'와 '반미' 사이에서: 한국 언론을 통해 본 미국의 이미지와 미국화 담론」, 김덕호·원용진 엮음, 「아메리카나이제이션」, 푸른역사, 2008; 김덕호, 「한국에서의 일상생활과 소비의 미국화 문제」, 같은 책 참고.
42 "시급한 촬영소 문제", 《영화세계》, 1955년 11월호, 44~45쪽.

디오, 정릉스튜디오 등을 통한 영화 발전에 대한 기대감으로 이어지는 양상 역시 예외 없이 발견된다. 1955년 9월 국방부 정훈국 영화과에서 낙성한 군영화촬영소는 "활기를 띠우고 있는 우리 영화계에도 커다란 발전을 가져올 수 있는 도움을 주리라"는 기대감을 불러일으켰으며,[43] 1957년에 낙성된 안양촬영소는 그곳에 구비된 최신식 기자재와 함께 "한국 최대의 스튜디오"로 조명되었다.[44] 한편 1958년 《국제영화》는 삼성스튜디오를 "꿈의 제작 공장"이라는 수식어와 함께 소개하는데, 스튜디오 건물은 "어덴가 미국적인 풍경을 생각게 하는" 것으로, 신축 스튜디오에 대한 감탄과 경이의 태도가 녹아 있음이 확인된다.[45]

이러한 맥락에서 1950년대 중후반 서울 시내 영화관의 규모와 시설 변화에 대한 영화계의 시각 역시 세계주의적 사고에 가까운 것이었다. 전술한 한국영화공사 대표 이정선이 국내 극장의 현실을 논하는 자신의 글에서 제시한 [표 6]에서처럼 한국의 영화관 수준은 왕왕 세계 각국의 수준들과 비교되고 있었으며, 이런 점에서 '세련되고 현대적인' 극장은 세계 유수의 극장들과의 비교에서도 그 수준이 뒤떨어지지 않는 공간으로서 긍정되고 있었던 것이다. 더욱이 당시 영화관에 대한 설명에서 빠지지 않는 영화관 시설에 대한 언급은 이 같은 세계주의적 사고를 더욱 분명하게 드러낸다. 이를 위해 다시 《신영화》의 국제극장 순방기로 돌아가보자.

---

43 "한국영화에 희소식, 군촬영소 완성되다", 《영화세계》, 1955년 12월호, 45쪽.
44 "한국 최대의 스타디오 안양촬영소", 《신영화》, 1957년 송년호, 광고면; "영화 제작에의 사명", 《신영화》, 1957년 송년호, 58쪽.
45 "스타디오 탐방, 꿈의 제작 공장 삼성스타디오를 찾아서", 《국제영화》, 1958년 3월호, 142쪽.

영사막은 한국 최초의 53×23피드의 웅대한 와이드 스크린으로 장식되어 있었으며 그 아래에 지하실을 만들어 에어콘디숀의 조정실이 마련되어 있었다. 영사기도 입체음향 사본트랙으로 된 1957년 식의 웨스트렉스 영사기를 사용하고 있었으며, 여러 면을 다 살펴보아서도 외국의 극장들에 비해서 그다지 손색이 없을 만큼 구비되어 있음을 알았다.[46]

국제극장이 보유한 "한국 최초" 크기의 와이드스크린이 구체적인 사이즈로 명시되어 있으며, 영사기 역시 연식과 기종이 구체적으로 언급되어 있다. 더 나아가 위 기사는 이러한 설비들이 "외국의 극장들에 비해서 그다지 손색이 없을 만큼" 잘 갖추어진 것이라는 설명을 덧붙인다. 일반 영화팬들에게 스크린의 구체적인 사이즈와 영사기의 정확한 기종 및 연식이 크게 중요한 정보일 리는 없을 것이다. 그럼에도 이러한 정보의 노출은 비교항으로 채택된 "외국의 극장들"과 함께 국제극장의 발전과 우수성을 과시하는 효과를 낸다.

1958년에 개관한 대한극장 역시 비슷한 방식으로 극장의 우수성을 홍보하고 있다.

대한극장의 자랑

1. 미 MGM을 위시하여 구미 각국의 대 영화사와 특약 체결
2. 동양 제일의 화려한 장내 시설에 단란한 휴식실 각 설비!

---

46 "최초의 스타디움식 극장: 최신식 호화시설을 자랑하는 국제극장(순방기)", 《신영화》, 1957년 송년호, 쪽 번호 미상.

3. 관람석은 미국에서 직수입해온 스폰지 부(付) 안락의자

4. 웅대한 스크린과 세계 제일의 최신식 영사기 심프렉스 장치

5. 미국 알뢰신 회사 제 사본츄럭 파스빅타 완전 입체음향 설비!

6. 냉난방 환기 장치의 최신 근대화!⁴⁷

대한극장은 《국제영화》 1960년 신년특대호에 위와 같은 광고를 게재하는데, 위 광고 문구 중 본 논의의 흐름에서 특별히 주목할 것은 3번과 5번의 내용이다. 미국에서 직수입한 스폰지 부착 좌석과 미국산 입체음향 설비에 대한 강조는 극장 시설과 설비를 홍보하기 위해 '미국'이라는 기호를 인용한 사례이다. 그리고 이때 미국은 '훌륭한 것' 내지는 '최상의 것'으로 의미화되고 이로써 가치의 우위를 점하게 된다.⁴⁸ 2-2장에서 전술한 명보극장과 단성사, 반도극장의 광고 역시 유사한 양상을 보인다. 〈그림 2〉에서 명보극장은 보유하고 있는 모티오그래프 영사기를 "경이적인 세계 최고의 영사기"라고 강조하는데, 명보극장의 다른 광고에서는 이 영사기가 "아카데미상 시상식장에 사용되는" 것으로서 "한국의 단 하나인 영사기"로 의미 부여되기도 한다.⁴⁹ 한편 단성사는 〈그림 1〉과 같이 웨스트렉스 영사기를 "세계적"이라는 수식어로 설명하고 있으며, 반도극장 역시 〈그림 5〉의 광고를 통해 그들이 구비한 에네르망 영사기와 웨스트렉스 사운드 시스템에 대해 "세계 최고급"이면서 각각 "서독제" "미국제"임을 강조하고 있는 것이 발견된다.

---

47 "대한극장의 자랑", 《국제영화》, 1960년 신년특대호(1959년 12월 1일), 광고면.

48 한편 대한극장은 〈그림 4〉의 광고에서 이 같은 좌석이 "국제표준"에 의해 배치된 것이라고 홍보하고 있다.

49 "시대의 첨단을 자랑하는 현대식 극장, 명보극장", 《경향신문》, 1957년 8월 24일자 3면 광고.

이상에서 전후 사회 전반에 깊이 뿌리내리고 있었던 세계주의적 인식은 서울 시내 영화관의 변화에 대한 당대의 발화에서 중요한 인지틀로서 작용하고 있음을 알 수 있다. 1950년대 중후반의 서울 시내 개봉관들은 자신들의 시설을 강조하는 데에서 '세계 수준' 혹은 '세계최고'라는 수식어를 사용하는 것을 망설이지 않았다. 또한 각 개봉관들이 구비하기 시작한 이 같은 시설들은 '미국' 혹은 '세계'라는 기호와 함께 세계주의적 보편성을 획득하는 것으로서 영화계 내에서 긍정적으로 받아들여지고 있었다. 이는 서울 시내 영화관들이 1954년도에 "영화 영사 시설을 가진 극장은 78이나 영사기의 대부분은 2차 대전 종전 전부터 사용해 오는 구식으로 시급히 개비를 요하는 극장이 60%에 달한다"[50]는 진단을 받았던 것과 비교할 때 고무적인 현상이었기 때문이다. 이런 점에서 서울의 영화관들이 1950년대 중후반부터 외관을 화려하게 단장하고 '미국'과 '세계'의 기호를 차용한 시설을 구비하기 시작한 현상은 당대의 담론들에서 서울의 개봉관들이 낙후된 공간에서 벗어나 세계적 보편성을 보증하는 공간으로 진화해가고 있는 것으로 읽히고 있었다.

5. 나오며

지금까지 1950년대 중후반의 서울 시내 영화관들이 그들의 규모를 확대하고 시설을 재정비하는 현상을 살펴보았다. 이러한 변화는

---

50 "한국영화계의 현황", 《한국일보》, 1954년 8월 2일자 4면.

1950년대 중반 이후 사회 전반의 재건 움직임과 깊은 관련을 맺고 있었다. 기왕의 서울 시내 극장들이 대부분 불하받은 적산극장이었다는 점과 비교했을 때 1950년대 중후반의 서울 극장가에는 신축 극장들이 전체 극장의 70%를 차지할 정도가 되었고, 이 극장들은 1000석 이상을 보유한 대형 극장으로 당대인들에게 스펙터클한 인상을 심어주었다. 또한 당시 극장가에 도래한 새로운 유형의 영화, 즉 와이드스크린 영화는 영화관들이 영사 설비와 스크린 및 음향 설비를 재정비하는 계기가 되었다. 이에 더해 이즈음의 잡지들은 극장 탐방기를 통해 이 같은 신축 극장들의 세련되고 현대적인 건축 양식과 고급스러운 분위기에 감탄을 자아내는데, 이들이 생산하는 담론에는 당대 영화인들이 영화관이라는 공간에 대해 가지는 열망 내지는 기대감과 그 수준이 높아진 데에 대한 문화적 자부심이 투영되어 있었다.

이러한 영화관 변화에 대한 긍정은 1950년대 중반 이후 한국사회 저변에 자리한 세계주의적 인식과 깊은 관련을 지닌다. 서구 및 미국 등의 선진국을 의식한 세계주의적 인식은 한국의 극장 수준을 후진적이고 낙후한 것으로 인식하게 하였으며, 그 결과 극장 수준을 제고하는 것은 문화계, 보다 구체적으로는 영화계가 당면한 중요 과제 중 하나였다. 그러하기에 당대 영화관의 규모와 시설, 설비 등을 다루는 여러 담론들에서 눈에 띄는 것은 선진국의 극장을 비교항으로 설정하고 있는 것이다. 비록 이러한 담론들에서 그 비교항은 직접적으로 언급되지 않은 채 괄호로 묶여 숨겨져 있지만, 담론이 묘사하는 신축 극장들은 미국 혹은 세계적이라는 기호와 함께 기존의 낙후성에서 벗어나 세계적 보편성을 획득한 공간으로 위치 지어짐으로써 긍정된다.

그런데 이 같은 변화를 긍정적으로 바라보는 것이 누구의 시각인지 역시 주목해보아야 한다. 지금까지 살펴본 영화관 변화에 대한 긍정적인 시각은 영화계로 한정되어 발견되는 것이기 때문이다. 1950년대 흥행 관행상 실연무대를 공연하는 극장과 영화를 상영하는 영화관은 명확하게 구분되지 않았다. 당시 극장이란 특정 예술 장르에 특화되지 않고 영화 및 악극과 가극, 국극, 연극, 코미디 쇼, 무용발표회, 정당대회 등을 모두 아우르는 복합공간이었기 때문이다. 이 같은 사정에서 기존의 극장들이 영사기와 스크린을 교체하는 등 시설을 정비하고, 새로 지어지는 극장들 역시 영사기종과 스크린 크기, 입체음향 지원 등을 홍보하며 영화 상영에 주력하는 영화 전용관으로 기능한다는 것은 곧 이 시기의 극장들이 영화 상영에 특화된 공간, 즉 영화관으로 재편되는 것을 의미했다. 그리고 이는 역으로 기왕의 극장 공간을 함께 사용하던 다른 무대예술계의 입장에서는 공연을 할 수 있는 공간이 축소되는 것을 의미했다. 따라서 연극을 비롯한 무대예술계는 영화계의 담론과는 분명히 다른 담론들을 생산했다. 이 무렵 연극 및 무대예술을 위한 전문 공간의 필요성을 역설하는 담론들이 등장하는 것은 이 같은 맥락에서 비롯된다. 이런 점에서 1950년대 중후반 서울 시내 극장들의 규모 및 시설 변화는 영화뿐 아니라 연극, 쇼, 연주회 등을 포괄하는 다목적 공간이었던 극장이 점차 영화에 편향된 공간으로 성격을 바꾸는 것을 의미했으며, 이는 세계주의적 사고 아래 세계적 보편성을 획득하고자 하는 '영화계'의 기대에 의해 긍정되는 것이었다.

참고문헌

신문 및 잡지

《경향신문》《국제영화》《동아일보》《신영화》《영화세계》《조선일보》《한국일보》 등 각
    기사

『한국연예대감』, 성영문화사, 1962.

논문 및 단행본

김건우, 『사상계와 1950년대 문학』, 소명출판, 2003.

김덕호, 「한국에서의 일상생활과 소비의 미국화 문제」, 김덕호·원용진 엮음, 『아메리카
    나이제이션』, 푸른역사, 2008.

김동호 외, 『한국영화 정책사』, 나남출판, 2005.

김순주, 「식민지시대 경성의 극장 문화에 관한 연구」, 한국학중앙연구원 박사학위논문,
    2011.

김연진, 「'친미'와 '반미' 사이에서: 한국 언론을 통해 본 미국의 이미지와 미국화 담
    론」, 김덕호·원용진 엮음, 『아메리카나이제이션』, 푸른역사, 2008.

위경혜, 「1950년대 중반~1960년대 지방의 영화 상영과 '극장가기' 경험」, 중앙대학교
    첨단영상대학원 박사학위논문, 2010.

유민영, 『한국 근대극장 변천사』, 태학사, 1998.

이은주, 「1950년대 문학비평의 세계주의와 미국적 가치 지향의 상관성: 김동리의 세
    계문학 논의를 중심으로」, 《상허학보》 18집, 상허학회, 2006.

정영진, 「1950년대 세계주의와 현대성 연구: 강력한 주체성과 봉쇄된 개성」, 《겨레어
    문학》 제44집, 겨레어문학회, 2010.

정찬철, 「관객 참여형 영화기술로서 와이드스크린 테크놀로지의 기술문화사」, 2016년
    한국영상자료원 한국영화사연구소 심포지엄 "은막의 사회문화사: 개봉관의 등장
    부터 1970년대까지" 자료집, 한국영상자료원, 2016.

최상오, 「한국의 전후 재건과 미국」, 《민주사회와 정책연구》 4호, 민주사회정책연구원,
    2003.

Bragg, Herbert E., "The Development of CinemaScope", *Film History*, Jan. 1., 1988.

Herzog, Charlotte, "The Movie Palace and the Theatrical Sources of its Architectural Style," Ina Rae Hark ed., *Exhibition, The Film Reader*, Routledge, 2002.

영상 자료

〈대한뉴스 제117호: 신축되는 극장〉, 공보실 영화과, 1957년 6월.

기타

세상키의 극장개봉사 http://blog.naver.com/merenguero

Film—Tech Cinema Systems http://www.film—tech.com/main.php

1950년대 말~1960년대 초 극장의 영화 상영 관행: 실연무대와 무대인사를 중심으로[*]

박선영

* 이 글은 「1950년대 말~1960년대 초 극장의 영화 상영 관행: 실연무대와 무대인사를 중심으로」(《한국극예술연구》 56집, 한국극예술학회, 2017)를 수정·보완한 것이다.

1. 영화를 실연(實演)하다

1950년대 중반, 악극단의 스타이자 라디오의 스타로 최고의 인기를 모으고 있었던 홀쭉이와 뚱뚱이, 양석천과 양훈은 한형모 감독의 〈청춘쌍곡선〉(1957)으로 영화계에 첫발을 내딛는다. 〈청춘쌍곡선〉을 통해 홀쭉이 뚱뚱이 콤비는 성공적으로 영화계에 데뷔했는데, 그것은 이 영화의 독특한 형식적 특성에 빚진 것이기도 했다. 김희갑의 데뷔작이기도 한 〈청춘쌍곡선〉은 악극과 할리우드 뮤지컬 코미디 양식을 빌려 악극단 출신 배우들의 장기를 십분 발휘할 수 있는 장면들을 적극 삽입한 영화였다. 양석천과 양훈, 황해, 김희갑 등의 배우들뿐 아니라 악극단의 유명 작곡가 박시춘, 해외 진출을 목전에 두고 있던 악극단 KPK의 가수 김시스터즈 등은 이 영화에서 노래와 춤, 슬랩스틱 등의 퍼포먼스를 선보였고 이것은 악극에 익숙한 기존의 극장 관객들에게도 매력적인 흥행 포인트가 되었을 터였다. 이 영화는 1957년 2월 12일 중앙극장에서 개봉했는데, 개봉관 관객 3만 6600명을 모으며 그해 흥행 순위 5위를 차지했고, 개봉관에서 제작비를 회수한 세 편의 영화 중 한 편이 되었다.[1] 〈청춘쌍곡선〉은 평자들의 찬사와 기대를 한 몸에 받았던 〈시집가는 날〉(이병일, 1957)과 단 하루 차이로 개봉했다. 〈시집가는 날〉이 관객 동원에서 별다른 성과를 거두지 못했던 것과 달리, 이 영화는 연이은 매진 행렬을 기록하며 2주 동안 개봉극장인 중

---

1 "국산영화는 수지가 맞나/ 작년도에 상영된 47편의 손익결산/ 이익 본 건 삼 편 뿐/ "과세조치 시기 상조" 문교당국", 《한국일보》, 1958년 7월 5일자 3면. 이하 신문기사는 한국영상자료원 편, 「신문기사로 본 한국영화」 시리즈를 참고로 했다. 이는 참고문헌으로 정리하되, 본문에서는 신문기사의 정보만 기입할 것이다.

앙극장에 걸려 있었다.

그런데 〈청춘쌍곡선〉이 개봉 당시 관객들의 폭발적인 호응을 얻을 수 있었던 데에는 또 다른 결정적인 이유가 있었던 것으로 보인다. 그것은 영화와 함께 제공되었던 "홀쭉이 뚱뚱이의 실연무대"였다. 1956년 말부터 이미 신문에는 이 영화가 개봉될 것이라는 기사와 광고들이 등장하기 시작했다. "라듸오로 알려진 홀쭉이와 뚱뚱이"가 출연한다는 광고가 한 달 동안 간헐적으로 등장하다가 개봉을 며칠 앞둔 2월 8일, 처음으로 "홀쭉이와 뚱뚱이 인사차 돌연 무대"에 등장한다는 광고가 실렸다. 영화의 주인공은 황해와 양훈이었으나, 광고의 주인공은 단연 홀쭉이와 뚱뚱이였다. 특히 1956년 연말에 사망 소문이 나돌기도 했던 양훈[2]을 위해 "뚱뚱이 죽지 않았다!"[3]라는 문구까지 삽입한 광고들은 홀쭉이 뚱뚱이 콤비가 매일, 매회 무대에서 실연(實演)한다는 사실을 강조했다. 겨우 15분에 불과한 무대실연이었지만, 광고 효과는 대단했던 것으로 보인다. 상영 열흘째인 2월 21일에 광고는 중앙극장 앞에 잔뜩 몰린 인파의 사진으로 바뀌어 이 영화의 흥행을 자랑하는가 하면, 3월 30일 평화극장 재개봉 광고에서는 이 영화가 하와이 교민들의 "열광적인 환호리에 근근 수출을 보게"[4] 되었음을 적시하기도 했다.

홀쭉이와 뚱뚱이의 실연무대는 개봉관에서 그치지 않았다. 개봉관 상영 이후 첫 재개봉이었던 평화극장에서는 실연무대가 없었던 것으

---

2 "신춘폭소경연대회—코메디코리아 키멤바 총출동의 지상 코메디", 《명랑》 1957년 3월호, 70~74쪽.
3 "〈청춘쌍곡선〉 광고", 《조선일보》, 1957년 2월 14일자 석간 2면.
4 "〈청춘쌍곡선〉 광고", 《조선일보》, 1957년 3월 30일자 석간 2면.

〈그림 1〉 〈청춘쌍곡선〉 광고, 《조선일보》, 1957년 2월 14일자 석간 2면.

〈그림 2〉 〈청춘쌍곡선〉을 하와이로 수출하게 되었음을 알리는 광고, 1957년 3월 30일자 석간 2면.

로 보이지만, 같은 해 8월에는 성남극장(6일부터), 동도극장(8일부터), 동화극장(19일부터)에서, 9월에는 자유극장(3일부터), 문화극장(7일부터), 그리고 또다시 문화극장(26일부터)에 이르기까지 2번관, 3번관에서도 지속적인 "무대 실연"이 이루어졌다. 심지어 재개봉관 광고들에서는 실연무대가 강조되어 양석천과 양훈의 얼굴만이 전면에 등장한 채, 〈청춘쌍곡선〉의 동시상영은 구석에 매우 작게 쓰이기도 했다. 그런가 하면 10월 1일부터는 홀쭉이, 뚱뚱이를 비롯하여 윤부길, 윤복희 등이 출연하는 쇼 무대가 〈청춘쌍곡선〉과 함께 "영화와 실연으로 구성된 최대뮤직칼호화무대"[5]를 이루어 화신극장에서 5일 동안 동시 상영/상연되기도 했다.

〈청춘쌍곡선〉이 상영되는 방식은 당시 극장 흥행 혹은 광고의 인기 모델로 등장했던 것으로 보인다. 〈청춘쌍곡선〉의 흥행 성공 이후 많은 수의 한국영화들이 영화와 함께 '실연무대' 혹은 '무대인사'를 곁들여 개봉하는 방식을 택하게 되었다. '실연무대'와 '무대인사'의 관행은 그러나 그리 오래가지는 못했다. 매일, 매회 상영에 앞서 15분의 인사를 위해서 한창 주가를 올리고 있는 일류 배우들이 며칠을 온전히 다 할애할 수는 없는 일이었기 때문이다. 한편, 관객과 얼굴을 직접 맞대고 인사하는 대면 마케팅의 장점 역시 극장 입장에서는 포기할 수 없는 중요한 광고 효과이기도 했다. 특히 악극 공연이 "창조 없는 반복"[6]으로 인해 쇠퇴해가고 악극단의 자리를 여성국극과 쇼 무대가 메우기 시작했던 1950년대 후반, 이제는 영화배우가 된 기존의 악극단 배우들의 '실연'을 본다는 것은, 당시의 한국영화 관객층에게는 한층 더 매력적인 일이었을 것임은 충분히 짐작할 수 있는 바이기도 하다. 이런 상황에서 이 시기의 극장들은 조변석개하는 각종 정책들과 영화산업 규모의 비약적인 확대 등 변화의 소용돌이 속에서 나름의 생존 방안을 모색해갔다.

이 글은 1950년대 후반의 극장들이 관객들의 수요와 영화계 내외적 조건의 변화 양상에 탄력적으로 적응하면서, 새로운 상영 방식과 무대를 기획하고 실천하는 적극적인 생성의 장으로 기능했음을 밝히고자 한다. 또한, 스크린과 무대에서의 동시 출연을 통해 이 시기 문화의 역동성과 간섭 현상을 그 자신의 신체로 증명했던 코미디언들의 역할을

---

5 "〈청춘쌍곡선〉 광고", 《조선일보》, 1957년 10월 1일자 석간 2면.
6 이화진, 「'노스탤지어'의 흥행사: 1950년대 '악극(樂劇)'의 전성과 퇴조에 관하여」, 《대중서사연구》 17호, 대중서사학회, 2007, 52쪽.

조명해보고자 한다.

이를 위하여 이 글은 먼저 식민지기 조선의 극장에서 시작되었던 실연무대의 역사와 맥락을 짚어보고, 1957년에서 1959년 사이 실연무대의 구성 및 특징을 보다 자세하게 살펴볼 것이다. 이후 1960년대 초에 실연무대가 변화하는 양상을 살펴본 뒤, 이 시기 실연무대의 의미에 대하여 논구하고자 한다.

2. 1950년대 후반 '무대인사'의 전사(前史),
극장가의 '어트랙션'과 '어트랙션 쇼[7]'의 전개 과정

2-1. '무대인사'의 등장과 유행: 1940년~해방 이전

1941년 성보극장에서 개봉한 이병일 감독의 〈반도의 봄〉은 영화 속 영화 〈춘향전〉의 제작을 둘러싼 인물들과 사건을 그린 영화이다. 이 영화의 마지막 부분에는 이 글의 주제와 관련하여 매우 흥미로운 장면이 등장하는데, 바로 〈춘향전〉이 개봉하는 날 주인공 정희가 무대에 올라 노래를 부르는 장면이다. 개봉을 기다리는 수많은 관객들이 극장 밖에 늘어서 있고, 2층 좌석에 VIP들이 앉아 있다. 극장의 무대에서는 피아노, 아코디언, 기타, 바이올린과 트럼펫, 색소폰 등으로 구성된 악단이 지휘자의 사인에 따라 연주를 시작한다. 조용히 무대에 등장한 주인공 정희가 '망향초 사랑'이라는 노래를 구슬프게 부르고 퇴장

---

7 어트랙션(attraction)은 극장에서 손님을 끌기 위해 짧은 시간 동안 상연하는 공연물을 가리키는 말인데, 영화의 시작 이전 또는 상영과 함께 이루어지던 쇼를 통칭하는 말로 사용되었다. 이 글에서는 독립적으로 공연되었던 다종다기한 프로그램을 뜻할 때는 '어트랙션 쇼'로, 영화에 덧붙은 프로그램이라는 의미로 사용될 때는 '어트랙션'으로 구별하여 부른다.

하면 박수 소리와 함께 막이 내려온다. 영화 속 설정이므로 자세한 맥락이 생략될 수는 있다고 해도, 영화의 시작을 기다리는 관객들 앞에 아무런 설명 없이 주연배우가 무대에 등장하여 노래를 부르고 인사도 없이 사라지는 이 장면을 어떻게 해석할 수 있을까? 이 글의 주제로만 한정해 본다면, 1941년 당시 경성의 개봉관에서 (아마도 개봉일에) 영화 상영에 덧붙여 주연배우의 실연무대가 꾸며지는 것이 영화 속 영화 〈춘향전〉의 관객에게나 〈반도의 봄〉의 관객 모두에게 자연스럽게 받아들여지는 이벤트였다는 사실을 짐작할 수 있을 것이다. 실제 이 장면은 1941년 3월 2일 명치좌에서 촬영된 것으로, 이날 개봉작이었던 〈아름다운 희생〉의 주인공 리샹란(李香蘭)의 개봉 기념 무대인사[8]가 있었다고 한다. 관객들이 극장 앞에 긴 줄을 이루고 있는 모습을 담은 쇼트 뒤쪽으로 리샹란의 이름이 크게 쓰인 휘장이 발견되는 것도 이 때문이었을 것이다.

그렇다면 이 시기에는 이미 드물지 않았던 것으로 보이는 영화배우들의 개봉 전 무대인사가 조선의 극장에서 시작된 것은 언제부터였을까? 이에 대한 첫 번째 실마리는 다음의 기사에서 찾을 수 있다. 1940년 2월 9일 《동아일보》에는 "구미영화가산보-배우의 영화관무대인사가 유행하는 이유"[9]라는 기사가 실린다. 이 기사에 따르면, 유럽에서는 영화배우가 영화관의 무대에서 인사를 하는 것이 한동안 유행이었는데 최근 미국에서도 이러한 경향이 현저해졌다. 이 기사는 배우들

---

8 "半島の春"の全撮影終了す", 《경성일보》, 1941년 3월 11일, 김려실, 「투사하는 제국 투영하는 식민지: 1901~1945년의 한국영화사를 되짚다」, 삼인, 2006, 274쪽에서 재인용.
9 "구미영화가산보-배우의 영화관무대인사가 유행하는 이유", 《동아일보》, 1940년 2월 9일자 석간 5면.

의 무대인사 관행의 시작을 다음의 네 가지 이유로 추측한다. 첫째, 세계대전의 영향으로 제작 여건이 어려워지고 이에 따라 배우들의 시간이 많아졌다는 것, 둘째, 제작사 간부들이 스타의 인기가 여전한지 시험해보고자 했다는 것, 셋째, 앞으로 제작할 영화를 위해 신인이나 비교적 싼 비용의 스타를 만들기 위하여, 넷째, 제작사 직영 극장의 수입을 증가시키기 위해서였다는 것이다. 기사에 따르면, 미국에서는 가장 먼저 20세기 폭스에서 〈세기〉라는 영화의 개봉을 앞두고 샌프란시스코의 시사회장에 출연배우들을 파견했는데 이것이 대성공을 거두었고 곧 전 미국에 유행하기 시작했다. 이제는 파라마운트와 워너브라더스를 비롯한 거의 모든 제작사들이 시사회에 배우들을 파견하는 것을 '상식'으로 생각한다면서, 이 기사는 이어서 "배우의 인사라 하더라도 그저 무대에 나타나서 '나는 ○○○이올시다. 아못쪼록' 식의 인사는 물론 안될 말이고 노래를 한다든지 춤을 춘다든지 무엇으로든지 관중을 만족시킬 만한 연기를 보이지 안흐면 안된다"는 점을 강조했다. 이 기사는 1940년을 전후한 당시 유럽과 미국에서 배우들의 시사회 무대인사("인사여행")가 제작사들의 마케팅 전략과 극장 수입의 증대를 위한 방편으로 고안되었다는 것, 그리고 무대인사는 출연배우들이 노래와 춤을 선보이는 일종의 실연무대 형식을 띠고 관객들의 열띤 호응을 얻어 관행화되었다는 사실을 알려준다.

이 기사가 직접적인 영향을 미쳤다고 단정하기는 어렵지만, 1940년 2월에 소개되었던 유럽과 미국 극장가의 무대실연은 조선에서도 현실화되었고 1941년 시점에 조선 극장가에서는 결코 드문 일이 아니었다고 할 수 있다. 그렇다면 반대로, 할리우드의 무대인사 관행이 소개된

1940년 2월 시점까지 조선의 극장에서 영화 상영에 선행되는 '실연'으로서의 무대인사가 일반적인 것은 아니었을 것이라는 짐작도 가능하다.

이 시기 조선 극장가에서 행해졌던 실연무대를 이해하기 위해 고려되어야 할 또 다른 중요한 요소는 기존 조선의 영화 상영 관행 및 1940년대 초 조선 흥행계의 움직임이다. 앞서 살펴본 바와 같이 무대인사나 실연무대는 영화 상영 전 주연배우들이 무대에 등장하여 노래와 춤 등의 장기를 선보이는 것이었다. 그런데 실연무대의 범주를 좀더 넓혀본다면, '어트랙션'이라는 이름으로 영화 상영에 붙여 연행되었던 각종 공연이나 막간 무대 등을 떠올리지 않을 수 없다.

주지하다시피 조선의 극장에서 영화에 덧붙은 어트랙션으로서의 공연은 긴 역사가 있다. 단편과 초단편으로 이루어졌던 초기 영화들이 상영되던 순간부터 연속영화 상영이 극장 프로그램의 주를 이루게 되는 순간까지, 대부분 영화 상영에는 신파극, 짧은 코미디, 노래 등으로 이루어진 막간 또는 '어트랙션'이 곁들여졌다. 이후 영화 자체의 길이가 길어진 데 더하여 영화 전용 극장들이 등장하고 안정적 배급망이 확보되면서 개봉관에서는 영화 상영만으로도 프로그램 구성이 가능해졌고, 이 과정에서 자연스럽게 어트랙션 또는 공연과 영화 상영이 분리되었다.

그러나 악극을 비롯한 대중연예물이 번성하던 1930년대 후반 이후, 서양영화 상영 축소라는 결정적 계기를 맞닥뜨리면서 '어트랙션'이 또다시 극장의 주요 프로그램이 되었다.[10] 외화, 그중에서도 미국영화 상영에 주력해왔던 경성의 '영화관'들은 미국영화 상영 금지조치와 배급료의 폭등, 흥행 시간의 단축과 입장세 부과 등의 조치에 따라 점차 영화가 아닌 쇼와 연예에 집중하게 되었다.[11] 그런 한편, 영화 상영에 덧붙은 프로그램으로서의 어트랙션도 다시 주목받기 시작했다. 영화가 이 땅에 도래한 이래 줄곧 할리우드 영화의 홍수 속에서 살아온 경성의 관객들에게 그간 외면받아왔던 '내지영화'가 관객들의 시선을 끌기 위해 선택한 것이 어트랙션이었기 때문이다. 이 시기에 영화의 홍보를 위해 어트랙션을 덧붙이고 "내지로부터 어트랙션을 공급"받는 것은 새로운 트렌드가 되었다. '일본영화법'(1939) 이후 "레뷰에 속하는 것부터 스타들의 인사를 겸한 연예물, 레코드가수의 가요, 경음악단의 연주, 또는 만자이, 마술, 철봉체조"[12] 같은 온갖 종류의 어트랙션 쇼/어트랙션이 부상했던 일본의 흥행계의 사정 역시 경성의 영화관으로 전이되었다.

1940년대 초반 극장은 이처럼 각종 연예물을 포함하는 어트랙션 쇼의 시대이자, 한편으로는 영화와 더불어 상영되는 어트랙션이 다시 중요해진 시기이기도 했다. 1940년대 경성 극장가의 실연무대는 각종 공연과 연예물이 범람했던 조선 흥행계의 사정, 일본영화의 공급과 소비를 촉진시키기 위한 마케팅이라는 측면, 그리고 미주 유럽에서 시작된

---

10 이화진, 「전쟁과 연예 – 전시체제기 경성에서 악극과 어트랙션의 유행」, 이상우 외, 『전쟁과 극장: 전쟁으로 본 동아시아 근대극장의 문화정치학』, 소명출판, 2015, 364쪽. 이 글에서 이화진은 이 시기 어트랙션이 미국영화에 대한 일종의 '전시대용품'이었다고 주장하면서 필름 임대료의 급등, 활동사진영화취체규칙에 따른 흥행시간 제한, 조선영화령에 따른 입장세 부과 등의 규제가 오히려 어트랙션을 활성화시킨 계기가 되었다고 분석했다. 이화진의 논의는 1930년대 후반 조선의 흥행계에서 어트랙션의 유행이 갖는 의미와 맥락을 다각도로 분석하고 있어 본 논의에 중요한 참조점을 제시한다. 그러나 그가 다루는 '어트랙션'이 매우 포괄적으로 설정되어 있다는 점에서 본 논의와 구별된다. 이화진은 어트랙션을 '영화에 곁들여진 프로그램'을 넘어서 독립적으로 공연되었던 기존의 악극 및 버라이어티 쇼 등을 포함하는 것으로 규정하고 논의를 진행하는데, 이 글은 영화 상영에 덧붙은 프로그램으로서의 어트랙션으로 관심 범주를 한정하며 어트랙션과 어트랙션 쇼를 구분하여 서술한다.
11 이화진, 위의 글, 368~370쪽.
12 双葉十三郞, "アトラクション觀覽", 《映畫旬報》第37號, 1942년 2월 1일자 58면, 이화진, 같은 글, 370쪽에서 재인용.

배우들의 무대인사의 유행 등이 교차하는 지점에서 번성할 수 있었다.

2–2. '어트랙션 쇼'의 전성: 1945~56년

해방을 맞은 후 미군정기와 전쟁기를 거치면서도 여전히 악극을 비롯한 어트랙션 쇼 무대는 대중문화 시장의 주류였다. 미국영화의 범람, 국산영화 콘텐츠의 부족, 극장 시설의 파괴, 입장세법의 제정과 개정 등의 환경 속에서 악극이 화려했던 전성기를 보내는 동안, 극장에서는 악극을 중심으로 하는 쇼 공연이 극장 프로그램의 대부분을 차지했으며, 영화와 공연의 동시상연은 매우 드물었다.

주지하다시피 일제 말기 조선의 극장에는 일본영화가 절대 다수를 차지하고 있었고, 조선영화인들 역시 '제국의 영화 시장' 안에서만 활동이 가능했다. '어느 날 갑자기' 해방이 되었을 때, '조선영화령' 하에서 제국에 복무하기 위해 일원화 되어 있었던 조선의 제작, 배급 시스템은 제대로 작동할 수 없었다. 이 시기 '해방 조선'의 흥행장에서 상대적으로 제 기능을 할 수 있었던 것은 극장이었다. 미군정에 의해 대부분의 극장들이 '적산'으로 분류되었고 이에 대한 공개 입찰이 결정되면서 극장을 공공재화 하려는 예술인들의 반발과 항의, 적극적인 의견 개진이 있었으나 여전히 상당수의 극장들은 (미군정청의 용인 하에) 일본인 극장주 밑에서 일했던 지배인을 비롯한 비영화인/비연극인의 손으로 경영되었다. 당연하게도 극장들은 상대적으로 부진했던 국산영화의 장려나 육성보다는 흥행에 유리한 프로그램을 선택하는 편을 택했고,[13] 그들의 선택을 받았던 것은 미국영화, 그리고 악극을 비롯한 대중극과 쇼 무대였다.[14]

먼저, 미국영화는 해방기부터 그야말로 홍수처럼 쏟아져 들어오기 시작했다. 미국은 1946년 4월 중배의 한국 지부를 설립했고, 중배는 1946년 말부터 본격적인 활동을 개시했다. 그런데 중배의 활동이 본격화되기 이전에도 미국영화는 극장에서 상영되는 외화의 대부분을 차지했는데, 식민시기에 상영되었거나 혹은 수입되었으나 상영되지 못했던 미국영화 필름들이 대거 쌓여 있었기 때문이었다. 1947년 초, 한국 시장을 더 확실하게 장악하기 위해 중배는 장기 상영과 블록 부킹(block-booking)을 강요하고 부율을 일방적으로 조정하는 불공정한 배급조건을 제시[15]하기에 이르렀다. "미국영화의 식민지화"를 우려했던 당대 대중들과 문화예술 각계의 비판 여론에도 불구하고 극장들은 부율의 현상 유지, 상영일의 자율적 운영 등이 조정되자 중배의 요구를 전격 수용하였고 이를 계기로 더욱 본격적인 미국영화의 시대가 열리게 되었다.[16]

전술했다시피 미국영화의 전략적 공습 외에, 이 시기의 극장에는 다양한 공연 무대가 펼쳐지고 있었다. 그중에서도 양적인 면에서 단연

---

13 유민영은 이 시기에 "악덕흥행주"들에 의해 서울의 주요 극장들은 "신파극단과 악극단, 그리고 미국영화가 점거하고 있었다"고 서술했다. 유민영, 『한국 근대극장 변천사』, 태학사, 1998, 294쪽.
14 이길성은 이 시기 극장 광고 분석을 통해 각 극장에서 상영되었던 공연물 수 대비 영화작품 수의 비율을 도표화했다. 이 분석은 서울 개봉관 중에서도 일류극장이었던 수도극장, 국제극장, 국도극장을 중심으로 행해졌는데 1946년부터 1949년까지의 조사에서 국도극장의 경우는 45% 내외, 수도극장은 46년과 47년 50%에 못 미치던 것이 48년과 49년 70% 넘는 수치를 보인다. 2류관이었지만 중앙영화배급사(CMPE, Central Motion Picture Exchange, 이후 '중배'로 약칭)에서 선호했던 서울극장의 경우는 기간 내내 90%를 넘는 수치를 보이고, 보다 공연에 치중했던 중앙극장의 경우는 48년까지 30% 정도를 차지하다가 49년에 50%를 넘기게 된다. 이 극장들 외에 서울에서 영화를 위주로 프로그램을 구성했던 극장은 명동극장과 우미관이 있었고, 극공연 위주로 기획했던 극장은 동양극장과 제일극장 등이었는데, 그 외의 대부분의 극장들에서는 영화와 공연이 50% 정도의 비율을 보였다. 이길성, 「해방 직후 뉴스문화영화의 상영 연구」, 《영상예술연구》 27호, 영상예술학회, 2015, 15~16쪽.
15 "조선 극장문화 위협하는 중앙영화사의 배급 조건", 《경향신문》, 1947년 2월 2일자 3면.
16 해방기 미국영화 상영의 추이에 대해서는 김승구, 「해방기 극장의 영화 상영 활동에 대한 고찰」,《동방학지》 158호, 연세대학교 국학연구원, 2012) 참조.

우위를 점했던 것은 악극이었다. 악극은 1940년대 이미 전성기를 맞아 한국영화의 암흑기였던 일제 말기에도 이동연예대와 위문대 등의 활동으로 쉼 없는 공연 활동을 벌인 바 있었다. 해방 이후에도 반공악극과 선전악극을 한 축으로, 식민시기부터 유행했던 레퍼토리를 또 다른 한 축으로 악극단들은 이합집산을 거듭하면서 극장과 가설극장, 이동무대 등 다양한 무대 위에서 공연을 펼쳤다. 한국전쟁기에 악극단의 인력들은 군예대 활동과 악극단 활동을 병행하며 공연을 이어갔다. 그러나 휴전이 되고 일상이 복구되는 시점에서 악극단은 영화, 여성국극, 버라이어티 쇼, 창극 등의 활황에 밀리면서 역사의 한편으로 밀려나고 말았다.[17]

이처럼 해방기와 전쟁기는 극장 프로그램의 대부분을 미국영화와 무대공연이 점령하고 있었던 시기이지만, 드물게 동시상연의 기록을 찾을 수 있는 경우도 있다. 전쟁기 서울과 대구의 신문 광고를 통해 영화 상영의 양태를 실증적으로 조사한 정종화에 따르면, 영화 자체만으로 관객들의 주목을 받을 수 있었던 미국영화가 개봉할 때 무대공연이 같이 기획된 적은 없으나, 화제작이 재상영되거나 뉴스영화가 상영될 때 공연을 동시에 배치한 경우는 있었다. 예컨대 1951년 1월 27일 미국영화 〈사선을 넘어서〉가 대구의 만경관에서 재상영될 때 여류만담가 김충심의 만담 〈전쟁과 봇따리〉가 동시 공연되었으며, 개봉관에서 관객

---

17 전쟁기 악극의 활황과 퇴조에 대한 더 자세한 맥락은 이화진, 「'노스탤지어'의 흥행사」를 참조. 한편 1950년대 후반 여성국극의 활동에 대해서는 김지혜, 「1950년대 여성국극의 단체활동과 쇠퇴과정에 대한 연구」(《한국여성학》 27권, 한국여성학회, 2011) 참조. 김지혜는 이 글에서 기존의 연구들이 1950년대 후반 여성국극이 내적 발전을 도모하지 못했기 때문에 '몰락'했다고 평가해 왔으나 실제 여성국극의 인기는 1960년대 초반까지 지속되었으며 남성 중심의 문화적 위계로 인해 그 영향력이 과소평가되었다고 지적했다.

을 끌지 못했던 영화들이 재개봉할 때 변사 공연을 홍보 수단으로 삼아 관객몰이에 성공한 경우도 있었다. 한국영화 〈성불사〉(윤봉춘, 1952)가 상영될 때 육군 군예대의 밴드 공연이 덧붙은 것, 기록영화 〈지나간 노도〉 상영에 마술쇼가 덧붙은 것도 눈에 뜨인다. 반면 서울에서는 같은 영화일지라도 변사 공연이 이루어진 경우는 찾아볼 수 없으며, 대신 전쟁뉴스가 전면에 부각되어 전쟁뉴스와 극영화가 동시상영되거나 (드물지만) 전쟁뉴스에 악극 공연이 덧붙여 상영되기도 했다.[18]

휴전 이후에도 여전히 공연은 영화보다 극장 점유율이 더 높았다. 공연과 영화는 완전히 분리되어 있었으며 특히, 개봉관에서 어트랙션이 포함된 영화 상영은 찾아볼 수 없는 풍경이 되었다. 이 글이 관심을 두고 있는 1955년 이후를 좀 더 자세히 살펴보자면, 1955년과 1956년 서울의 개봉관에서는 어트랙션은 물론이거니와 영화와 악극 등의 공연이 동시에 상연되는 경우도 거의 존재하지 않았다. 이 시기 신문에 실리는 극장 광고들 역시 대부분 미국영화 광고와 악극/여성 국극/국악단의 공연 광고로 양분되어 있었다. 드물게 공연과 영화를 동시상연한 경우를 찾아볼 수 있는데, 첫 번째는 1955년 5월 25일 대한영화배우협회가 주최한 〈영화인 예술제 - 고(故) 이금룡선생추모제〉(성남극장)에서 영화 〈고향의 노래〉(윤봉춘, 1954)를 상영하고 동시에 이 영화의 주연배우 김신재, 이선애를 비롯하여 협회 소속의 유명 배우들(복혜숙, 주증녀, 노경희, 이민, 조미령, 석금성, 윤일봉, 이택균, 황남, 최은희, 이향, 윤인자, 최집길, 염매리 등)이 출연했던 행사를 들 수 있다. 그

---

18 정종화, 「한국영화 성장기의 토대에 대한 연구: 동란기 한국영화 제작을 중심으로」, 중앙대학교 첨단 영상대학원 석사학위논문, 2002, 78~80쪽.

리고 1956년 11월 8일 시공관에서 "봉절영화와 아토락숀"이라는 이름
으로 외화 〈수사대(搜査隊)〉와 개가(凱歌)〉와 함께 코메디쇼 〈행운-십자
로〉를 공연한 기록 정도가 남아 있을 뿐이다.

그런데 1954년을 기점으로 이러한 경향은 차츰 변화하기 시작한다.
그 시작을 알렸던 것은 입장세법의 개정이었다. 1946년 군정법령으로
제정되었던 입장세법이 극장 입장세를 일괄 30%로 부과했던 데 비하
여 1949년에 개정된 입장세법은 공연에 30%, 영화에 60%를 차등적
으로 부과했다. 1954년 다시 개정된 입장세법에서는 이 비율이 세분
화되어, 국산영화는 면세, 공연에는 30%, 외화에는 90% 세금을 부과
하는 것으로 변경되었다. 입장세법에 더하여 1955년부터는 지정좌석
제 및 교차입장제가 실시되면서 극장이 점차 무대공연을 부담스러워
하는 경향이 생겨나고 있었던 것이다. 1956년 2월 좌담회에서 국도극
장의 성동호와 시공관의 백순성은 영화 상영 시 수입은 달라진 바 없
으나 "실연을 하면 3할 감수"가 된다면서 실연무대 유치의 어려움을
호소했다.[19] 『한국악극사』를 쓴 박노홍과 『한국대중연예사』를 쓴 황문
평은 악극이 쇠퇴하기 시작한 분기점으로 1955년을 지목한 바 있다.[20]
즉, 전술한 제도적 변화의 영향뿐만 아니라, 1955년은 악극이 변화와
발전의 내적 동력을 상실한 시기이면서 〈춘향전〉의 대대적인 성공을
목도한 대중연예계의 인력 및 흥행자본이 영화를 향해 대거 이동하기

---

19 "시들어가는 극장문화/ 운영의 애로를 듣는 좌담회(상)," 《한국일보》, 1956년 2월 13일자 4면. 이러한
여론 및 무대예술의 축소에 대한 지속적인 탄원 등으로 인해 1956년 12월 개정된 입장세법은 공연에 대
한 입장세를 기존 30%에서 10%로 대폭 축소했다.
20 박노홍, 「한국악극사」, 김의경·유인경 편, 『박노홍의 대중연예사 1』, 연극과인간, 2009; 황문평, 「한
국 대중 연예사: 황문평 고희기념문집 2(평론·연예사)』, 부루칸모로, 1989.

시작한 시점이기도 했다.

그러나 그렇다고 해서 하루아침에 극장의 간판이 모두 바뀌는 것은 아니었다. 해방기와 전쟁기를 거치면서 점차 쇼 무대에 역점을 두고 '악단'이나 '쇼단'으로 이름을 바꿔갔던 악극단들은 이 시기에 여전히 남은 불꽃을 태우고 있었으며, 임춘앵, 김진진 등이 이끄는 여성국극단이 그 화려한 시절을 이어받고 있었다. 따라서 1955년과 1956년이라는 시점은 악극단의 중심 인력들이 영화계로 이동하고 있는 중이었고 극장 프로그램의 비중이 점차 영화 쪽으로 기울어가고 있었으나, 그럼에도 여전히 악극단들은 지속적으로 공연을 기획했고 쇼 무대를 위한 새로운 '악단'들이 탄생하고 있었다. 그것은 이 시기까지는 아직, 악극을 비롯한 공연들이 영화의 흥행에 의존하지 않아도 자생적으로 살아남을 수 있는 힘을 가지고 있었다는 뜻이기도 했다.

영화와 함께 인기배우들의 무대 출연을 다시 보게 되는 것은 1957년 〈청춘쌍곡선〉부터였다. 휴전 이후 많은 악극배우들이 영화에 기용되어 '영화배우'로 자신의 영역을 구축하기 시작한 이래 1957년은 이들이 '영화배우'의 정체성을 부여받고 무대로 돌아온 첫 해였다. 그러나 이때의 실연무대는 '영화관'의 무대로, 영화 마케팅을 위한 장소로서 그 성격이 달라져 있었다.

3. 1950년대 후반 '영화관'의 '무대' 기획

3-1. 1957년: 〈청춘쌍곡선〉과 실연무대

1957년은 〈청춘쌍곡선〉의 해였다. 거의 1년 내내 수많은 극장에서

'실연무대'를 진행했던 〈청춘쌍곡선〉의 흥행 방식은 다른 영화들의 상영 방식에도 영향을 미쳤다. 〈청춘쌍곡선〉의 떠들썩한 개봉에 고무된 첫 영화는 〈대춘향전〉(김향, 1957)이었다. 1957년 2월 16일 시네마코리아에서 개봉한 〈대춘향전〉[21]은 여성국극을 영화화한 것인데, 주인공인 박옥진, 조양금, 박옥란, 조양녀 등 당시 인기 있었던 여성국극단의 스타들이 "세배 인사차" 무대에 등장하여 "동시실연"을 선보였다. 개봉 당시 〈청춘쌍곡선〉의 기세에 밀려 흥행에 참패했던 〈시집가는 날〉도 제4회 아세아영화제 최우수희극영화상을 수상한 기념으로 수도극장에서 재개봉하면서 "영화제 귀환보고 및 출연배우 무대인사"를 진행했다. 1957년 시점에서 개봉관과 재개봉관을 오갔던 시네마코리아는 홍콩의 영화배우 하후란(夏厚蘭)을 내세워, 한국영화를 동시상영하면서 그 주연배우들을 함께 무대에 세우는 방식으로 "영화와 실연의 호화 프로"를 마련하기도 했다. 그런가 하면 수도극장에서는 〈찔레꽃〉(신경균, 1957)의 만원사례를 감사하는 의미로 상영 일주일가량이 지난 시점부터 출연배우들의 무대인사를 준비했다.[22] 1957년도에 있었던 '실연무대'를 날짜별로 정리해보면 다음과 같다.

단연 눈에 띄는 것은 물론, 〈청춘쌍곡선〉의 무대인사 행렬이다. 〈청춘쌍곡선〉과 앞서 언급했던 〈시집가는 날〉, 그리고 임화수가 운영하던

---

21 당시 인기 있었던 여성국극단 중 하나였던 삼성국극단은 박옥진, 박옥란 자매와 박옥진의 남편이었던 연출가 김향이 함께 창단했던 단체였다. 〈대춘향전〉은 김향이 제작했고 박옥진, 박옥란이 주연을 맡았는데 이 영화의 흥행 실패는 극단이 몰락하는 결정적 계기가 되었다. 김지혜, 앞의 글, 14~15쪽.

22 한지산, 「비극의 희로인 이경희양은 어디로 가려나?」, 《국제영화》 1958년 3월호, 72~73쪽. 이 기사에 따르면, 이경희는 〈찔레꽃〉이 개봉되자 광주, 마산, 부산, 대구 등 전국 각지를 순회하면서 〈찔레꽃〉의 주제곡 〈정순의 노래〉를 불러 "영화 끝에서 팬들의 구미를 돋구었다. 그리고 전국적인 팬의 환송을 받으며 대구, 부산, 마산을 거쳐 상경한 그녀는 서울 수도에서 마지막의 누구를 위해 흘린 눈물이나를" 불렀다. 이 기사로 추측컨대, 〈찔레꽃〉은 당시로서는 드물게 전국적으로 동시개봉한 뒤 무대인사를 위해 먼저 지방 순회를 돌고 서울에 도착, 서울의 개봉관에서 몇 차례 공연을 가졌던 것으로 보인다.

[표 1] 1957년 실연무대 현황[23]

날짜	극장	영화	실연무대 출연진	광고 문구	실연시간	비고
2.12.~23.	중앙극장	청춘쌍곡선	양석천, 양훈	"홀쭉이와 뚱뚱이 상영 중 매일 단연 무대 등장 실연"	15분	개봉/매일, 매회 출연
2.16.~	시네마코리아	대춘향전	박옥진, 조양금, 박옥란, 조양녀	"동시실연, 세배 인사차 등장"		개봉
6.16.~20.	수도극장	시집가는 날	조미령, 김승호, 석극성, 최현	"영화제 귀환보고 조미령, 출연배우 무대인사 김승호, 석금성, 최현"		재개봉/3회, 6회에 한함
7.21.~24.	시네마코리아	김삿갓	하후란(홍콩), 김승호, 복혜숙, 박경주	"영화와 실연의 호화프로"	30분	개봉/토미와 그 악단 축하연주, 현인 등 가수 출연
7.25.~29.	시네마코리아	전후파	하후란(홍콩), 윤인자, 후라이보이 (토미와 식스 자이안스 연주, 현인 특별출연)	"하후란 양 연기공연!"	30분	개봉
7.24.~	수도극장	찔레꽃	이경희, 주선태, 복혜숙	"연일 만원에 보답코저 24일부터 무대에서 인사를 드리며 주제가 〈정순의 노래〉를 주연 이경희 양이 불러드려…"	30분	16일 개봉
8.6.~7.	성남극장	청춘쌍곡선	양석천, 양훈	"홀쭉이 양석천 뚱뚱이 양훈 무대인사"		재개봉
8.8.~	동도극장	청춘쌍곡선	양석천, 양훈	"동시실연, 매일 무대현장 실연"		재개봉
8.19.~	동화극장	청춘쌍곡선	양석천, 양훈	"뚱뚱이+홀쭉이 무대실연"		재개봉
9.3.~	평화극장	노들강변	김을백, 하연남	"동남아진출기념상연, 축하가요쑈와 주연배우 무대인사"		재개봉
9.4.~	자유극장	청춘쌍곡선	양석천, 양훈	"무대인사 당당 홀쭉이 뚱뚱이 실연"		재개봉
9.7.~	문화극장	청춘쌍곡선	양석천, 양훈	"무대실연"		재개봉

			양석천, 양훈, 윤부길, 윤복희 등			
9.30.~	화신극장	청춘쌍곡선	(윤부길과 악단, YYY코메디클럽)	"영화와 실연으로 구성된 최대뮤직칼호화무대"		재개봉
11.30.~	중앙극장	나그네서름	후라이보이, 박춘석 등 (박춘석과 그 악단, 후라이보이와 뉴코메디)	"동시상연, 그랜드쑈 "감격의 45분""	45분	개봉
12.31. ~1.14.	국도극장	천지유정	양석천, 양훈	"귀환보고 무대출연"		개봉

평화극장에서 재개봉한 〈노들강변〉(신경균, 1957)을 제외하고는 대부분의 무대인사가 개봉작 상영 시, 개봉관에서 이루어졌다. 이 중에서 재개봉관이었던 화신극장의 〈청춘쌍곡선〉 무대인사를 주목해볼 필요가 있는데, 화신극장은 양석천, 양훈 외에도 윤부길과 윤복희 부녀를 기용하여 '뮤지칼호화무대'를 꾸몄다. 윤부길은 '부길부길 쑈단' 등을 이끌며 특히 코믹한 무대 연출과 연기에 돋보이는 배우 중 한 사람이었으며, 그의 딸 윤복희 역시 다섯 살 때부터 악극단에서 노래를 부르기 시작하여 이미 미8군 무대에서 인기 있었던 어린 스타였다. 이 같은 구성으로 미루어볼 때, 화신극장은 단순한 '무대인사'를 넘어서서 보다 본격적인 '쑈' 무대를 기획했던 것이라고 할 수 있는데, 이러한 경향은 〈나그네서름〉(이선경, 1957) 상영에서 좀 더 나아간 형태로 등장한다.

11월 30일 중앙극장에서 개봉한 〈나그네서름〉은 개봉관에서 독립된 하나의 쑈를 "동시상연" 프로그램으로 구성했다. 악극단의 유명 작곡가 박춘석과 그의 악단, 라디오의 명사회자로 이름을 날리고 있었

---

23 [표 1]은 《경향신문》《동아일보》《조선일보》의 신문 광고를 중심으로 필자가 재구성한 것이다. 이후에 나오는 [표 2]와 [표 3]도 동일한 출처를 바탕으로 재구성했다.

〈그림 3〉 〈청춘쌍곡선〉과 윤부길과 그 악단, Y.Y.Y코메디클럽 동시상연 광고,
《조선일보》, 1957년 10월 1일자 석간 2면.

던 후라이보이 곽규석과 그의 공연 단체인 뉴코메디는 그 이전에도 합
동공연을 해오던 유명 단체들이었다. 그럼에도 당시 이 공연은 영화평
자들에 의해 "악극을 즐기는 팬들의 저급한 취미에 알맞은 애트락숀"
으로 평가절하되었다.[24] 그러나 이 평가는 또 다른 측면으로 해석해볼

---

24 "순 신파조의 멜로드라마/ 이예춘의 〈나그네서름〉", 《한국일보》, 1957년 12월 2일자 4면; "신영화
〈나그네설음〉, 영화 이전 신파 희극", 《서울신문》, 1957년 12월 5일자 4면.

여지가 있다. 즉, 〈나그네서름〉은 원래 인기 있는 악극 레퍼토리를 영화화했던 것으로, 이 영화가 기존의 악극 팬을 겨냥하여 제작된 것이었다면 오히려 그에 맞는 어트랙션을 구성하여 영화와 무대 사이의 격차를 줄이는 역할을 했다고도 볼 수 있는 것이다.

한편 연말에 개봉한 〈천지유정〉(김화랑, 1957)은 "무대실연"을 광고한 마지막 영화였다고 할 수 있는데, 그런 의미에서 이듬해의 상영 관행을 예고한 영화이기도 했다. 홀쭉이와 뚱뚱이의 두 번째 영화였던 〈천지유정〉은 〈이국정원〉(전창근, 도광계, 와카스기 미쓰오, 1957)에 이어 임화수의 한국연예주식회사가 제작한 두 번째의 한홍합작영화였다. 개봉 한 달 전부터 신문에는 대대적인 광고가 실리기 시작했다. 홍콩 로케이션을 떠난 홀쭉이와 뚱뚱이의 인사가 실렸고 귀국인사를 통해 지속적인 관심을 호소했으며 개봉을 앞두고는 이들의 "귀환보고" 무대 출연이 집중 광고되었다. 국도극장에서 12월 31일에 개봉한 이 영화는 애초 하루 5회 상영이었으나 1월 3일부터 총 6회 상영으로 상영시간을 추가했고, 1월 7일 다시 5회 상영으로 변경한 뒤 14일까지 상영을 이어갔다. 이 영화에 대한 신문 잡지의 평은 대체로 인색하기 그지없었지만, 홀쭉이와 뚱뚱이의 인기에 힘입어 재개봉관에서는 거의 일 년 내내 상영이 이어졌다. 그러나 〈청춘쌍곡선〉이 재개봉할 때마다 적극적인 무대실연을 선보였던 것과 달리 홀쭉이와 뚱뚱이는 성남극장과 평화극장에서 1월 31일, 동시 재개봉을 할 때 실연무대를 진행한 뒤, 더 이상 무대에 서지 않았다.

이들의 무대인사가 〈청춘쌍곡선〉의 경우처럼 적극적으로 진행되지 않았던 데에는 몇 가지 이유가 있었을 것으로 보인다. 무엇보다 이 해

양석천, 양훈은 〈천지유정〉 이외에도 〈오부자〉(권영순, 1958), 〈사람팔자 알 수 없다〉(김화랑, 1958), 〈한 번만 봐주세요〉(김화랑, 1958) 등 세 편의 주연작을 더 개봉했고, 이듬해 초(1959년 2월)에 개봉할 〈홀쭉이 뚱 뚱이 논산훈련소에 가다〉(김화랑)와 〈실례했습니다〉(박성호, 1959)까지 촬영을 매일, 매회 무대에 서는 것은 시간적, 경제적으로 부담이 큰 일 이었을 것으로 보인다. 이에 대해서는 다음 절에서 좀 더 자세히 살펴 볼 것이다.

또 한 가지 추론 가능한 이유는 한국영화의 비약적인 양적, 질적 성 장으로 인해 한국영화 관객이 급증하고 있던 시점에서, 비용이 많이 드는 '실연무대'를 유치하는 것이 광고 및 마케팅 비용을 공동 부담해 야 했던 제작사나 극장의 입장에서 그다지 반길 일은 아니었기 때문이 었다고도 볼 수 있을 것이다.

요컨대 1957년 시점에서 '어트랙션'으로서의 "무대인사"는 영화를

'실연'해 보임으로써 스크린과 무대, 현실을 오가며 입체적인 오락의 공간을 창출하는, 복합적인 대중연예의 산물이자 악극의 관객을 영화의 관객으로 견인하는 매개였다. 또 다른 한편으로 흥행산업의 자장 안에 포획된 '상품'으로서의 "무대인사"는 영화 마케팅의 수단이자 경제논리에 따라 쉽게 삭제될 수 있는 주변적인 산물에 불과한 것이기도 했다.

3-2. 1958년: 재개봉관의 동시실연무대

홀쭉이와 뚱뚱이의 영화 활동이 바빠지던 1958년, 이들이 주연작을 개봉할 때에도 무대인사를 진행하지 않는 것은 1958년 개봉영화 마케팅의 흐름을 단적으로 보여주는 것이기도 했다. 대신, 이전 해 개봉관의 '무대실연' 열기는 재개봉관의 실연무대로 이어졌다. 1958년의 실연무대는 〈나그네서름〉에서 선보였던 것처럼 영화와 관계없는 인물들이 등장하는 쇼 무대로 구성되어, '동시실연' 또는 '동시공연'이라는 이름을 달고 주로 재개봉관을 중심으로 이루어졌다.

[표 2] **1958년 실연무대 현황**

날짜	극장	영화	동시공연	비고
2.15.	자유극장	다정도 병이련가	영화와 막간쑈—동시실연—코메디쑈—금주기념일	재개봉
2.18.	시네마코리아	잊을 수 없는 사람들	NBC악단쑈	재개봉
3.8.	천일극장	모정	악극만담과 고전무용	재개봉
3.11.	천일극장	왕자호동과 낙랑공주	TNDC그랜드쑈, 재즈공연	재개봉
3.13.	천일극장	후편 실낙원의 별	코메디쑈 동시공연	재개봉
3.13.	우미관	찔레꽃	NBC악단	재개봉
3.28.	동보극장	배뱅이굿	동시무대출연 〈노래하는 팔도강산〉 본격적 민요만담과 코메디크럽	재개봉
3.29.	문화극장	배뱅이굿	특별출연 구봉서, 김희갑 〈코메디쑈 봄바람은 미친바람〉	재개봉

4.6.	화신극장	배뱅이굿	노래하는 팔도강산(이은관, 박응수), 만담(장소팔, 고백화)	재개봉
4.22.	천일극장	옥단춘	민요코메디 동시공연	재개봉
4.22.	동화극장	전후파	코메디쇼 〈꿈 속의 공연〉	재개봉
5.2.	천일극장	이국정원	홀쭉이 뚱뚱이 동시공연	재개봉
5.5.	자유극장	전후파	동시실연 김희갑, 구봉서 코메디쑈 〈꿈 속의 사장〉	재개봉
5.5.	천일극장	백치아다다	동시공연 코메디쑈 〈찻차차부녀〉 윤부길, 윤복희	재개봉
5.8.	천일극장	아름다운 악녀	동시공연 박응수 코메디크럽, 탵크럽	재개봉
5.9.	문화극장	전후파	동시무대출연쑈 〈노래하는 팔도강산〉	재개봉
5.12.	천일극장	봉이김선달	동시공연 민요만담코메디쑈 〈아리랑청춘〉, 이은관, 장소팔, 고춘자	재개봉
5.19.	현대극장	장화홍련전	동시실연 김윤삼 코메디크럽, 만담	재개봉
5.20.	동양극장	돈과 시간을 달라	노래하는 바렌티노 악극단	재개봉
5.22.	화신극장	풍운의 궁전	쑈보트, 코메디구락부	재개봉
5.28.	동화극장	돈과 시간을 달라	영화와 노래와 코메디쑈 – 〈노래하는 남국성〉	재개봉
5.28.	천일극장	애원의 고백	쑈뽀트 〈결혼소동〉	재개봉
5.29.	성남극장, 평화극장	오부자	무대인사 김희갑, 구봉서 실연	재개봉
6.3.	천일극장	돈	코메디쑈 〈신혼만대〉 박응수	재개봉
7.4.	문화극장	돈과 시간을 달라	노래와 춤, 코메디의 호화판, 박옥초, 황금심, 고운봉 등	재개봉
7.13.	화신극장	전후파	영화와 가요쑈	재개봉
7.15.	계림극장	사랑의 지평선	가극단 쑈뽀트, 코메디쑈 〈딸 삼형제〉 (박옥초, 신카나리아, 황금심 등)	재개봉
7.22.	자유극장	돈과 시간을 달라	영화와 실연, 문일화 가요쑈	재개봉
7.25.	동보극장	후라이보이 박사소동	장소팔, 이은관 코메디쇼 동시상영	재개봉
8.7.	국도극장	봄은 다시 오려나	동시공연 마가렛트 모리스 일행 내한공연	개봉/쇼 40분, 영화100분
9.19.	천일극장	황혼열차	동시공연 문일화 가요쑈 노래와 춤과 코메디쑈 박옥초 서영춘 대경연	재개봉
11.21.	자유극장	숙영낭자전	동시실연 이종철코메디크럽 합동공연, 문일화 가요쑈	재개봉
11.25.	천일극장	사십대 여인	동시공연 쑈뽀트 코메디쑈 (명진, 경윤수, 박응수)	재개봉

　　1957년 〈청춘쌍곡선〉을 제외한 대부분의 영화가 개봉관에서만 실
연무대를 진행했던 것과 달리, 1958년에는 외국 공연단의 내한공연이

동시상연으로 포함된 〈봄은 다시 오려나〉(이만흥, 1958)를 제외한 모든 "실연"이 재개봉관에서 이루어졌다. 특히 1957년 10월에 개관하여 첫 상영작으로 외화를 택했던 천일극장은 1958년 매우 적극적으로 쇼 프로그램을 유치하여 다양한 한국영화와 쇼 무대의 동시상연이 이루어지는 대표적인 장소였다. 개봉관보다 더 많은 관객들을 모으며 거의 외화 전용으로 운영되다시피 했던 계림극장과 성남극장에서도 이 시기 한국영화와 쇼를 동시상연했다는 것은 이 조합의 프로그램이 흥행에서 어느 정도 유리한 지점을 가지고 있었기 때문이었을 것으로 추정해볼 수 있다.

재미있는 것은 대부분의 동시실연이 "코메듸쑈"를 위주로 하고 있다는 점이다. 양석천, 양훈의 '무대인사'만이 거의 일 년 가까이 진행되었던 이전 해에 비해 1958년에는 이은관의 민요만담을 비롯하여 당시 라디오 만담의 대표 주자였던 장소팔, 고춘자가 다시 극장으로 돌아오고 영화 〈오부자〉의 인기를 등에 업고 구봉서와 김희갑이 새로운 콤비를 이루었다. 또, 1950년대 후반 악극단에서 제3대 홀쭉이 뚱뚱이로 유명세를 타기 시작했던 서영춘과 백금녀가 '동시실연' 무대를 통해 영화의 관객들을 만나기 시작했다. 그런가 하면 여성국극단에서 남성 역할을 도맡으며 사랑받다가 코미디배우로 전향한 박옥초와 여성만담가로 이름을 알리던 김윤심 역시 동시실연무대를 통해 영화에 한 발 다가섰다.

이처럼 1958년, 재개봉 영화와 코미디쇼가 동시실연으로 만나 일정한 상영/상연의 형식을 갖추게 되었던 데에는 다양한 맥락이 존재했다. 무엇보다 먼저 1956년 30편, 1957년 37편 제작되었던 한국영

〈그림 5〉 〈다정도 병이런가〉와 〈코메디쑈 금주기념일〉 동시실연 광고,
《조선일보》, 1958년 2월 14일자 2면.

화가 1958년 74편으로 두 배 늘어났고 외화 수입 역시 1956년 70편,
1957년 145편에서 1958년 178편으로 늘어나면서 공급 과잉의 상태
가 되었다는 점이 고려되어야 한다. 이에 더해 한국영화 관객의 수 역
시 급증[25]하고 있던 상황에서 특히 개봉관들은 "무대인사"와 같은 별
도의 마케팅을 위해 비용을 지출하거나 행사를 기획하는 번거로움을

---

25 "극장 입장료로만 35억환/ 구경 좋아하는 서울 시민/ 한사람 평균 연6회 정도", 《한국일보》, 1958년
9월 22일자 3면.

〈그림 6〉 〈배뱅이굿〉과 구봉서, 김희갑 특별출연 코메디쑈 동시실연 광고,
《조선일보》, 1958년 3월 29일자 석간 4면.

선택할 이유가 별로 없었다. 또한 주지하다시피, 1950년대 후반 공연만
으로 단독 프로그램을 구성하는 것은 단독 영화상영에 비해 극장 측
에 수지맞는 장사가 아니었으므로 흥행이 예정된 대규모의 공연, 예
를 들어 "악극인대제전"이나 "영화인대제전"과 같은 행사가 아니고서
야 개봉관들은 쉽사리 공연에 자리를 내어주지 않았다. 더욱이 아직
까지 전국적인 스타덤에 오르지 못한 코미디배우들의 경우, 그들만으
로 구성된 쇼는 개봉관의 단독 프로그램이 되기 어려웠다. 이런 상황
에서 재개봉관을 중심으로 영화에 덧붙은 '어트랙션'으로서 동시실연
무대를 구성하는 것은 높은 입장세를 피하면서 공연 시간을 할애받을
수 있는 묘책이 될 수 있었을 것으로 보인다.

1958년, 이제 곧 양석천과 양훈의 뒤를 이어 한국 코미디영화계를 접수하게 될 주요 코미디배우들은 영화에 덧붙은 '코메디쑈'를 통해 영화의 관객들을 만나고 있었다. 그들의 코미디 스타일과 주요 레퍼토리들은 몇 년 내에 인기 영화 속의 퍼포먼스로 재탄생될 것이었다. 그럼에도 아직까지 그들의 쇼는 2번관 이하의 재개봉관에서 주로 통용되는 것이기도 했다.

3-3. 1959년: 개봉관의 "특별유료시사회"

1959년이 되면 또다시 개봉관에 '무대인사'가 등장한다. 이번에도 시작은 양석천과 양훈의 영화였다. 1959년 2월 6일 수도극장에서 개봉한 〈홀쭉이 뚱뚱이 논산훈련소에 가다〉는 "본 영화에 출연한 저의들 배우일동이 나타나 여러분들과 일일이 악수를 하게 되었어요"라는 광고와 함께 등장했다. 홀쭉이와 뚱뚱이를 비롯하여 조미령, 조덕자, 김진규, 윤일봉 등의 인기배우들이 상영기간 중 "스테-지 실연을 특별선물로서 제공"했는데, 1회에는 모두 출연하고 2회부터는 홀쭉이와 뚱뚱이만 출연하면서 2주 동안의 성공적인 흥행을 마쳤다. 재미있는 것은 2월 6일로 개봉 날짜를 잡고 지속적으로 광고를 내보내고 있었던 수도극장 옆에서 국제극장이 "특별유료시사회"라는 명목 하에 2월 1일부터 5일 간 "단독상영"을 내걸고 미리 영화를 공개했던 것이다. 국제극장의 이 변칙적인 상영은 상당히 예외적인 것이었음에도, 극장 간의 마찰이 크게 발생했던 것 같지는 않다. 아마도 이 영화의 제작자인 한국연예주식회사의 임화수가 당시 이승만 정권을 등에 업고 영화 및 연예계에서 막강한 실력을 행사했던 인물이었기 때문에 이러한 예외적인 변칙 상영도 가능했으리라 추측해볼 수 있다. 그리고 이를 계기로 이전에는 매우 드물었던 "특별유료시사회"라는 명칭의 사전 개봉이 일반화되었던 것으로 보인다.

1959년 전반기에 배우들의 실연무대나 무대인사는 개봉관에서의 "특별유료시사회"라는 일회성 행사를 통해서만 볼 수 있는 것으로 정리되었다. 그리고 이전 해, 서울 대부분의 재개봉관에서 일 년 내내 볼 수 있었던 영화와 동시실연 코미디쇼 무대 역시 거의 대부분 사라졌다.

명보극장에서 다수 진행되었던 "전야제 – 특별유료시사회" 행사는 개봉 전날 단 한 번의 행사로 그치는 것이었다. 이전처럼 매일, 매회 상영 전 무대에 등장하는 것이 아니라 개봉 전날 1회에 한하여 출연하는 것은 배우들의 부담이 훨씬 줄어든다는 의미이기도 했다. 마찬가지로 극장 측에서 부담해야 했던 배우들의 무대인사 비용이 절감된다는 뜻이기도 했다. 또한 당시의 신문기사로 추측컨대 입장좌석제의 제한 없이, 더 정확하게는 제한을 무시하고 관객들을 입장시킬 수 있었다는 점에서 "특별유료시사회"는 극장들에게 특히 매력적이었다.[26] 배우들이 무대인사를 진행하던 행사가 사라진 7월 이후에도 상당수의 영화들이 "전야제" 혹은 "특별유료시사회"라는 타이틀을 내세워 변칙 상영을 진행했으며 이는 외화의 경우에도 마찬가지였다. 외화의 "특별유료시사회"도 이 시기에 활성화되었는데, 처음에는 500만 환 상당의 피아노 등의 경품행사를 곁들인다거나(《자유는 애정과 더불어》(2월 21~28일)), 선

---

26 "【뱅가드】 극장의 윤리", 《서울신문》, 1960년 9월 2일자 석간 4면. 이 기사는 대한극장을 예로 들면서 극장들이 "특별 유료시사회라는 미명 아래 무제한으로 관객을 입장시켜 놓고선 자리가 없어 휴게실의 장의자까지 비상출동을 시켜 혼란"을 주고 있다고 비판했다.

[표 3] **1959년 실연무대 현황**

날짜	극장	영화	무대인사 출연진	광고 문구	비고
2.6.~19.	수도극장	홀쭉이 뚱뚱이 논산훈련소에 가다	양석천, 양훈, 조미령, 조덕자, 김진규, 윤일봉	"스테-지 실연을 선물로서 제공"	
5.21. 9pm	명보극장	청춘배달	사회 후라이보이, 김희갑, 구봉서, 박응수, 이빈화, 최지희, 김지미	전야제, 특별유료시사회	22일 개봉
6.4. 9pm	명보극장	청춘일기	사회 후라이보이, 최무룡, 조미령, 염매리, 이빈화, 안나영	전야제, 특별유료시사회	6일 개봉
7.1. 9pm	아카데미 극장	처(아내)	이민, 김동원, 주증녀, 이빈화	특별유료시사회, 전야제,	2일 개봉
7.1. 9pm	명보극장	사랑이 가기 전에	김지미, 문정숙, 박노식, 허장강	전야제, 특별유료시사회	2일 개봉
7.15. 8:40pm	명보극장	십대의 반항	조미령, 엄앵란, 박노식, 황해남, 박광수, 안성기	전야제, 특별유료시사회	16일 개봉
7.23. 7pm	국제극장/원각사	비극은 없다	홍성기, 최금동, 노경희, 이봉래	〈최무룡, 김지미의 밤〉	주최: 국제 영화 뉴스사

착순 100명 혹은 30명을 무료입장시키는 (《함정》(7월 24일, 중앙극장), 〈출격명령〉(7월 28일, 대한극장)) 등의 특별한 이벤트를 마련하기도 했지 만 이내 행사 없는 "특별유료시사회"를 개봉 전날 오후 1~2회에 걸쳐 진행하는 것이 한동안 외화 상영의 관례처럼 자리 잡았다.

또 한 가지, 〈비극은 없다〉(홍성기, 1959)의 개봉을 앞두고 개최되었 던 '최무룡, 김지미의 밤'은 매우 이색적인 행사였다. 홍성기 감독의 선 민영화사와 밀접한 관계에 있었던 국제극장에서 곧 개봉될 예정이었 던 〈비극은 없다〉의 사전행사로 기획된 것이 '최무룡, 김지미의 밤'이 었는데, 이 행사는 국제영화뉴스사에서 주최하고 을지로에 새로 생긴 소극장 원각사에서 진행되었다. 재미있는 것은 남자 주인공이었던 김 진규가 아니라 선민영화사 소속이었던 최무룡을 내세워 '최무룡, 김지미의 밤'을 만들었다는 것이고, 여기에 두 배우는 참석하지 않은 채로 영화의 감독이었던 홍성기, 각색자였던 최금동, 그리고 이 영화와 아무런 관련이 없는 배우 노경희와 감독 이봉래가 초청되었다는 점이다. 이 자리에서 홍성기 감독은 〈비극은 없다〉에 대한 "연출의 변"을, 각색자 최금동은 "〈비극은 없다〉 김지미와 최무룡의 비극성"을, 노경희 배우와 이봉래 감독은 각각 김지미와 최무룡의 연기와 인간성에 대해 이야기를 하도록 되어 있었다. 주연배우 없는 전야제 행사는 이것이 유일했고 감독 및 각색자와의 대화 등이 마련되어 있었다는 점에서 앞선 행사들과는 사뭇 성격이 다르다고 할 수 있지만, 극장의 '개봉 전 행사'가 다양한 방식으로 진행되었으며 '스타덤'을 앞세워 기획된 행사였다는 점에서 함께 살펴볼 만하다.

이처럼 상반기에 개봉관을 중심으로, 주연배우들을 망라한 '무대인사'를 배치함으로써 다소 공격적으로 진행되었던 개봉 행사들은 8월 이후 대부분 사라졌다. 1959년은 공급 과잉의 정점을 찍었던 해였다. 이 해 한국영화는 총 111편이 제작되었고, 외화는 총 203편이 수입되었다. 주지하다시피 공급이 수요를 압도할 때 극장들은 공격적인 마케팅을 진행할 이유가 별로 없다. 더욱이 1959년을 기점으로 배우들의 개런티가 급증했는데, 1958년 이전에는 70만 환 정도였던 주연배우의 출연료는 이 해에 200만 환[27]으로 훌쩍 뛰어올랐다. 따라서 한창 인기를 구가하던 영화의 주연배우들을 무대인사에 초청하기 위한 비용 역시 극장들에게 큰 부담이었다. 그럼에도 불구하고 이 시기에 특정 극장을

---

27 윤진화, 「1950년대 후반기, 한국영화산업형성의 생성메커니즘 연구」, 동국대 석사학위논문, 2002, 54쪽.

위주로 이런 행사들이 기획되었던 맥락은 좀 더 살펴볼 필요가 있다.

1959년은 외화 상영 극장들에게 특히 곤란한 해였다. 외화에만 과도하게 부과되었던 입장세는 새삼 말할 것도 없거니와 4월 1일부터는 정부발행입장권 판매 강행으로 인해 많은 극장들이 경영난을 호소하며 외화상영 중지를 결의하기도 했다.[28] 당시 한 기사는 많은 외화전문관들이 한국영화 상영관으로 돌아서고 있다고 지적했는데 대표적인 극장으로 거론되었던 것이 바로 "명보, 아카데미, 단성사"[29]였다. 2년 전에 유행했던 무대인사의 관행을 되살려, 주연급 배우들을 모두 초청하여 고비용의 무대인사를 진행했던 것은 한국영화 상영관으로 방향을 전환하고자 했던 명보극장과 아카데미극장의 특별한 사정 때문이었던 것이다. 1959년 12월의 한 기사는 당해에 수입되었던 외화 중 11월까지 상영된 것은 단 70편에 불과하다는 기사[30]를 쏟아내며 외화수입 및 상영에 관한 정책의 변경을 촉구하기도 했다.

한편 한국영화는 한국영화 나름대로 유례없는 제작 편수 111편 앞에서 마케팅 경쟁에 돌입했다. 통상 제작비의 10%에 불과했던 '선전비'는 30%까지 치솟았다.[31] 공급 과잉의 상태임에도 불구하고 극장들

---

28 "극장의 탈세를 방지/ 정부발행입장권이 등장", 《동아일보》, 1959년 4월 3일자 3면; "배협측, 외화상영의 중지결의 실행을 연기키로", 《동아일보》, 1959년 7월 1일자 4면. 앞의 기사는 서울시내 8개 개봉극장 중 영화수입사를 갖고 있는 극장 두 곳만이 외화를 상영하고 있다고 지적하고 있다.

29 "흥행계에 이변/ 정부발행입장권 사용을 계기 외화업계는 위축/ 기세올리는 국산영화계", 《동아일보》, 1959년 4월 5일자 4면.

30 "심각한 영화계의 표정/ 정률세안을 오히려 개악시/ 국산, 외화계 모두 반대", 《동아일보》, 1959년 12월 2일자 4면.

31 '선전비'는 마케팅비에 해당하는 비용으로 신문 광고, 포스터, 전단 등 영화를 홍보하는 데 소요되는 비용을 말한다. 1950년대 후반 선전비는 전체 제작비의 10% 정도였으나 1959년에는 제작 편수가 늘어나 경쟁이 치열해지면서 30%까지 오르기도 했다. 박지연, 「한국 영화산업의 변화과정에서 영화정책의 역할에 관한 연구: 1950년대 중반에서 1960년대 초반의 근대화과정을 중심으로」, 중앙대학교 첨단영상대학원 박사학위논문, 2007, 46~47쪽; "흥행가에서 선전자숙/ 15일부터 전국적 실시", 《동아일보》, 1959년 10월 16일자 4면.

이 처했던 또 다른 어려움 중의 하나는 예고된 입장세법의 변화였다. 1960년 3월부터는 개정된 입장세에 따라 지금까지 면세 혜택을 받고 있었던 한국영화에도 세금이 부과될 예정이었기 때문에 1959년이 끝나기 전에 서둘러 상영을 마쳐야 했던 것이다. 외화관까지 국산영화를 상영하기 시작했으며, 백 편이 넘는 국산영화들이 개봉을 기다리고 있던 시점에서 치솟은 선전비는 불특정 다수의 잠재적 관객을 향한 신문의 전면 광고나 간판, 포스터 등에 더 많은 비용을 지불하는 것으로 사용되었던 듯하다. 명보극장과 아카데미를 제외한 대부분의 극장들은 비용면에서나 효율성면에서, 특정 시간을 할애하여 이미 영화를 선택한 관객들을 대상으로 하는 어트랙션을 선호하지 않았던 것으로 보인다. 국제극장 본관이 아니라 공연세가 면제되는 원각사에서, 영화 개봉 이전의 불특정 다수를 대상으로 하는 '최무룡 김지미의 밤'을 사전행사로 기획했던 국제극장의 선택은 이런 맥락 하에서 더 잘 이해될 수 있다.

이에 더하여 새로운 세제에 따르면, 1960년부터 입장료 500환 이하의 공연에 대해서는 세금이 면제될 예정이었다. 1956년 12월 이후 10%로 일률 부과되었던 공연의 입장세는 조금 더 탄력적으로 적용되어 결과적으로 많은 공연에 대한 세율을 감소시키게 될 터였다. 그러므로 1959년 후반의 각종 쇼 단체들은 서둘러 극장을 구할 필요도, 공연을 축소하여 영화의 '어트랙션'으로 존재할 필요도 없이 시간이 흐르기를 기다릴 뿐이었다. 더불어 쇼 무대의 인력들이 영화로 빠져나간 자리는 미8군 쇼의 인력들로 새롭게 채워지기 시작했다.

이처럼 1959년에 영화와 실연은 복잡한 각자의 맥락 하에서 최소한의 교섭만을 유지한 상태로 각자의 무대를 지키고/기다리고 있었다. 1950년대 후반의 실연무대는 영화의 어트랙션으로 존재하는 것이었다. 그러나 1960년대 초반의 실연무대는 쇼 혹은 악극 무대 전반을 일컫는 용어로 확장되면서, '어트랙션'으로서 영화의 이름을 빌려오기도 하는 극장의 또 다른 주연배우가 되었다.

4. "영화스타가 무대로 오다": 1960년대 초반 극장의 '실연무대'

1960년이 되자 1월부터 거의 모든 한국영화 극장들이 앞다투어 쇼 무대를 올리기 시작했다. 드물지만 영화에 어트랙션으로 공연이 붙는 경우도 있었고, 영화에 출연한 배우들이 그대로 연극 무대에 서는 동시 '실연'을 선보이기도 했으며 영화로 개봉되어 혹평을 받았던 기존 악극의 레퍼토리가 다시 무대로 돌아오기도 했다. 미국과 영국, 필리핀, 서독, 대만 등에서 온 가수, 코미디언들이 한국의 연예인들과 함께 합동공연을 갖는가 하면, 1953년부터 생겨나 1950년대 후반 200여 단체에 이르렀던 미8군 전속 쇼 단체들이 처음으로 한국의 일반 대중을 대상으로 한 쇼 무대를 선보이기도 했다. 이런 쇼 공연들은 국도극장, 수도극장, 명보극장, 국제극장, 세기극장, 반도극장 등의 개봉관을 비롯해서 동도극장, 한일극장(구 평화극장), 자유극장, 계림극장, 문화극장 등의 재개봉관과 시공관에 이르기까지 대부분의 극장에서 거의 2년 동안 쉼 없이 지속되었다. 1961년 11월 시민회관이 건립되고 난 뒤부터 쇼를 비롯한 공연들은 점차 시민회관으로 무대를 옮기기 시작했다. 1962년 2월 이후부터 개봉관에서는 더 이상 쇼 공연이 이루어지지 않았다. 출연인원이 100명에 육박하는 스펙터클한 대규모 공연부터 다소 규모가 작은 가극단의 쇼에 이르기까지 대부분의 공연은 거의 독점적으로 시민회관에서 이루어졌고, 극히 일부만 재개봉관에서 선을 보였다.

1950년대 후반에 쇼 무대와 영화를 탄력적으로 오가며 '영화배우'로서 무대에서 '실연'을 선보였던 코미디배우들과 달리, 여타 배우들은 무대에 등장하는 일이 상대적으로 드물었다. 그러나 이 시기에는 주연급 배우들을 비롯한 거의 대부분의 배우들이 활발하게 쇼 무대에서 활약했다. 주목해볼 것은 이때 배우들의 무대 출연이 '영화스타'들의 '실연무대'로 광고되었다는 점이다. 당시의 유명 배우들은 대부분 악극단 출신이었지만 이들이 다시 무대로 돌아올 때는 '영화배우'로 정체성을 부여받았고, 이들의 무대 출연은 '스크린의 연기를 무대에서 실연(實演)하는 것'이 되었다. 예컨대 김희갑, 황해, 박옥초 등이 출연하는 쇼는 "영화스타 무대로 오다!"(1960년 4월 19일, 서울키네마)로, 전옥, 김진규, 최무룡, 김지미 등이 출연하는 무대는 "인기정상의 영화계 톱스타-갸스트!"(1960년 10월 22일, 국도극장)로, 김승호와 주선태는 "특별초대출연 영화의 두 거성"(1960년 12월 2일, 국제극장)으로 소개되었다. "희극계의 거성군 은막을 박차고 수도극장 무대에 총출연"(1961년 2월 23일, 수도극장), "구봉서 다시 무대로"(1961년 7월 2일, 수도극장)와 같은 광고 문구도 유행처럼 사용되었다. 또한, "아세아3대스타 김진규, 김혜정, 신영균… 거물성격스타들의 불을 뿜는 대경연"(1962년 9월 26일, 시민회관), "스크린의 명콤비 문정숙, 최무룡 절대합동열연"(1962년 10월 9일, 시민회관), "전영화예술인 총출연으로 스크린에서의 감격을 되사기는 호화스펙타클무대"(1962년 10월 12일, 시민회관)와 같은 문구도 찾아볼 수 있다.

　이러한 인기배우들의 쇼 무대 출연은 영화제작에 상당한 지장을 초래할 정도로 빈번했다. 1962년 11월에는 제작가협회(이하 제협)가 주연급 영화배우들의 쇼 무대 출연을 강력히 제재하기로 결의하는 일이 있었다. 57명의 스타들에게 쇼 출연금지를 통고했던 것인데, 이것이 실행되지 않자 제협은 톱스타급 10명에 대한 제한으로 대폭 축소하여 재통고를 했으며, 이 역시 무시되자 그중 김승호, 신영균, 최무룡, 김지미 네 사람을 특정하여 6개월간 출연 거부를 선언했다.[32] 이후 한 달가량 공방이 계속되다가 3월 7일 배우 당사자들이 사과를 하고 신필름, 한양영화공사 등 메이저 프로덕션이 보증서를 제출함으로써 제협 이사회가 출연거부 결의를 취소했다. 배우들의 무대 출연을 놓고 배우들과 제협, 개별 제작사와 극장 사이의 이해관계가 엇갈리면서 이 같은 해프닝이 벌어질 정도로, 1960년대 초 극장가에서 배우들이 쇼 무대에 등장하는 것은 매우 빈번하면서도 문제적인 일이었던 것이다.

　이 시기의 극장에서 쇼 무대가 중요해지는 데에는 앞서 언급했던 여러 제도적, 인적 변화 외에도 몇 가지 중요한 이유들이 교차작용했다. 먼저, 악극을 비롯한 공연 예술인들을 망라한 한국연예협회의 창설을 들 수 있다. 1961년 창설된 한국연예협회는 시민회관에 사무실을 두고 쇼 공연 기획자들의 활성화 시대를 구가했다.[33] 또, 1957년부터 주

---

32 "쑈 무대출연금지/ 주연급 영화배우", 《동아일보》, 1962년 11월 21일자 5면; "김승호, 신영균, 최무룡, 김지미 제협서 6개월간 출연거부/ 쇼출연으로 제작에 지장/ 영협선 일방적처사라고 불만", 《경향신문》, 1963년 2월 14일자 8면.
33 황문평, 앞의 책, 355쪽.

<그림 7> 　무란루–쥬 쇼단 공연 광고. 김화랑 구성 〈성춘향〉,
　　　　　 "희극계의 거성군 은막을 박차고 수도극장 무대 총출연!",
　　　　　 《경향신문》, 1961년 10월 20일자 4면.

한 미8군 스페셜 서비스 측과 계약을 맺고 연예인들을 공급하는 일을
해왔던 업체들이 1961년 통폐합하여 한국연예대행연합회를 창설[34]했
는데, 이들의 활약 역시 쇼 무대의 활성화에 적지 않은 힘을 보태었다.

　이런 맥락에서 1950년대 후반의 극장이 영화를 중심으로 재편되는
과정이었다면, 1960년대 초의 극장은 쇼 무대가 자신의 영역을 재구획
하는 과정에 놓여 있었다고 할 수 있다. 즉 1950년대 후반, 영화가 악
극을 비롯한 공연양식과 적극 교섭하는 가운데 '무대인사'와 '실연무

---

34 "본격적 쑈를 무대에／한국연예대행 연합회서", 《경향신문》, 1961년 5월 14일자 석간 4면; 황문평,
위의 책, 353쪽.

〈그림 8〉 〈영화인예술대제전〉 광고, 《경향신문》, 1962년 10월 11일자 8면.

대' '동시상연' 등 다양한 기획을 통해 '어트랙션'의 형식을 실험하고
활용했다면, 1960년대 초 쇼 무대는 영화를 '어트랙션'으로 활용하며
자신의 영역을 확장했다고 볼 수 있다. 이 과정에서 극장은 다양한 대
중문화의 양식들과 인력과 레퍼토리가 교차하고 경합하는 장으로서,
이를 기획하고 펼쳐놓는 적극적인 생산자로서의 역할 또한 담당했다.

5. 결론을 대신하여: 지방극장의 무대로 간 스타들

1960년 장흥극장에서 양석천과 양훈, 곽규석 등이 주연을 맡은 코
미디영화 〈청춘 일번지〉(정일택, 1960)가 개봉했을 때, '청춘 일번가'라
는 제하의 쇼가 동시공연으로 상연되었다. 극장 간판에는 "인기스타
실연과 영화의 밤"이라는 문구가 내걸렸고, 양석천을 비롯하여 구봉
서, 백금녀 등의 인기 코미디배우들이 등장[35]하여 무대실연을 선보였

---

35 영화 〈청춘일번지〉의 제작을 맡았던 코미디코리아는 양석천이 대표로 있었던 쇼 단체로, 〈오부자〉의
출연을 계기로 시작된 친목단체였으나 1960년에 연예단체로 등록하여 주로 코미디언을 위주로 하는 쇼
를 선보였다. 이 단체는 1968년까지도 전국을 무대로 활발하게 활동하며 수익을 올렸다. 박선영 채록연
구, 『원로영화인 구술채록─생애사: 구봉서』, 한국영상자료원, 2008; 『1970 영화연예연감』, 국제영화사,

다. 양석천이 대표로 있었던 '코메듸코리아'가 〈청춘일번지〉의 제작을 맡았고, 이 단체에 소속되어 있었던 구봉서, 백금녀 등이 실연무대를 담당했던 것인데, 코미디배우들이 실연무대를 담당할 때는 독특한 구성을 선보이기도 했다. 예를 들어 1960년대 전반기 해남극장에서 열렸던 '스타 쇼'는 특정한 영화에 출연했던 배우들이 무대인사를 와서 선보였던 쇼였는데, 30분에서 1시간 정도 상영되던 영화가 잠시 멈추면 영화배우들이 무대에 등장하여 인사하고 우스갯소리나 만담을 늘어놓는 실연무대가 이어지고, 이 실연무대 이후 곧이어서 나머지 분량의 영화 상영이 재개되었다. 이 같은 형식의 무대인사는 광주의 동방극장에서 양훈과 양석천이 했던 방식을 모방했던 것이었다[36]고 하며, 특히 1960년대 해남극장의 운영과 순업을 담당했던 노우춘은 1963~64년이 배우들의 무대인사가 가장 많았던 해였다고 기억했다.[37] 1960년대 호남지역에서 '아도로꾸 쇼'라는 명칭 자체가 일반적으로 주연배우들이 악단과 함께 극장 무대에서 노래를 부르거나 자신이 출연한 영화의 한 대목을 직접 실연해주는 것을 지칭[38]하는 용어로 사용되었다는 실례는 이 시기 지방극장들에서 무대인사를 비롯한 실연무대가 '쇼 무대'의 일반적이고도 대표적인 형식이었음을 말해주는 것이기도 하다.

장흥극장과 해남극장의 예에서 볼 수 있는 바와 같이 1960년대에 배우들의 무대인사는 지방을 중심으로 활발하게 펼쳐졌다. 영화배우

1969, 237쪽.

36 장흥극장과 해남극장의 예는 위경혜, 「호남의 극장문화사: 영화 수용의 지역성」(다할미디어, 2007, 176쪽, 186~187쪽)에 실린 내용을 재구성한 것이다.

37 위경혜, 위의 책, 176쪽.

38 위경혜, 같은 책, 64쪽.

들은 주로 악극단이나 쇼단과 함께 다니면서 출연한 영화의 홍보를 위한 무대인사를 겸한 쇼 무대를 선보이곤 했는데, 1960년대 후반까지 이런 경향은 지속되었다. 목포극장을 운영했던 손인석의 구술에 따르면, 〈애수〉(최무룡, 1967)나 〈순애보〉(김수용, 1968)와 같은 멜로드라마가 상영하는 날이면 극장이 "미어터졌"고, "목포시에서의 흥행과 인기에 보답하듯이 당시 유명 영화배우들은 자신이 출연한 영화가 개봉할 때 극장에 들러 무대인사를 하고 노래를 한 자락 선사"하는 것이 관례처럼 자리 잡혀 있었다.[39] 이렇게 진행되던 무대인사는 1960년대 후반부터 점차 사라지기 시작했고, 영화에 덧붙였던 어트랙션은 차차 가수를 중심으로 하는 쇼 무대로 대치되어 1970년대 이후의 극장의 쇼 무대는 가수를 중심으로 재편되었다.

서울의 극장들이 빠르게 '영화전용관'으로 전환되어갔던 1960년대 초, 한국영화의 절대적인 인기 속에서 주연배우들이 등장하는 무대인사나 이들을 기용한 '쇼 무대'는 지방의 관객들에게 가장 큰 볼거리였다. 서울만큼 다양한 쇼의 기획을 볼 수 없었던 지방의 극장에서, 별다른 무대장치 없이 '영화배우'의 스타성에 의존하는 실연무대는 관객들의 입장에서나 극장의 입장에서나 결코 포기할 수 없는 매력적인 것이었다. 특히 서울과 서울 변두리 지역의 극장들에서 외화 수익성이 확실히 높았던 데 반하여, 한국영화 수요가 훨씬 높았던 지방의 극장들[40]은 서울의 개봉관에서 흥행에 성공하지 못했던 영화들에도 훨씬 넉넉

---

39 위경혜, 같은 책, 128쪽.
40 박지연, 「영화법 제정에서 제4차 개정기까지의 영화정책(1961~1984년)」, 김동호 외, 『한국영화 정책사』, 나남출판, 2005, 214쪽.

한 사랑을 주는 곳이었다.

　1960년대 초, 인기스타들의 '무대인사'가 지방의 극장을 중심으로 활발하게 전개되었던 것은 한국영화 산업에 지방 흥행사들이 중요한 투자자로 등장하게 된 시점과 무관하지 않다. 1950년대 중반까지만 해도 제작자가 개인적으로 제작비를 마련하는 것이 일반적이었으나, 1958년경부터는 지방 흥행업자들이 제작비의 일부를 대고 권역별 흥행권을 사는 방식이 존재했다.[41] 심지어 이 시기부터 1980년대 이전까지 지방 흥행업자들의 투자액이 총 제작비의 50~70% 혹은 90%까지 이르렀다는 연구 보고들[42]은 지방의 흥행자본이 한국영화 제작비의 절대적인 비율을 차지하고 있었음을 증명하는 것이기도 하다. 이 시기 입도선매로 제작 투자를 했던 지방 배급업자들은 대부분 지역의 극장주였다. 이들은 자신의 영화관에 "흥행성 높은 영화를 '붙이기' 위하여 제작사를 상대로 영업"을 했고, 그 과정에서 지역 내 배급권을 획득했다.[43] 따라서 지방의 극장주들은 영화사의 입장에서 결코 무시할 수 없는 중요한 투자자였으며, 인기 스타들의 지방 무대행은 이런 투자, 배급권의 변화 과정과 함께 이해되어야 한다.

　1950년대 후반을 거치면서 한국영화 산업은 비약적으로 성장했지만, 실상 1960년대까지 제작 편수의 급증과 관객 수의 증가에도 불구하고 외화 시장과 비교할 때 언제나 열세였다. 또한 1955년을 기점으로 악극과 무대공연이 한국영화에 왕좌를 내어주고 몰락의 길을 걸어

41　영화진흥위원회 편집부, 「한국영화 배급사 연구」, 영화진흥위원회, 2003, 17쪽.
42　영화진흥위원회 편집부, 위의 책, 12~13쪽.
43　영화진흥위원회 편집부, 같은 책, 17쪽.

갔다는 기존 연구들의 전제 역시 일정 부분 수정되어야 한다. 1960년대 초에 이르는 시기까지, 악극의 인기는 여성국극과 각종 쇼 단체로 이어져 무대공연의 활기가 다양한 방식으로 지속되었기 때문이다. 따라서 외화 및 무대공연과 경쟁해야 했던 한국영화에 관객들을 끌어들이기 위해 극장들은 다양한 어트랙션들을 시도해야 했다. 그러나 1950년대 말에 서울의 개봉관에서 유행했던 무대인사를 비롯한 실연무대는 1960년대가 시작되면서 그 짧은 전성기를 마감했다. 그럼에도, 이렇게 시도되었던 어트랙션은 대중문화의 헤게모니가 이동하는 과정에서 무대와 스크린의 접경 지역을 새롭게 구획하며 무대공연의 관객들을 영화의 관객으로 중첩시키는 역할을 담당했다. 특히 코미디배우들은 변화의 과정 중심에 위치했다. 앞서 해남극장의 예에서 볼 수 있는 바와 같이, 영화의 흐름을 끊고 실연무대를 끼워넣는 등 현실세계와 가상의 공간을 넘나들며 지속되었던 코미디배우들의 퍼포먼스와 자기반영적 성격은 무대와 스크린을 오가며 입체적인 '실연'의 공간을 창조했다. 그리고 이는 바로 이 시기 대중관객들의 사랑을 받았던 일련의 코미디언코미디영화의 특징이기도 했다.[44]

이러한 실연무대는 1960년 이후 서울의 극장들에서는 더 이상 찾아볼 수 없었지만, 지방의 극장들에서는 여전히 외화보다 힘이 셌던 한국영화들이 개봉과 흥행을 놓고 경쟁하는 과정에서 관객들을 '매혹'시키는 어트랙션으로 존재했으며, 1960년대 내내 지방 극장 상영 문화의 독특한 관행으로 자리매김되었다.

---

44 박선영, 「한국 코미디영화 형성과정 연구」, 중앙대학교 첨단영상대학원 박사학위논문, 2011, 4장의 '1-4. 몰입과 거리두기 사이의 유희: 자기반영성' 챕터를 참고.

참고문헌

신문 및 잡지

《경향신문》《국제영화》《동아일보》《서울신문》《조선일보》《한국일보》《명랑》 등의 각
　　　광고 및 기사

한국영상자료원 편, 『신문기사로 본 한국영화 1945~1957』, 한국영상자료원, 2004.

한국영상자료원 편, 『신문기사로 본 한국영화 1958~1961』, 한국영상자료원, 2005.

『1970 영화연예연감』, 국제영화사, 1969.

논문 및 단행본

김려실, 『투사하는 제국 투영하는 식민지: 1901~1945년의 한국영화사를 되짚다』, 삼
　　　인, 2006.

김승구, 「해방기 극장의 영화 상영 활동에 대한 고찰」, 《동방학지》 158호, 연세대학교
　　　국학연구원, 2012

김지혜, 「1950년대 여성국극의 단체활동과 쇠퇴과정에 대한 연구」, 《한국여성학》
　　　27권, 한국여성학회, 2011.

박노홍, 「한국악극사」, 김의경·유인경 엮음, 『박노홍의 대중연예사 1』, 연극과인간,
　　　2009.

박선영, 「한국 코미디영화 형성과정 연구」, 중앙대학교 첨단영상대학원 박사학위논문,
　　　2011.

박선영 채록연구, 『원로영화인 구술채록-생애사: 구봉서』, 한국영상자료원, 2008.

박지연, 「영화법 제정에서 제4차 개정기까지의 영화정책(1961~1984년)」, 김동호 외,
　　　『한국영화 정책사』, 나남출판, 2005.

_____, 「한국 영화산업의 변화과정에서 영화정책의 역할에 관한 연구: 1950년대 중
　　　반에서 1960년대 초반의 근대화과정을 중심으로」, 중앙대학교 첨단영상대학원
　　　박사학위논문, 2007.

영화진흥위원회 편집부, 『한국영화 배급사 연구』, 영화진흥위원회, 2003.

위경혜, 『호남의 극장문화사: 영화 수용의 지역성』, 다할미디어, 2007.

유민영, 『한국 근대극장 변천사』, 태학사, 1998.

윤진화, 「1950년대 후반기, 한국영화산업형성의 생성메커니즘 연구」, 동국대학교 석사
학위논문, 2002.

이길성, 「해방 직후 뉴스문화영화의 상영 연구」, 《영상예술연구》 27호, 영상예술학회,
2015.

이화진, 「'노스탤지어'의 흥행사: 1950년대 '악극(樂劇)'의 전성과 퇴조에 관하여」, 《대
중서사연구》 17호, 대중서사학회, 2007.

_____, 「전쟁과 연예 – 전시체제기 경성에서 악극과 어트랙션의 유행」, 이상우 외,
『전쟁과 극장: 전쟁으로 본 동아시아 근대극장의 문화정치학』, 소명출판, 2015.

정종화, 「한국영화 성장기의 토대에 대한 연구: 동란기 한국영화 제작을 중심으로」, 중
앙대학교 첨단영상대학원 석사학위논문, 2002.

황문평, 『한국 대중 연예사: 황문평 고희기념문집 2(평론·연예사)』, 부루칸모로,
1989.

1960년대
한국 시네마스코프 영화의
몰입적 스토리텔링 기법 *

정찬철

* 이 글은 2017년 한국예술연구소에서 발간한 《한국예술연구》 제17호에
실린 논문을 수정한 것이다.

1. 들어가며

이 글은 한국의 시네마스코프(CinemaScope) 영화가 어느 정도의 완성도로 입체적인 영화 경험을, 즉 관객의 시각적 '참여'를 이끌어내는 몰입적 영화 경험을 시도했었는지를 들여다보기 위해 1960년대에 제작된 초창기 시네마스코프 영화들을 분석한다. 해당 영화들을 보기 전에 가정했던 것, 혹은 예견했던 것은 몰입적 영화 경험의 서툰 시도이거나 전혀 입체적인 화면 구성을 고려하지 않은, 단지 외형만 시네마스코프인 영화들의 범람 같은 것이었다. 즉, 할리우드 영화들이 시네마스코프 그리고 시네라마(Cinerama) 등의 와이드스크린 테크놀로지(widescreen technologies)를 통해 궁극적으로 몰입적인 영화 경험을 구축하고자 했던 것과 같은 시각화의 전략을 한국의 시네마스코프 영화들이 가지고 있지 않았을 것이라고 가정했었다. 하지만 1960년대의 초창기 한국 시네마스코프 영화들을 보면서 이러한 예상은 완전히 놀라움으로 대체되었다. 초창기 한국의 시네마스코프 영화는 몰입적인 영화 경험을 너무나 완성도 있게 시각화했던 것이다. 할리우드 시네마스코프 영화들과 비교해도 손색이 없을 정도로 완전한 시각적 연속성과 입체적 화면 구성을 통해 와이드스크린 테크놀로지의 시각적 스펙터클을 관객들을 향해 쏟아냈다. 이전 시기 와이드스크린 테크놀로지에 대한 자구적 노력과 경험의 역사가 전혀 없었던 산업적 조건 속에서, 이렇게 놀라울 정도로 완전한 시네마스코프 영화의 몰입적 스펙터클이 가능했던 것인지 이 글은 묻는다.

1960년대 초반 한국영화가 시네마스코프를 중심으로 와이드스크린의 시대로 들어섰을 때, 할리우드는 이미 와이드스크린의 전성시대를 지나버렸다. 이는 당시 한국 영화산업이 특히 영화제작 기술의 측면에 있어서 여전히 동시대적이지 않았음을 드러낸다. 하지만 뒤늦은 시네마스코프 영화 제작의 부흥 덕분에 한국영화는 이 새로운 영화 테크놀로지의 몰입적 스펙터클을 처음부터 완성도 있게 보여줄 수 있었다. 이는 매우 행운이었다. 뒤늦은 한국의 시네마스코프 영화에게 할리우드 시네마스코프 영화는 완벽한 교본이었다. 1958년 최초의 한국 시네마스코프 영화인 〈생명〉(이강천)이 제작되었을 때, 할리우드는 이미 와이드스크린에 최적화된 연출기법을 완성하여 보편적 영화 언어를 구축했던 것이다.

이 글에서 1960년대 한국 시네마스코프 영화가 어느 정도로 1950년대 할리우드 시네마스코프 영화들의 모방이었는가를 보여주는 것이 목적은 아니다. 즉, 한국영화의 역사를 어떠한 민족주의적 시선과 식민주의적 관점으로 해석하고 기술하려는 것과는 거리가 멀다. 물론 그 또한 연구할 가치가 있지만, 필자는 이 글에서 무엇보다 1960년대 초창기 한국 시네마스코프 영화가 얼마나 정교하게 그동안 할리우드가 구축한 시네마스코프 영화의 문법을 구사함으로써 '몰입적' 영화 이미지를 구축했는지를 비교하고자 한다. 이와 같은 할리우드 시네마스코프 영화와 한국 시네마스코프 영화 스타일의 비교연구를 통해, 1960년대에 시도된 한국 시네마스코프에서 사용된 '몰입적' 스토리텔링의 시각적 언어들을 들여다보고자 한다. 이와 같은 할리우드 시네마스코프 영화와 한국 시네마스코프 영화 스타일의 비교연구를 위해, 60년대 한국 시네마스코프 영화에 사용된 '몰입적' 스토리텔링의 시각적 언어들을 50년대 할리우드 시네마스코프 영화와 비교하여 들여다볼 것이다. 이를 통해 60년대에 유행한 한국의 시네마스코프 영화 제작에 대한 지금까지의 이해를, 즉 시네마스코프 영화 제작기술과 와이드스크린 극장 중심의 역사적 이해를 보다 영화 이미지의 구성과 수용이라는 측면에서 바라볼 수 있다. 이 글은 새로운 영화제작과 상영기술의 도입뿐만 아니라, 새로운 영화 스타일의 도입 또한 영화 테크놀로지로 간주하는데, 이는 기술 중심의 영화 테크놀로지의 개념을 확장하는 데 기여할 수 있을 것이다. 덧붙여 한국영화의 역사를 영화 테크놀로지와 스타일의 비교적 관점에서 재역사화함으로써 한국영화 연구의 새로운 흐름을 형성하는 데 기여하고자 한다.

2. 할리우드 시네마스코프 영화의 몰입적 스토리텔링

1950년대 할리우드의 와이드스크린 테크놀로지는 근본적으로 영화관에서의 영화 체험 자체를 변화시켰다. 앙드레 바쟁(André Bazin)이 말했던 것처럼 그것은 단지 불황을 겪고 있었던 할리우드 영화산업의 새로운 흥행 전략이거나 또 하나의 특수효과만이 아닌, 스크린 위로 투사되는 이미지와 관객 간의 관계, 즉 영화 보기 방식의 변화를 가리켰다.[1]

돌이켜보면 영화가 처음 세상에 등장했을 때 영화는 움직이는 이미

---

1 할리우드의 와이드스크린 테크놀로지에 대한 앙드레 바쟁의 비평적 관점에 관해서는 다음 책을 참고했다. André Bazin, *André Bazin's New Media*, Berkeley: University of California Press, 2014, pp. 215-312.

지로 관객의 시각을 압도하는 스펙터클을 만들어내는 테크놀로지였다. 1895년 뤼미에르 형제(the Lumière Brothers)의 〈시오타 역에 도착하는 열차(L'Arrivée d'un train en gare de La Ciotat)〉가 관객들에게 선사했던 시각적 스펙터클의 힘을 떠올려보자. 〈시골남자와 시네마토그라프(The Countryman and the Cinematograph)〉(로버트 W. 폴, 1901)는 관객석을 향해 돌진하는 이 '움직이는 이미지', 기차가 관객들에게 선사했던 무서울 정도로 스펙터클한 시각적 체험으로서의 '영화 보기'가 무엇인지를 보여준다.[2] 또한 스크린을 확대함으로써 현실감을 극대화시켰던 뤼미에르 형제의 '대형 시네마토그라프,' 그리무앙 상송(Raoul Grimoin-Sanson)의 열기구 시네오라마(Le Cinéorama Ballon)의 원형 스크린, 그리고 필름 전체 혹은 중요한 부분에 채색을 했던 초창기 컬러 영화들까지 영화는 재현 대상을 스펙터클한 이미지로 변화시켜 이를 관객의 몸 자체로 쏟아부었던 스펙터클 제조의 테크놀로지였다.[3]

하지만 무성영화 시대와 고전적 할리우드영화 시대를 관통하면서 할리우드 제작사들은 이미지의 스펙터클보다는 이야기를 전달하기에 용이한 정사각형에 가까운 1.23:1 혹은 1.33:1 비율의 프레임을 극영화의 표준으로 구축했다. 결과적으로 이 표준 비율은 2차 세계대전을 지나 1950년대 초반까지 반세기에 가까운 세월 동안 변화하지 않았

---

2 시네마토그라프의 '시각적 스펙터클'을 다룬 초기 영화 시대에 관한 책은 방대하지만, 대표적인 참고 문헌은 다음과 같다. Thomas Elsaesser and Adam Barker eds., *Early Cinema: Space, Frame, Narrative*, London: BFI, 1990; Leo Charney and Vanessa R. Schwartz eds., *Cinema and the Invention of Modern Life*, Berkeley: University California Press, 1995.

3 이에 관해서는 다음의 문헌을 참조했다. Giovanna Fossati, et al., *Fantasia of Color in Early Cinema*, Amsterdam: Amsterdam University Press, 2015; Joshua Yumibe, *Moving Color: Early Film, Mass Culture, Modernism*, New Brunswick, New Jersey, and London: Rutgers University Press, 2012; Siegfried Zielinski, *Audiovisions: Cinema and Television as Entr'actes in History*, Amsterdam: Amsterdam University Press, 1999, pp. 25-104.

다. 1932년 영화예술과학 아카데미(The Academy of Motion Picture Arts and Sciences)는 1.33:1을 가장 "미학적으로 만족스러운(aesthet-ically pleasing)" 비율이라고 공식적으로 선언한 바 있다.[4]

1950년을 지나면서 할리우드 제작사들 사이에서는 영화의 초창기 시대에 시도되었던 와이드스크린 영화의 필요성이 제기되기 시작했다. 이는 서사 중심의 영화를 다시 스펙터클 중심의 영화로 변화시키는 데까지 나아갔다. 1950년대 할리우드에서 시도된 와이드스크린 테크놀로지는 초기 영화 시대와 같이 스크린 크기의 확대만을 의도하지 않았는데, 이는 무엇보다도 관객의 시각 범위를 모두 감쌀 수 있을 정도로 화면의 종횡 비율을 '늘리는' 데 그 목적이 있었다. 찰스 바(Charles Barr)의 설명에 기대자면 1950년대 시네라마(Cinerama)와 시네마스코프(CinemaScope) 등의 와이드스크린 테크놀로지는 당시까지 이미지의 피동적인 향유자 혹은 응시자로서의 관객 그리고 온몸으로 쏟아지는 이미지로 인해 겁에 질려 스크린으로부터 뒤쪽으로 몸을 밀쳤던 관객 혹은 심지어 영화관 밖으로 뛰쳐나간 관객을 반대로 스크린 속으로 끌어당기고자 했던 "관객 참여"를 위한 스크린 테크놀로지였다.[5] 다시 말해 오늘날 디지털 시대에 유행하는 용어로 설명한다면 1950년대 와이드스크린 영화 관람은 3D와 IMAX의 '몰입적 영화 관람'의 계보에 속한다.

그렇다면 와이드스크린 테크놀로지는 어떠한 이유에서, 특히나 1950년대 중반에 들어서 할리우드가 고전적 스타일을 통해 구축한 관

4　John Belton, "CinemaScope and Historical Methodology," *Cinema Journal* 28:1, 1988, p. 26.
5　Charles Barr, "CinemaScope: Before and After," *Film Quarterly* 16:4, 1963, p. 10.

객성의 정치학, 즉 관객과 스크린 사이의 응시자와 응시 대상이라는 이분법적 관계와 이 주체와 거울 이미지라는 소외적 관계를 전복시키는 목적을 가지고 등장해야 했었는가에 대해서 의문을 던져본다.

콜린 루트(Colin Root)의 주장에 따르면 그 이유는 다음과 같다. 할리우드 스튜디오는 1950년 초반부터 급격히 증가한 TV에게 무수히 빼앗긴 관객을, 그리고 도시의 극장에서 멀리 떨어진 도시 외곽으로 이주했던 영화 관객층을 다시 영화관으로 끌어오고자 고심했다. 할리우드는 이를 위한 가장 대표적인 전략으로서 보다 능동적인 즐거움을 선사할 수 있는 "관객 참여(a participatory engagement for the spectator)"적인 영화를 구상했다. 보다 화려한 컬러 그리고 보다 웅장한 사운드 효과가 대안으로 사용되었지만, 기존의 1.33:1 화면 비율을 인간의 수평시야 범위(188도) 이상으로 늘린 '와이드' 스크린의 도입이 가장 새롭고 확실한 '떠나버린 관객' 되찾기의 전략으로 간주되었다.[6] 1950년 단지 300만 1000여 가구가 텔레비전을 소유하고 있었지만, 1957년에는 10배 이상 늘어 텔레비전 소유 가구는 3000만 명 이상이 되었다.[7] 따라서 할리우드는 영화보다는 매우 작지만 동일한 1.33:1 비율의 텔레비전 이미지와 차별적인 그리고 이야기 이상의 것을 관객들에게 선사할 수 있는 것으로서 '몰입형'의 와이드스크린 테크놀로지를 선택했다. 또한 루트에 따르면 당시 2차 세계대전 이후 미국 사회가 국민들에게 요구했던 아메리카니즘(Americanism)의 서사를 전달하기

---

6   Colin Root, "Stretching the Screen: Horizontality, the CinemaScope Film, and the Cold War," *Quarterly Review of Film and Video* 32, 2015, pp. 456–457.
7   Ibid., p. 458.

위해 서부극이 가장 중요한 장르로 떠올랐는데, 개척할 대상, 즉 미국의 영토로 만들어야 하는 광활한 서부를 담아내기에 와이드스크린은 매우 적절한 프레임이었다.[8]

할리우드는 이와 같이 상업적이고 정치적인 목적에서 1953년부터 수많은 와이드스크린 영화를 제작했다. 할리우드 스튜디오는 아나몰픽 렌즈(Anarmorphic lens)와 세트 제작 기술 등의 '관객 몰입적' 영화 이미지의 생산에 필요한 영화제작 테크놀로지를 만들어나갔다. 하지만, 이 새로운 화면 비율을 가지고 영화를 제작한다는 것은 단순히 새로운 영화 테크놀로지로의 전환만을 의미하지 않았다. 그것은 유성영화로의 전환이 영화 쇼트의 분할, 촬영 방식, 배우의 연기, 그리고 편집의 규칙까지 변화시켰던 것과 같이 영화 언어와 미장센의 완전한 변신을 의미했다. 즉, 기존의 표준화면 비율에 적합하게 만들어진 고전적 할리우드 스타일은 더 이상 와이드스크린에 적합하지 않았다. 서사를 전달하기 위한 와이드스크린만의 쇼트 분할 방식과 몰입적인 영화 이미지를 만들어낼 수 있는 새로운 영화 언어를 구축하는 것이 할리우드 스튜디오와 창작자들에게 요구되었다.

1953년부터 1956년까지의 할리우드의 와이드스크린 전성시대를 주도했던 20세기 폭스(Twentieth Century Fox)의 시네마스코프(CinemaScope)는 3D와 유사한 몰입적 영화 경험을 제공할 수 있는 매우 간단한 와이드스크린 기술이었다. 3대의 35mm 카메라와 3대의 영사기를 결합하여 와이드스크린을 구현했던 시네라마(Cinerama)와 달리

---

8 Ibid., pp. 457–458, 462–466.

시네마스코프는 매우 경제적으로 와이드스크린을 구현할 수 있는 기술이었다. 시네마스코프는 기존의 35mm 카메라에 아나몰픽 렌즈를 장착하여 와이드스크린 이미지를 35mm 필름에 압축하여 기록하고, 영사기에 다시 아나몰픽 렌즈를 연결하여 원래의 와이드스크린 크기로 늘리는 방식이었기 때문에, 제작에서뿐만 아니라 상영용 영화 프린트 제작에 있어서 시네라마보다 경제적이고 편리한 와이드스크린 테크놀로지였다. 단, 비용이 많이 들어간 부분은 기존의 1.33:1 포맷의 스크린에 최적화된 극장 설비를 와이드스크린의 몰입형 관람에 맞도록 확장하는 것이었다. 하지만 당시 할리우드 영화 산업은 수직통합 체계가 독과점법 위반으로 이미 해체되었기 때문에, 와이드스크린 영화 상영을 위한 극장 설비의 비용은 당시 불황을 겪고 있었던 할리우드 영화제작사가 심각하게 고려할 부분은 아니었다. 그리고 할리우드의 극장 체인은 와이드스크린 설치비용이 부담스러웠지만, TV에 빼앗긴 관객을 되찾기 위해서는 이 위험을 감수할 수밖에 없었다.[9]

시네마스코프는 화면이 광활하고 몰입적인 영화 경험을 선사한다는 것을 제외하고는 많은 연출상의 제약을 초래했다. 아나몰픽 렌즈는 심도가 낮았기 때문에 이전 1.33:1 표준화면에서 표준으로 자리 잡은 딥 포커스, 트래킹 쇼트, 클로즈업 등 렌즈의 심도를 활용한 영화 언어는 극히 제한되었다. 아나몰픽 렌즈의 특성상 화면 중앙의 사물은 볼

9   1950년대에 등장한 다양한 와이드스크린 테크놀로지와 스크린 설치 비용문제에 관해서는 다음 자료를 참고했다. Herbert E. Bragg, "The Development of CinemaScope," *Film History* 2, 1988, pp. 339–371; Peter Lev, "Technology and Spectacle," in *The Fifties: Transforming the Screen, 1950–1959*, Berkeley and London: University of California Press, 2003, pp. 107–126; Ariel Rogers, *Cinematic Appeals: The Experience of New Movie Technologies*, New York: Columbia University Press, 2013, pp. 19–60.

록하게 부어올랐다. 수평선은 화면 가장자리에서 심하게 왜곡되었다. 또한 가로 방향으로 2배 가까이 늘어난 프레임에 풀 쇼트에서 미디엄 쇼트 그리고 클로즈업 순서로 쇼트를 구성하는 기존의 1.33:1 프레임의 대화 장면 편집 규칙을 미학적인 측면에서, 시공간의 연속성과 사실적인 영화 공간의 구축을 위해서 그대로 적용할 수 없었다. 이 때문에 제작사는 쇼트 크기와 개수를 제약했다. 물론 관객들에게 이러한 이미지의 왜곡은 심각하게 다가오지 않았을 수도 있지만, 자신의 영화 속 이미지를 실제의 자신보다 더 사랑했던 배우들과 미장센의 완성도에 매달렸던 감독과 촬영감독에게는 심각한 문제이자 풀어야 할 과제였다. 새로운 영화 기술의 도입으로 배우, 감독, 촬영감독은 이에 맞는 새로운 영화 언어를 찾아서 보편적인 언어로 정착시켜야 했다.[10]

마셜 되텔바움(Marshall Deutelbaum)은 1953년에서 1965년 사이

〈그림 1〉 **4분할 프레임**(the quartered frame), 〈성의(The Robe)〉(1953).

〈그림 2〉 **중앙 2분할 프레임**(the two central quarters of the frame), 〈성의〉.

에 시네마스코프, 비스타비전(Vistavision), 파나비전(Panavision)으로 제작된 와이드스크린 영화들의 스타일 분석을 통해 와이드스크린 프레임의 화면 구성을 다음 세 가지 유형, 4분할 프레임(the quartered frame), 중앙 2분할 프레임(the two central quarters of the frame), 3/4 분할 프레임(the three quarters of the frame)으로 구분한 바 있다. 되텔바움의 분석에 따르면 이 네 가지 기본적인 유형을 기반으로 당시 와이드스크린 영화들이 쇼트들의 공간적, 시간적 연속성을 구축하여 효과적으로 서사를 전달하고, 관객을 영화 속 공간의 응시자가 아닌 '참여자'로 위치시킴으로써 '몰입감'이라는 와이드스크린 영화의 시각적 효과를 궁극적으로 만들어낼 수 있었다고 한다.[11] 〈그림 1〉의 4분할 프레임과 〈그림 2〉의 중앙 2분할 프레임은 "사실적인" 디제시스 공간을 구축하기 위해 광활한 와이드스크린 프레임을 롱쇼트로 사용할 때 영화적 공간, 인물, 그리고 사물의 균형적인 배치를 위한 가장 기본적인 공식으로 간주되었다.[12] 다시 말해 당시 영화감독들은 기존의 1.33:1의 표준 극영화 화면의 두 배 정도 되는 와이드스크린의 광활한 영화 이미지를 설정 쇼트로 사용할 때 어떻게 화면을 조화롭게 채움으로써 의도했던 바대로 사실적인 디제시스 공간을 만들어낼 것이냐는 문제를 4분할 프레임과 중앙 2분할 프레임을 통해 해결했다. '3/4분할 프레임'은 왼쪽 혹은 오른쪽 3/4 부분에 중심이 되는 대상을 넣고,

---

10 시네마스코프가 야기한 이와 같은 연출상의 제약들에 대해서는 다음 자료를 참조했다. David Bordwell, "CinemaScope: The Modern Miracle You See Without Glasses," in *Poetics of Cinema*, New York & London: Routledge, 2008, pp. 290–301.
11 Marshall Deutelbaum, "Basic Principles of Anamorphic Composition," *Film History* 15, 2003, pp. 72–80.
12 Ibid., pp. 73–74.

나머지 1/4은 빈 공간으로 남겨두는 화면 구성 방식이다. 〈그림 3〉에서 〈성의〉의 주인공 마르셀리우스가 연인 다이애나를 만나는 장면에서 3/4분할 프레임이 사용되었다. 이 둘의 시선의 교차, 어두운 조명, 그리고 좌, 우측 3/4분할 프레임의 교차 사용으로 이 둘이 같은 공간에 있음을 말해주고 있다. 이처럼 와이드스크린의 3/4분할 프레임은 시선, 몸의 방향, 동일한 분할 프레임 사용, 그리고 동일한 미장센의 구성을 통해 인물 사이의 감정 교류를 공간적 연속성을 유지하면서 보여준다. 즉 고전적 할리우드의 언어에 비교하자면, 이는 매칭 커트를 구성하는 기본 틀로 사용되었다.

〈그림 3〉 **좌측, 우측 3/4 분할 프레임**(the three quarters of the frame).

이와 같은 광활하고, 왜곡이 심하고, 화면 연출의 제약을 많이 가지고 있는 '아나몰픽' 렌즈의 특수성을 고려한 분할 방식은 시네마스코프 영화의 '서사' 전달을 위한 표준 언어로 정착되었다. 당시 시네마스코프 영화를 연출할 때 감독과 촬영감독들은 이미지의 왜곡을 피하기 위해서 롱쇼트를 제외하고는 인물의 정면을 화면 중앙에 배치하지 않았다. 이러한 이유로 세 가지 유형의 아나몰픽 화면 분할 방식에서 공통적으로 볼 수 있듯이 인물들은 모두 화면 중앙 좌우에 배치되었다.

이미지의 왜곡을 피하기 위해 구축된 이러한 프레임 분할 방식은 이후 1961년 이미지의 왜곡이 거의 없었던 파나비전(Panavision) 아나몰픽 렌즈의 등장과 함께 연출상의 제약이 모두 해결되었음에도 불구하고 여전히 와이드스크린 영화의 표준 문법으로 남았다.[13] 이는 시네마스코프가 주도했던 할리우드의 와이드스크린 영화 시대에 구축된 프레임 분할 방식은 궁극적으로 영화적 공간의 사실성과 연속성을 유지하면서 몰입적 스펙터클을 전달하기 위한 스토리텔링의 기법이었기 때문이다.

시네마스코프가 주도했던 시기(1953~56)의 할리우드 와이드스크린 영화는 앞서 언급한 프레임 분할 방식을 기본으로 삼아 몰입적인(immersive) 스펙터클을 만들었다. 특히 이 몰입적 스펙터클은 관객에게 응시자의 느낌이 아닌 영화 속 공간의 참여자라는 환상을, 즉 영화 속 공간에 관객이 존재하고 영화 속 인물과 함께 있다는 가상적 느낌을 제공하는 것을 목적으로 했다. 시네마스코프가 구축한 몰입형 스펙터클은 크게 다음 네 가지 유형, 좌우측 1/4 프레임 구도, 앙각 구도, 사선 구도, 정면 구도로 구분할 수 있다.

첫째, '좌우측 1/4 프레임 구도'는 좌측 혹은 우측으로 인물과 사물

---

13 David Bordwell, op. cit., p. 289.

을 이동함으로써 관객들에게 영화적 공간에 있다는 몰입적 스펙터클을 전달하는 방식으로써, 이는 시네마스코프 스크린이 일반적인 평평한 스크린과 달리 좌우가 객석을 향해 굴곡진 형태였기에 이를 위해 고안된 입체적 구도였다.

〈그림 4〉 〈성의〉의 좌측 1/4 프레임 공간의 입체적 사용 예.

〈그림 5〉 〈성의〉의 우측 1/4 프레임 공간의 입체적 사용 예.

〈그림 4〉에서처럼 최초의 시네마스코프 영화인 〈성의〉(1953)는 의도적으로 스크린의 굴곡진 부분으로 로마 군사의 행렬을 향하게 함으로써, 관객이 마치 행렬을 보고 있는 군중의 한 명이 된 것 같은 느낌을 만들었다. 〈그림 5〉에서와 같이 이는 속도감 있는 대상을 측면으로 향하게 함으로써 몰입감과 함께 속도의 스펙터클을 강화시키는 스토리텔링의 시각적 방법이었다. 또한 1/4 프레임 구도는 〈그림 6〉이 보여주듯이 몰입적 효과의 일부분으로, 관객이 영화의 주인공과 함께 있다는

〈그림 6〉 〈성의〉의 우측 1/4 프레임의 입체적 사용 예.

〈그림 7〉 입체적 화면 구성을 위한 시네마스코프의 사선구도, 〈애욕과 전장(Battle Cry)〉(1955).

'참여'의 느낌을 구축하는 데도 적극적으로 활용되었다.

둘째, 앙각 구도와 사선 구도는 앞서 설명했듯이 초점 심도가 낮은 아나몰픽 렌즈로 화면의 깊이감을 높여 화면의 사실성과 입체감을 높이기 위해 시네마스코프 영화가 적극적으로 활용한 '몰입감' 기법이다. 〈그림 7〉에서처럼 카메라의 위치가 불가능한 경우에는 인물과 가구를 의도적으로 사선으로 배치하여 인공적인 깊이감을 만들어내기도 했다.

마지막으로 정면 구도는 앞의 구도들과 마찬가로 화면의 입체감을 높여 관객이 영화 공간 안에 있다는 '참여'의 느낌을 만들어내기 위해 사용되었는데, 이 경우는 주로 광활한 평야 혹은 드넓은 광장과 같은 공간의 입체감을 구축하는 데 사용되었다. 〈그림 8〉에서 왼쪽에 있는 병사들이 점점 화면 중앙 아래로 이동하는데, 여기서 정면 구도는 군대가 중앙으로 다가올수록 관객에게 자신이 이 행렬을 그곳에서 보

〈그림 8〉 정면 구도의 예.

〈그림 9〉 〈백만장자와 결혼하는 법(How to Marry a Millionaire)〉(1953).

고 있다는 느낌을 더욱 강하게 전달하는 것을 의도했었다. 또한 정면 구도는 〈그림 9〉에서처럼 넓고 양옆이 굴곡진 시네마스코프 스크린을 마릴린 먼로(Marilyn Monroe)의 길쭉한 신체로 꽉 채움으로써, 주인 공과 관객의 직접적 '접촉의 즐거움(the pleasures of contact)'을 전달하려는 목적으로 사용되었다.[14]

시네마스코프 영화는 심도가 낮고 이미지 균질성이 좋지 않았던 아나몰픽 렌즈를 가지고 이전과 같은 방식으로 쇼트 사이의 자연스러운 전개를 통해 서사를 전달하고 동시에 의도했던 몰입적 영화 체험을 실현하기 위해 위와 같은 프레임 분할과 몰입감 생성 구도를 주된

14 '접촉의 즐거움'은 몰입형 영화 보기 테크놀로지로서의 시네마스코프의 특성을 설명하기 위해 에리얼 로저스(Ariel Rogers)가 제안한 개념이다. 이에 대해서는 로저스의 책을 참고할 것. Ariel Rogers, op. cit., pp. 55–60.

언어로 사용하였다. 물론 이와 같은 시네마스코프 효과가 얼마나 의도
했던 대로 참여적 영화 관람을 만들어냈는가라고 물을 수 있을 것이
다. 이에 대해 와이드스크린 영화를 탐구해온 존 벨튼(John Belton)은
매우 회의적이다. 그에 따르면 시네마스코프는 관객 참여적 영화 체험
을 선사하기는 했지만, 그것은 여전히 실체가 있지 않은 가상적인, 다
시 말해 관객을 "프로그램된 자극과 반응에 몰아넣는" 거짓된 혁신이
었으며, 따라서 영화란 무엇인가를 뒤바꿀 정도로 혁명적인 기술은 아
니었다.[15] 물론 벨튼의 이와 같은 주장은 와이드스크린 영화의 생산에
도 불구하고 1957년부터 급격히 줄어든 영화 관객을 고려한다면 한편
으로 적절한 해석이다. 기술적으로 그리고 완성도의 측면에서 시네마
스코프 중심의 와이드스크린 영화는 몰입적인 영화 관람을 만들어내
기에 역부족이었을지도 모른다. 하지만 이 시대 TV라는 새롭게 등장
한 매체와의 경쟁에서, 영화 매체가 문화산업의 헤게모니를 잃지 않기
위한 목적에서 영화 자체를 정보와 이야기 중심의 TV와 다른 유형의
매체로 변화시키기 위해 웅장한 스펙터클과 이를 통한 관객 참여적 영
화 관람을 전략적으로 사용했다는 것은 영화 관람의 역사를 이해하
는 데 의미하는 바가 크다. 영화 관람은 영화의 역사 속에서 매우 한정
적인 부분으로 간주되었다. 많은 부분 영화비평의 측면에서 다루어졌
을 뿐이다. 이러한 관점에서 본다면 시네마스코프 중심의 와이드스크
린 영화 시대의 시작, 즉 새로운 서사 중심에서 스펙터클 중심으로의
전환 그리고 몰입적이라는 새로운 영화 이미지의 질서의 등장이 이전

---

15 John Belton, *Widescreen Cinema*, Cambridge, Mass: Harvard University Press, 1992, p. 210.

처럼 영화 창작자가 아닌 영화 관람 방식의 변화, 즉 영화 이미지와 관객의 상호 소통 방식의 변화로부터 촉발되었다는 점에서 이 시기 시네마스코프 테크놀로지의 의의를 찾을 수 있을 것이다.

3. 한국 시네마스코프 영화의 몰입적 스토리텔링

1955년 20세기 폭스가 제작한 세계 최초의 시네마스코프 영화 〈성의(The Robe)〉(1953)와 MGM의 시네마스코프 영화 〈원탁의 기사(Knights of the Round Table)〉(1953)가 개봉하면서 한국에서도 관객 참여적 영화 관람 방식이 도입되기 시작했다.[16] 당시 이 영화들의 상영 광고를 들여다보면 할리우드가 시네마스코프를 이전과 차별화된 '참여적' 영화 관람으로 선전하기 위해 사용한 광고 전략이 거의 그대로 사용되었음을 알 수 있다. 당시 미국의 영화잡지들에 실렸던 시네마스코프 영화관 내부 장면이나 설계도면만큼이나 구체적이고 자세하지는 않았지만, 〈원탁의 기사〉와 〈성의〉의 국내 광고는 매우 인상적으로 시네마스코프의 곡면 스크린과 이를 본떠 만든 '시네마스코프' 마크를 거의 규칙처럼 사용했다. 이 시네마스코프 이미지 주변에는 항상 '입체감' '압도적인 와이드스크린' '임장감(臨場感, participatory or immersive)'과 같은 수식어들이 붙어다녔다. 영화평에서는 뒤늦은 시네마스코프 영화의 수입을 아쉬워했지만, 시네마스코프의 압도적인 와이드스크린이 전달하는 입체적 스펙터클로 느끼게 될 "새로운 경

---

16 "〈원탁의 기사〉 상영 광고", 《경향신문》, 1955년 6월 29일자 4면; "〈성의〉 영화 광고", 《경향신문》, 1955년 8월 2일자 3면.

〈그림 10〉〈원탁의 기사〉 신문 영화 광고에 함께 실린 시네마스코프 장치 광고,
《경향신문》, 1955년 6월 29일자 4면.

이"를 강조하는 표현이 넘쳤다.[17] 와이드스크린 영화의 상영은 와이드
스크린 영화 상영 시설을 갖춘 영화관이 늘어나면서, 그리고 시네마
스코프 영화가 제작되면서 지속적으로 늘어갔다. 예를 들어 1962년
스카라 극장은 70mm 영화 상영 시설을 갖추었으며, 1962년 신상옥
의 시네마스코프 영화 〈성춘향〉의 성공으로 "옛영화"를 시네마스코프
로 리메이크하는 흐름이 조성되었다.[18]

할리우드 초기 시네마스코프 영화가 볼거리를 강조하기 위한 목적
에서 주요 영화 관객층에게 익숙한 서사를 담고 있는 서부극과 고대
시대극으로 눈을 돌렸던 것과 마찬가지로, 초창기 한국 시네마스코프
영화 역시 시네마스코프 스펙터클을 적극 활용하기 위해 많이 알려진

---

17 "〈원탁의 기사〉(시사회 평)", 《경향신문》, 1955년 6월 29일자 4면; "70밀리 시대", 《동아일보》,
1962년 8월 25일자 5면.
18 "옛영화 제작 붐", 《동아일보》, 1961년 9월 30일자 4면.

이야기 혹은 그러한 이유로 여러 번 영화로 제작된 이야기를 다루었다. 한국 최초의 시네마스코프 영화 〈생명〉(이강천, 1958)은 해방 이후 조선일보 연재소설로 인기를 끌었던 김말봉 작가의 〈생명〉이 원작이었다. 1961년 대표작 〈상록수〉(신상옥, 1961), 〈성춘향〉(신상옥, 1961), 〈춘향전〉(홍성기, 1961), 〈연산군〉(신상옥, 1961), 〈폭군연산〉(신상옥, 1962) 모두 대부분의 영화 관객들에게 익히 알려진 이야기였다.

이 시기의 '옛 이야기' 시네마스코프 작품을 분석하면, 이들 작품이 시네마스코프 효과를 전달하기 위해 매우 정확히 할리우드의 시네마스코프 화면 분할 방식을 따르고 있음을 알 수 있다. 〈춘향전〉에서 이도령과 춘향이 서로 이별을 하는 장면에서 볼 수 있듯이(〈그림 11〉), 가장 표준적으로 사용된 시네마스코프 롱쇼트인 '4분할 프레임'이 매우 규칙적으로 초창기 한국의 시네마스코프 영화들에서 전체 인물들을 보여줄 때 사용되었다. '중앙 2분할' 프레임은 특히 할리우드 시네마스코프 영화 속에서 광활한 프레임을 채우려는 목적에서 문, 감옥, 창문, 기둥과 같은 구조물 안에 인물을 배치할 때 사용되었다. 특히 〈그림 12〉에서 볼 수 있듯이 〈춘향전〉에서는 이러한 화면 속 프레임 기법이 적극적으로 활용되었는데, 이는 넓은 공간을 채우고 목적한 대로

〈그림 11〉 4분할 프레임, 〈춘향전〉(1961).

〈그림 12〉 **중앙 2분할 프레임, 〈춘향전〉.**

새로운 상황을 전개하기 위한 '설정 쇼트'로 사용되었다. 〈춘향전〉에서는 측면(좌측, 우측) 3/4분할 프레임이 매우 정확하게 대화 장면, 즉 서사 전달의 도구로서 사용되었다. 〈그림 13〉에서처럼 이도령과 춘향의첫 만남 장면은 정확한 좌측, 우측 3/4분할 프레임의 교차 배열을 통해 전개되는데, 여기서 앞서 〈성의〉의 〈그림 3〉에서 설명한 바처럼 이도령과 춘향의 시선 방향과 시선의 교환이 두 공간 사이의 공간적 연속성을 만들어내는 장치이자, 서사를 전달하는 도구로 사용된다.

〈그림 13〉 **좌측, 우측 3/4분할 프레임, 〈춘향전〉.**

〈그림 14〉 좌측, 우측 3/4분할 프레임, 〈연산군〉(1961).

신상옥은 대표적인 시네마스코프 영화 〈상록수〉 〈연산군〉 〈폭군연산〉에서 이러한 할리우드 시네마스코프 화면 분할 방식을 매우 정확하게 따랐는데, 특히 신상옥은 측면 3/4분할 프레임 구도를 더욱 인물에 근접하여 사용하여 서사 전달의 도구이자 스펙터클을 강조하는 방식으로 사용하였다. 이러한 측면에서 본다면 신상옥의 측면 3/4분할 프레임 사용이 할리우드의 시네마스코프 3/4분할 프레임과 보다 닮아 있다고 할 수 있다.

위의 〈연산군〉과 〈춘향전〉의 대화 장면과 설정쇼트의 분석에서 볼 수 있듯이, 이 시기 한국의 시네마스코프 영화의 대부분은 정확히 할리우드가 구축한 아나몰픽 분할 프레임 규칙을 따랐다. 이는 그 본래 목적대로 입체적, 즉 시네마스코프 영화 관람의 본질인 '몰입적' 영화 관람의 효과를 구축하기 위한 배경설명 혹은 이야기 전달의 도구였다.

〈춘향전〉과 〈연산군〉를 포함하여 〈상록수〉와 〈폭군연산〉 등의 초창기 시네마스코프 영화들은 관객에게 실제로 영화 공간 안에 있는 듯한 입체적 스펙터클을 전달하기 위해 기본적으로 할리우드 시네마스코프 영화의 네 가지 유형의 몰입형 스펙터클 구조를 매우 충실하게 따랐다. 우선, 〈춘향전〉에서 홍성기 감독은 남루한 행색의 이몽룡이 변학도의 생일날이자 심청의 처형 날에 찾아와 술 한 잔을 마신 후 백성을 핍박하는 변학도를 꼬집는 시를 한 수 남기고 떠나는 장면에서 변학도가 춘향의 처형을 명령하는 순간까지를 긴 롱테이크로 보여주었는데, 이는 마치 관객이 그 장소의 한 인물이 되어 지켜보고 있는 듯한 '몰입적' 감정을 주기 위한 목적이었다. 이몽룡이 암행어사로 출두하여 도망가는 변학도와 그 무리들을 포박하는 춘향전 이야기의 가장 극적이고 스펙터클한 장면에서, 몰입형 스펙터클의 화면 구도가 앞의 〈성의〉의 경우와 같은 방식으로 전개된다. 특히 〈그림 15〉에서처럼 기마병과 포졸들이 신속하게 화면 좌우를 가로지르며 변학도와 그 무리들을 포박하는

〈그림 15〉 측면 1/4 프레임 공간의 입체적 사용, 〈춘향전〉.

부분에서 홍성기 감독은 좌우측 측면 공간을 적극적으로 활용하여 입체적 스펙터클을 만들어내는 '좌우측 1/4 프레임 구도'를 사용했다.

〈연산군〉과 〈폭군연산〉에서도 이러한 측면 프레임을 향한 인물과 병사의 움직임을 배치하여 입체적 스펙터클을 구현하는 장면이 등장하지만, 특히 신상옥의 영화에서 주목할 점은 〈성의〉의 첫 장면들이 이러한 입체감을 구현하는 장면들로 시작했던 것처럼 영화 초반에 입체적 스펙터클을 배치하는 점이다.

〈그림 16〉에서처럼 〈연산군〉의 첫 장면은 말을 타고 사냥을 즐기는 연산군의 모습을 우측 1/4 프레임 구도에 담아 입체적으로 보여준다. 이러한 장면들이 영화 초반에 등장하는 것은 〈성의〉에서처럼 할리우드가 규칙처럼 사용했던 시네마스코프 영화의 시작 방식이었다. 즉, 이는 서사보다는 입체적 스펙터클로 관객을 즐겁게 하는 영화라는 시네마스코프 영화의 속성을 처음부터 각인하는 방식이었다. 이러한 경향이 〈연산군〉에서 철저히 유지되고 있다는 것은 당시 한국 시네마스코프 영화들이 얼마나 충실히 할리우드 시네마스코프의 흥행 전략을 따르고 있었는지를 시각적으로 보여주고 있다. 특히 사선 구도와 양각 구도에 의한 입체적 화면 구성은 신상옥의 영화에서 두드러지게 나타난다.

〈그림 16〉 측면 1/4 프레임 공간의 입체적 사용, 〈연산군〉.

〈그림 17〉 입체적 화면 구성을 위한 사선 구도, 〈상록수〉(1961).

〈그림 18〉 입체적 화면 구성을 위한 앙각 구도, 〈연산군〉.

〈그림 17〉에서 볼 수 있듯이 〈상록수〉〈연산군〉〈폭군연산〉에서 신상옥은 거의 대부분의 장면을 이 사선 구도로 포착하여 보여주거나, 〈그림 18〉에서와 같이 깊이감을 더욱 강조하기 위해 앙각 구도를 결합하기도 했다.

입체감과 인물과의 접촉의 즐거움을 전달하는 구도로 사용된 정면 구도 역시 이들 영화에서 찾아볼 수 있다. 〈춘향전〉에서는 특히 정면 구도가 '관객 참여적' 느낌을 구현하는 도구로 종종 사용되었다. 홍성기 감독은 변학도의 행렬이 마을에 도착하는 장면에서 이 구도를 롱테이크로 담아 효과적으로 사용했다. 〈그림 19〉에서 볼 수 있듯이, 변학도의 긴 행렬은 처음에 화면 왼쪽 중간에 있는 길 끝에서 작은 이미지로 시작된다. 이 행렬은 오른쪽 프레임으로 갈수록 점점 커다란 이미지로 보인다. 그리고 오른쪽으로 지나간 이 행렬은 몇 초 후에 다시 보다 확대

〈그림 19〉 〈춘향전〉의 정면 구도의 예.

된 크기로 화면을 오른쪽에서 왼쪽으로 가로질러 간다. 롱테이크로 전
개되는 이 장면에서 변학도 행렬은 초반에 뤼미에르의 영화 〈시오타 역
에 도착하는 열차〉에서 객석을 향해 달려오면서 점점 커지는 '이미지
열차'처럼 놀라움의 효과를 관객에게 전달해주지만, 후반에 가서 화면
을 우측에서 좌측으로 가로지르는 부분에서는 속도의 놀라움이 아닌,
마치 거기에 함께 있는 듯한 '현존'이라는 놀라움을 관객에게 전달한다.

관객과 주인공의 가상적 접촉을 구현하는 방식으로 사용된 몰입형
'정면 구도'는 〈춘향전〉 〈상록수〉 〈연산군〉 그리고 〈폭군연산〉에서 공

〈그림 20〉 〈춘향전〉의 '정면 구도에서 접촉의 즐거움' 효과의 예.

통적으로 사용되었는데, 〈춘향전〉에서는 옥에 갇히면서까지 이몽룡을
향한 일부종사를 지키는 모습에 사용하였다(〈그림 20〉). 〈상록수〉에서
'정면 구도'는 병약해진 영신의 모습을 관객이 함께하고 있다는 느낌
을 전달하기 위해 사용되었다(〈그림 21〉). 〈연산군〉과 〈폭군연산〉에서도
이러한 관객과 주인공의 접촉으로서의 정면 구도가 등장한다. 하지만
〈그림 22〉와 〈그림 23〉에서 볼 수 있듯이 이 두 편에서는 보다 선정적
인 분위기가 더해져, '훔쳐보기'의 형태로 접촉의 즐거움을 전달하는
도구로 사용되었다.

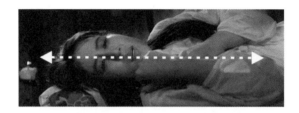

〈그림 21〉 〈상록수〉의 '정면 구도에서 접촉의 즐거움' 효과의 예.

〈그림 22〉 정면 구도에서 접촉의 즐거움, 〈폭군연산〉(1962).

〈그림 23〉 사선의 정면 구도, 〈연산군〉.

4. 나오며

지금까지 한국 시네마스코프 초창기 작품들이 얼마나 할리우드의 시네마스코프의 화면 분할 방식과 몰입적 구도를 충실하게 따르고 있었는지를 보여주기 위해, 〈상록수〉〈연산군〉〈폭군연산〉 그리고 〈춘향전〉에 사용된 세 가지 유형의 아나몰픽 화면 분할 방식과 네 가지 유형의 몰입형 화면 구도를 분석하였다. 물론 한정된 작품 분석과 특정 감독의 작품이 비중이 높았다는 점이 좀 더 보완되어야 하는 지점이지만, 이들 작품은 무엇보다도 당시 시네마스코프 제작 붐의 결과였다는 점에서 이 시대 한국 시네마스코프 영화의 경향을 대표할 수 있을 것이다. 이러한 비교 분석과 영화 테크놀로지에 대한 비평적 접근을 시작으로, 우리는 다음과 같이 한국영화사 연구를 기술 중심적인 물음을 통해 접근하여 연대기적 이해를 넘어 다층적 관점에서 한국영화를 다시 접근할 수 있을 것으로 기대한다. 당시 1960년대 한국영화의 산업, 문화 그리고 형식의 발전에 있어서 시네마스코프 영화 기술 도입과 제작은 어느 정도로 중요했는가? 어떠한 극장들이 이러한 시네마스코프 영화를 보다 완전한 형태로 상영하기 위해 설비를 개선해나갔는가? 시네마스코프 전용 극장에서 영화를 본 관객들의 반응은 어떠했는가? 서사 중심이 아닌 스펙터클 중심의 영화 체험이라는 새로운 관람의 질서가 영화 보기의 즐거움의 하나라는 인식이 어느 정도로 동시대 관객들에게 자리 잡고 있었는가?

참고문헌

신문 및 잡지

《경향신문》《동아일보》 등 각 기사

논문 및 단행본

Barr, Charles, "CinemaScope: Before and After," *Film Quarterly* 16:4, 1963.

Bazin, André, *André Bazin's New Media*, Berkeley: University of California Press, 2014.

Belton, John, "CinemaScope and Historical Methodology," *Cinema Journal* 28:1, 1988.

_____, *Widescreen Cinema*, Cambridge, Mass: Harvard University Press, 1992.

Bordwell, David, *Poetics of Cinema*, New York & London: Routledge, 2008.

Bragg, Herbert E., "The Development of CinemaScope," *Film History* 2, 1988.

Charney, Leo and Vanessa R. Schwartz eds., *Cinema and the Invention of Modern Life*, Berkeley: University California Press, 1995.

Deutelbaum, Marshall, "Basic Principles of Anamorphic Composition," *Film History* 15, 2003.

Elsaesser, Thomas and Adam Barker eds., *Early Cinema: Space, Frame, Narrative*, London: BFI, 1990.

Fossati, Giovanna et al., *Fantasia of Color in Early Cinema*, Amsterdam: Amsterdam University Press, 2015.

Lev, Peter, *The Fifties: Transforming the Screen, 1950–1959*, Berkeley and London: University of California Press, 2003.

Rogers, Ariel, *Cinematic Appeals: The Experience of New Movie Technologies*, New York: Columbia University Press, 2013.

Root, Colin, "Stretching the Screen: Horizontality, the CinemaScope Film, and the Cold War," *Quarterly Review of Film and Video* 32, 2015.

Yumibe, Joshua, *Moving Color : Early Film, Mass Culture, Modernism*, New Brunswick, New Jersey, and London : Rutgers University Press, 2012.

Zielinski, Siegfried, *Audiovisions : Cinema and Television as Entr'actes in History*, Amsterdam : Amsterdam University Press, 1999.

영화

〈백만장자와 결혼하는 법(How to Marry a Millionaire)〉(장 네그레스코, 1953)

〈상록수〉(신상옥, 1961)

〈성의(The Robe)〉(헨리 코스터, 1953)

〈애욕과 전장(Battle Cry)〉(라울 월쉬, 1955)

〈연산군〉(신상옥, 1961)

〈춘향전〉(홍성기, 1961)

〈폭군연산〉(신상옥, 1962)

1960년대
'지방' 상설극장 개관의 역사성 *

위경혜

* 이 글은 2017년 역사문화학회에서 발간한 《지방사와지방문화》 제20권 2호에 실린 논문을 수정한 것이다.

1. 들어가며

한국전쟁 이후(약칭 '전후') 흥행업계의 재건 바람은 신설 상설극장(약칭 '극장')의 급격한 증가로 나타났다. 1958년 150개였던 극장의 숫자는 1959년 200여 개를 넘어서[1] 1961년 302개를 거쳐 1965년에 이르러 529개로 폭발적으로 늘어났다. 하지만 극장의 증가 추세는 도시와 비도시(非都市) 간 차이를 비롯해 서울을 제외한 통칭 '지방'으로[2] 일컫는 지역에 따라서 개관 시기와 규모 등 다양한 양상을 보였다.

서울을 포함한 대도시 신설 극장이 1950년대 중후반부터 등장했다면, 행정상 군읍(郡邑)을 포함한 비도시는 1960년대 초중반 집중적으로 자신의 존재를 드러냈다. 경기도와 강원도 등 일부 지역 주민들은 1960년대 후반 심지어 1970년대에 이르러서야 극장을 만나는 경우도 있었다.[3] 시차를 보이면서 등장한 전국의 극장 숫자보다 주목할 사실은 영화 소비와 관람 주체인 관객의 지역적 분포였다. 1960년대 초반

---

1 김동호 외, 『한국영화 정책사』, 나남출판, 2005, 159쪽. 1895년 인천의 애관을 필두로 등장한 한국의 근대 극장은 일제강점기 주요 도시에서 개관했으며, 해방과 한국전쟁기 동안 드물게 문을 열었다. 1978년 기준 현재 영화진흥공사가 발표한 기록에 따르면, 1970년대 후반까지 개관한 전체 561개 극장 가운데 한국전쟁 이전에 문을 연 극장은 30개에 불과했다. 전체의 5.3%에 그치는 수준이었다. 하지만 극장 비율은 1954년부터 1950년대 말까지 23.2%를 차지하고 1960년대에 이르러 54.5%를 차지하면서 폭발적으로 증가했다. 이에 대해서는 다음을 참고. 위경혜, 「1950년대 중반~1960년대 지방의 영화 상영과 '극장가기' 경험」, 중앙대학교 첨단영상대학원 박사학위논문, 2010, 14~15쪽.
2 이 글에서 작은따옴표를 사용하여 '지방'으로 표기한 것은 지방이라는 개념어를 둘러싼 통상적 오해를 고려한 것이다. 고석규의 주장에 따르면, 지방은 '지역'과 다르게 '중앙을 상대로 한 수직적 공간 개념으로서 국가 단위에 귀속되지만' 동시에 일정한 지역을 가리키면서 서울의 종속에서 벗어난다. 또한 '지방은 다양한 목적에 따라 그것의 단위가 달라지기 때문에' 지방사 연구는 전체 문화를 구성하는 개체로서 다양성 충족과 전체와의 관계적 관점에서 의의를 지닌다. 역사문화학회 엮음, 『지방사연구입문』, 민속원, 2008, 11~26쪽. 이 글에서 '지방'의 범주는 비(非)서울과 비(非)도시 모두를 포함한다.
3 1977년 기준 현재 도별(道別) 군(郡) 단위 전체 상설극장 219개 가운데 1950년대(29개)와 1960년대(127개)에 개관한 극장이 다수를 차지하지만 1970년대(63개) 영업을 시작한 극장 숫자도 만만치 않았다. 위경혜, 위의 글, 16~17쪽.

까지도 한국사회에서 1차 산업의 비율은 여전히 높았고, 중반에도 도시 인구 비율은 전체 인구의 절반에 미치지 않았다.[4] 당대 영화를 관람할 수 있는 인구는 대도시보다 중소도시 그리고 비도시에 더욱 많았던 것이다.

1960년대 초반 영화법 제정 이전까지 지방에서도 영화를 제작했으며, 필름 간접 배급 시기에 영화의 흥행과 성패를 좌우한 흥행사가 대부분 지역 극장 관주(館主)를 겸한 사실 역시 '지방의 극장'에 대한 관심을 제고시킨다. 또한 극장은 그것이 자리한 장소를 둘러싸고 생활세계의 다양한 경험이 펼쳐지는 곳이라는 점에서 지역민과 불가분의 관계를 형성하였다. 무엇보다도 전후 극장의 괄목할만한 증가는 반공 이념에 기반을 둔 문화냉전의 맥락에서 이뤄진 점에서 해당 시기 극장의 역사적 성격에 대한 주목을 요한다.

이러한 사실을 고려하여 극장에 대한 역사 서술은 서울이 아니라 비(非)서울과 비도시를 중심으로 재설정할 필요성이 증대된다. 전후 지역 극장에 관한 연구는 지난 10여 년 동안 광주를 비롯해 전남, 강원, 인천 그리고 대전을 포함한 충남 일부 소도시 등지를 아우르며 지속적으로 제출되고 있다.[5] 이들 연구는 전후 지역 도시의 지리적 특징(평야와

---

4 위경혜, 앞의 글, 17~18쪽.
5 지역 극장문화와 관련하여 기존의 연구는 다음과 같다. 위경혜, 『광주의 극장 문화사』, 도서출판 다지리, 2005; 위경혜, 『호남의 극장문화사: 영화 수용의 지역성』, 다할미디어, 2007; 위경혜, 「한국전쟁이후 1960년대 비도시 지역 순회 영화 상영: 국민국가 형성과 영화산업의 발전」, 《지방사와지방문화》 제11권 2호, 역사문화학회, 2008, 267~305쪽; 위경혜, 「1950년대 중반~1960년대 지방의 영화 상영과 '극장 가기' 경험」, 중앙대학교 첨단영상대학원 박사학위논문, 2010; 위경혜, 「한국전쟁 이후 극장 문화 로컬리티(locality): 강원도 도시를 중심으로」, 《대동문화연구》 제77집, 성균관대학교 동아시아학술원 대동문화연구원, 2012a, 543~581쪽; 위경혜, 「군민(軍民) 협동과 영화 상영: 강원도 '군인극장'」, 《대중서사연구》 제20권 1호, 대중서사학회, 2014, 239~272쪽; 위경혜, 「인천의 극장 문화: 한국전쟁이후~1960년대를 중심으로」, 《한국극예술연구》 제53집, 한국극예술학회, 2016, 45~88쪽; 위경혜, 「극장 문화의 지역성 —한국전쟁 이후 대전을 중심으로」, 《순천향 인문과학논총》 제36권 제2호, 순천향대학교 인문학연구소,

산간 및 해안 지역 등)과 사회문화적 배경(한국전쟁과 군사도시, 교통도시 그리고 전쟁 이주민 등)을 비롯한 사회 구조 변동 등을 고려하여 극장문화의 독자성을 분석한 점에서 유의미한 성과물이다. 또한 극장문화의 지역성(locality)에 천착한 이들 연구는 서울을 중심으로 전개된 역사 서술의 일반화에 도전한 점에서 고무적이다. 하지만 선행 연구는 지역 간 극장문화의 변별성을 넘어서 1960년대 전체 사회 극장문화의 유기적 연관성과 보편성에 대한 논구를 일정 부분 결여하고 있다.

따라서 기존 연구를 비판적으로 재검토하여 전후 비도시까지 들어선 극장의 역사적인 의미를 재구성하여 그에 대한 논의를 심화시키고 문제의식을 확장해야 한다. 특히 그간의 연구에도 불구하고 전후 부산과 대구 등 한국전쟁과 깊은 연관을 맺은 도시에 대한 연구는 부재에 가까운 실정이다.[6] 한국전쟁을 계기로 전재민의 급격한 유입과 신설 극장의 급증 그리고 현지에서의 영화 제작이 두드러진 점에서 이들 지역에 대한 연구는 절대적으로 요청된다. 이러한 사실을 고려하여 이 글은 숫자와 규모면에서 서울에 버금가는 비중을 차지한 경상도 주요 도

2017, 91~124쪽. 이와 같이 지방 극장을 둘러싼 다양한 문화적 실천에 대한 연구는 10여 년 이전부터 시작되었다. 이에 비하여 1950년대 서울의 극장 공간에 관한 연구는 최근의 일이다. 이에 대해서는 다음을 참고. 이지윤, 「1950년대 극장 공간 재편에 대한 일고찰: 극장 지정좌석제 논란을 중심으로」, 《대중서사연구》 제22권 제2호, 대중서사학회, 2016, 203~231쪽; 이지윤, 「자본주의적 선진 문화공간으로서의 1950년대 극장 연구: 1950년대 중후반 서울 개봉관을 중심으로」, 중앙대학교 첨단영상대학원 박사학위논문, 2017.

6   전후 대구와 부산의 극장 문제를 직접적으로 다룬 연구 성과물은 2017년 현재까지 부재한 상황이다. 다행히 영화의 제작과 배급 그리고 영화사를 다룬 연구가 존재하여 이들 지역에 대한 이해에 기여한다. 하지만 그것도 대구에 한정된다. 이에 대해서는 다음을 참고. 안재석, 「대구 경북 지역의 영화 배급사 연구」, 《현대영화연구》 13권 1호(통권 26호), 현대영화연구소, 2017, 67~94쪽; 정종화, 「대구 지역 영화사: 1950년대를 중심으로」, 《영상예술연구》 1권, 영상예술학회, 2001, 207~225쪽; 정종화, 「한국영화 성장기의 토대에 대한 연구: 동란기 한국영화 제작을 중심으로」, 중앙대학교 첨단영상대학원 석사학위논문, 2002; 이순진, 「중심의 해체와 복원: 1950년대 대구지역 영화사를 중심으로」, 2011년 한국영상자료원 한국영화사연구소 심포지엄 "한국영화사연구와 로컬리티" 자료집, 한국영상자료원, 2011, 25~46쪽.

시의 극장문화 연구를 위한 중간 점검의 의미 역시 지닌다.

다시 말하여 이 글은 한국전쟁이라는 역사적 사건이 초래한 대중문화 공간으로서 극장의 변화와 그에 따른 영화의 위상을 비롯한 영화와 사회의 역사성(historicity)을 이해한다. 또한 1960년대 냉전시기 대중문화 형성과 전파의 주요 통로이자 영화 상영과 관람을 둘러싼 지역성의 발현 장소로서 극장을 이해하고자 한다. 참고로 연구 대상 시기는 필요에 따라 1950년대 중후반을 포함하여 1960년대와의 연속/단절성을 논의할 것이다.

전후 지방에서 개관한 극장의 사회문화사적 의의를 규명하기 위하여 이 글은 다음과 같이 연구대상을 설정하였다. 지역 극장의 설립 주체와 극장의 위상, 순업(巡業) 및 문화원(文化院)과 같은 극장 외부의 영화 상영의 제도화, 그리고 전국적인 극장 개관과 함께 나타난 관객성(audience-ship)과 문화 담론의 변화 등이다. 본 논문의 연구 방법은 크게 일간지와 영화 잡지를 포함한 기존 연구 논문 등 문헌자료 검토와 극장 소유/운영자 및 영사기사의 구술 증언(oral testimony)의 분석 등으로 구성된다. 구술의 신뢰도를 확보하기 위해 지역 문화원 또는 흥행업계의 구술 증언자를 발굴하고 그들에 대한 심층 면담과 극장 현장 답사를 실시했다. 구술 증언은 역사적 사실을 알리는 정보이자 관객/지역민의 문화적 정체성과 극장을 둘러싼 여러 사회적 실천(practices)을 해석하기 위한 자료로서 파악한다. 지역성과 현장성을 고려한 구술사(oral history) 방법론은 관객/지역민의 미시적인 일상생활 공간으로서 극장의 역사적 의의를 해석하는 데 유용하였다.

2. 상설극장의 확산과 영화 상영의 전국화

2-1. 신설 상설극장: 다양한 층위의 이해관계의 각축장

1954년과 1956년 각각 한국영화 면세 조치와 무대 공연예술의 세율 인하를 명시한 입장세 개정은[7] 다수의 신설 극장의 시대를 예고했다. 극장 영업은 전후 미국 주도로 이뤄진 소비재 중심의 한국경제 재건 과정에서 수혜를 입은 사업가들이 흥행업 발달을 지켜보며 발견한 출구였다.[8] 극장 관주들이 해당 지역의 지리적 환경에 적합한 산업을 바탕으로 자본을 축적하여 흥행업으로 전환하였기 때문이다. 즉, 전남 광주의 대다수 관주는 미곡(米穀) 생산과 농업 및 수리관계 사업,[9] 전북 전주의 관주들은 대중교통 및 운수업[10] 그리고 경기도 인천의 관주들은 인천항 수출입 물자를 이용한 제조업과 동인천역 인근 상설시장 물류 유통으로 자본을 축적한 자들이었다.[11] 또한 충남 대전의 관주들은 경부선과 호남선을 잇는 대전역 덕분에 전국적으로 포목(布木)을 유통시켜 재산을 형성한 대전역 인근 중앙시장 출신 상인이었다.[12] 심

---

7 입장세에 관한 논의에 대해서는 다음을 참고. 이지윤, 「자본주의적 선진 문화공간으로서의 1950년대 극장 연구: 1950년대 중후반 서울 개봉관을 중심으로」, 42~56쪽.
8 전후 대한 원조 정책은 구호원조에서 부흥원조로 바뀌었고, 이와 동시에 구호원조 담당 주체는 UN에서 미국으로 이전되었다. 미국은 소비재 산업을 중심으로 대한 원조물자를 도입하였고, 이러한 과정에서 한국에서는 소비재 유통을 통해 부를 축적한 자들이 생겼다. 이에 대해서는 다음을 참고. 최상오, 「1950년대 한국의 환율제도와 환율정책」, 《한국경제연구》 9권, 한국경제연구학회, 2002, 155쪽, 169~170쪽.
9 이에 대한 자세한 내용은 다음을 참고. 위경혜, 「광주의 극장 문화사」, 43~52쪽.
10 일제강점기 개항 도시였던 군산과 가까운 전주는 일찍부터 내륙을 잇는 교통수단이 발달했다. 1960년대 초반 1000석을 넘어선 극장 규모와 70mm 영사기 설치를 둘러싸고 경쟁을 벌인 전주시의 코리아극장과 삼남극장은 각각 대한여객과 삼남여객을 운영했다. 이외에 중앙극장과 전주극장 관주는 전북여객을 운영했다. 1950년대 시민극장 운영자 역시 화물자동차 사업에 종사했다. 위경혜, 「호남의 극장 문화사: 영화 수용의 지역성」, 286~292쪽.
11 위경혜, 「인천의 극장 문화: 한국전쟁이후~1960년대를 중심으로」, 45~88쪽.
12 위경혜, 「극장 문화의 지역성—한국전쟁 이후 대전을 중심으로」, 91~124쪽.

지어 대전의 대전극장과 시민관 관주는 극장 개관을 전후하여 의료업과 교육 사업 그리고 백화점 운영과 같은 유통업을 겸영(兼營)하였다.[13] 즉, 전후 극장은 흥행 전력과 무관하게 누구에게나 '전도유망한' 사업 투자처였던 것이다.

전후 성공을 보장하는 사업으로서 영화 흥행에 대한 인식은 경쟁적인 극장 설립과 운영으로 이어졌다. 1950년대 중후반부터 인천의 동인천역 근처에서 개관한 극장들은 지역을 부각한 '인천'과 철도역 인근 번화가 '인현동'을 조합한 명칭을 앞 다퉈 사용했다. 극장 상호는 '인천영화극장' '인영극장', 그리고 '인현극장'이었으며, 1970년대에 들어서 '인형극장'까지 등장했다.[14] 흥행 사업으로서 극장은 전후 절대적인 복구 상황에 놓인 지역에서 더욱 중요했다. 한국전쟁으로 도시 기반시설이 철저히 파괴된 춘천은 전후 대규모 군부대 집결에 따른 인구 증가로 재건 바람과 함께 전국 각지에서 투기업자들이 몰려들었고, 극장 관주와 운영자도 수시로 바뀌었다. 이는 일제강점기에 특정의 일가(一家)가 극장을 개관하고 해방과 한국전쟁을 거치면서도 영화 상영을 비롯한 지역 문화계를 장악한 강릉과 대조적인 모습이었다.[15]

전도유망한 사업처로서 극장에 대한 관심은 비도시 역시 마찬가지였다. 1960년대 초중반까지 지방 소도시와 비도시 관객은 한국사회 전체의 과반수를 차지하였고, 그들은 도시와 비교하여 상대적으로 높은 문맹률과 문화적 감성 차이 때문에 한국영화를 선호했다. 1954년

---

13 위경혜, 앞의 글, 102~106쪽.
14 위경혜, 「인천의 극장 문화: 한국전쟁이후~1960년대를 중심으로」, 59쪽.
15 위경혜, 「한국전쟁 이후 극장 문화 로컬리티(locality): 강원도 도시를 중심으로」, 543~581쪽.

3월 국산영화 입장세 면세 조치와 1963년 3월 한국영화 제작과 외화 수입의 일원화를 골자로 한 1차 영화법 개정안은[16] 비도시 지역 극장 운영에 호재로 작용하였다. 이들 조치들로 인하여 외화보다 상대적으로 한국 영화에 대한 소구력이 높았던[17] 비도시 군읍 지역은 1960년대 중후반에 이르러 최소 두 개 이상의 극장을 개관하였다.

비도시 지역 극장 관주들은 전후 고아를 관리한 보육원 운영자, 자영업 지주(地主) 그리고 미곡 유통에 종사한 이들이었다. 이들 가운데 일부는 영화 흥행에 대한 정보와 지식이 거의 백지에 가까워서 도시에서 경험을 축적한 흥행사와 합동으로 극장을 운영했다. 전남 영광군 중앙극장에서 보는 바와 같이, 비도시 현지인은 건물 대지를 제공하고 전남 광주시 흥행사는 건물을 세우고 영사 기자재 일체를 제공했다. 지방 비도시 관주의 새로운 사업 투자처와 흥행사의 사업 수완이 결합한 것이다.[18] 하지만 비도시 지역 대다수 극장은 상대적으로 소자본을 소유한 복수(複數)의 관주들로 구성된 합자(合資) 형식으로 운영되었다. 비도시 극장의 공동 관주는 흥행의 도모 이상을 의미했는데, 그 이유는 도시와 비교하여 지역 여론 주도자의 참여가 두드러졌기 때문이다. 특히 여론 형성에서 유리한 입지를 차지하려는 욕망이 강할수록

---

16 조준형, 「박정희 정권기 외화수입정책 연구: 1960년대를 중심으로」, 《한국극예술연구》 제31집, 한국극예술학회, 2010, 85~124쪽.

17 비도시 극장뿐만 아니라 지방 도시 변두리의 재개봉관 관객도 외화보다 한국영화를 선호했다. 영화 화면과 자막을 눈으로 '찍어내듯이' 읽어야 하는 외화의 번역 자막이 익숙하지 않았기 때문이다. 이정웅(1941년생, 전 한양영화사 근무, 현 대전 다운타운영화사 입회 담당)의 구술. 이정웅은 대전의 신흥중학교(이후, 충남중학교로 개명)를 다니던 도중 신도극장 선전부원으로 흥행 업계에 입문하여 1959년 한양영화사 대전지점에 취직한다. 2017년 현재까지 이어지는 그의 흥행 역사는 60여 년에 이른다. 구술일자 2017년 4월 20일.

18 사업 감각이 남달랐던 도시 흥행사는 1970년대 TV 보급의 확산과 함께 극장 운영을 중단했다. 위경혜, 「호남의 극장문화사: 영화 수용의 지역성」, 135~141쪽.

다수의 관주가 참여했다.[19]

비도시 극장은 오락을 넘어 공보(公報) 전달을 더욱 중요시했는데, 이는 일부 극장 관주가 관할 행정기관 또는 미공보원(United Stats Information Service, Korea)의 실질적인 지원을 받으며 개원한 문화원(文化院) 원장을 겸임한 사실에서 확인된다. 강원도 속초에서 보는 바와 같이, 한국전쟁 동안 군사전략의 거점도시로 성장하여 지역민에 대한 여론 통합이 절대적으로 필요한 지역의 관주는 언론인이었다. 1954년 기준 현재 중앙발간 신문인협회 회장이 속초극장 운영자였기 때문이다. 즉, 극장은 지역 공동체의 향방에 영향을 끼치는 집단 또는 지역 엘리트의 문화 권력 점유 장소였던 것이다.

1960년대 비도시 극장이 해당 사회 공동체의 다양한 이해관계와 욕망을 반영한 사실은 대규모 특수한 집단으로 구성된 지역에서도 확인된다. 그것은 북한과 접경 지역에서 비영리 오락기관으로 출발하여 [20] 최종적으로 민간인 대상의 상업극장 역할을 수행한 군인극장이었다.[21] 군인극장은 1959년 국방부 발표를 시작으로 1970년대 중반까지 강원도 전방의 군단 소재지에서 개관했다. 군부대 주둔지라는 특수성, 지체된 도시화 그리고 대중교통을 포함한 편의시설이 절대적으로 부족한 곳에 자리한 군인극장은 '특별한' 극장이었다. 후방의 군사도

---

19 위경혜, 앞의 책, 113~262쪽.
20 경기도 파주군 보병 제1사단 전진부대에서 운영한 300석 규모의 전진극장은 주민 교육을 위한 무료 상영을 실시했는데, 영화는 〈성웅 이순신〉(유현목, 1962) 또는 〈성웅 이순신〉(이규웅, 1971)을 포함한 '반공영화'들이었다. 전진극장은 1980년대에 사라졌다. 이윤희(1966년생, 파주시 파주지역문화연구소장)의 구술. 구술일자 2017년 2월 17일.
21 군인극장은 '경강(京江)영화배급협회'로부터 필름을 배급받아 영업했다. 위경혜, 「군민(軍民) 협동과 영화 상영: 강원도 '군인극장'」, 239~272쪽.

시 대전에서 볼 수 있듯이, 실상 군인극장은 군단 소재지에 등장하기 이전부터 영업하였다. 대전 도심에서 3관구사령부(三管區司令部)가 직영하는 군인극장을 발견할 수 있기 때문이다. 1950년대 후반부터 대전의 군인극장은 '면학 분위기' 저해를 이유로 철거를 요청받았지만, 1960년대 초반까지 버티면서 자신의 영향력을 과시했다.[22]

대전을 비롯한 강원도 군인극장의 신설은 전후 문화냉전의 맥락에서 이뤄진 일이었다. 군인극장은 한미상호방위조약에 따른 미국의 군사 지원과 한국군 군비 증강에 따른 결과였기 때문이다. 1959년 군인극장은 미군의 대민(對民) 원조 사업비 일부를 지원받아 설립되었으며, 미국이 베트남전쟁에 개입하자 극장의 숫자를 늘렸다. 즉, 1960년대 후반 강원도 화천군 일대의 3개 사단을 관할한 육군2군단이 베트남 파병을 위한 군인극장을 추가 설립한 것이다.[23]

한편 북한과 최단으로 접경한 비도시 지역의 상업 극장은 특별히 군인극장으로 명명하지 않아도 언제든지 군인극장으로 변모할 태세를 갖췄다. 1960년대 후반 일명 '복지관'으로 불린 경기도 파주군 금촌읍 금촌극장은[24] 〈미녀 만세〉(전홍직, 1967)를 상영하는 흥행장이자 풍물지(風物誌) 성격의 다큐멘터리 〈지중해의 휴일(Mediterranean Holiday)〉(헤르만 레이트너·루돌프 누스그루브, 1962)을 상영하는 교육장이

---

22 위경혜, 「극장 문화의 지역성―한국전쟁 이후 대전을 중심으로」, 94~100쪽.
23 1968년 3월 육군2군단은 기존에 운영한 화천군 화천면, 상서면 그리고 사내면 군인극장에 더하여 간동면 오음리에 군인극장을 추가했다. 오음리는 베트남전쟁 파병군인 훈련소가 자리한 곳이었다. 위경혜, 「군민(軍民) 협동과 영화 상영: 강원도 '군인극장'」, 245~247쪽. 1964년 8월 군사지원단을 파병하면서 시작된 한국군의 베트남전쟁 참가는 1973년 3월까지 거의 10여 년에 이르렀다. 김성보·김종엽·이혜령·허은·홍석률 기획, 오제연 외 지음, 『한국현대 생활문화사 1960년대: 근대화와 군대화』, 창비, 2016, 165~171쪽.
24 경기도 파주군 금촌읍 금촌리 325번지 소재 금촌극장은 1967년 9월 15일 공연장 허가를 받은 480명 정원의 상설극장이었다. 영화진흥공사 편, 『1977년 한국영화연감』, 영화진흥공사, 1978, 182쪽.

었으며,[25] 동시에 "파월장병 가족위안 현지보고 강연"을 개최하는 장
소였다.[26] 이러한 지역 극장은 군민(軍民) 협동을 바탕으로 운영된 군
인극장과 별반 다르지 않았다.

〈그림 1〉 1960년대 파주군 금촌읍 금촌극장(사진 제공: 파주지역문화연구소장 이윤희)

특정 사회 공동체의 이해관계를 반영하며 극장문화의 지역성을 드
러낸 곳은 군인극장만이 아니었다. 1970년대 후반까지 강원도 내륙
과 산간 지역의 극장이 지역민의 일상생활과 긴밀한 연관을 맺었기 때
문이다. 즉, 강원도 영월, 평창, 정선, 철원, 양구, 고성, 양양, 명주 그리

---

25 1962년에 제작된 〈지중해의 휴일〉은 1964년 미국 개봉을 거쳐 1967년 한국에서 개봉했다. 범선을
타고 지중해 여러 국가의 자연을 소개한 이 영화는 개봉 당시 교육용 영화로 홍보되었다. "학동들 흥미
풀 ─ 지중해의 휴일", 《경향신문》, 1967년 8월 5일자 8면.
26 이는 파주시 파주지역문화연구소장 이윤희의 구술과 그가 제공한 금촌극장 사진을 통해서 기록한
것이다. 구술일자 2017년 2월 17일.

고 삼척 등지에서 해당 지명에 '문화관'이라는 명칭을 덧붙인 곳이 극장을 대신했다.[27] 탄광 산업 지대인 삼척의 경우, 탄광 노동자라는 획일화된 지역민 구성과 집단 거주지 그리고 이에 따른 독특한 생활세계의 형성은 통상적인 오락과 편의시설 설립을 어렵게 만들었다. 이러한 상황에서 등장한 문화관과 그곳에서의 영화 관람은 그 자체로 '문화생활'이었다. 게다가 삼척 소재 문화관은 기형적인 경제 구조에 따른 지역사회의 파행을 지연시키는 역할 역시 담당했다. 1960년대 삼척군 도계읍 도계문화관의 입장표가 지역에서 유가증권처럼 통용되면서 생필품 구매부터 유흥비 지불까지 공용 화폐를 대신했기 때문이다. 입장표는 사후적으로 구매 액수만큼 월급에서 공제되었다.[28] 그곳에서 문화관은 극장이자 지역 사회를 존립시키는 공동체 공간이었다.

2-2. 전국적인 영화 상영 연결망의 형성과 지방 도시의 상설극장

1960년대 초중반 극장의 전국적 확대는 1950년대 후반 정착된 필름의 간접배급 체제 형성과 함께 이뤄졌다. 전국을 6대의 권역으로 분류하고 배급사를 통해 필름을 공급하는 이러한 방식은 개별 극장으로 하여금 전국적인 영화 상영의 네트워크 안에 들어가도록 만들었다. 또한 영화 상영의 전국적인 연결망 형성은 몇몇 주요 흥행업자들을 출

---

27 강원도에서 극장 역할을 수행한 '문화관'의 존재를 살펴보면 다음과 같다. 즉, 영월군 상동읍, 평창군 평창면·진부면·대화면, 정선군 사북읍과 신동면, 철원군 서면과 갈말면, 양구군 양구면과 인제면, 고성군 거진읍과 간성면, 양양군 양양면, 명주군 묵호읍과 주문진읍, 삼척군 삼척읍·장성읍·북평읍·도계읍이다. 이에 대해서는 다음을 참고. 영화진흥공사 편, 앞의 책, 183쪽.

28 1955년 한국석탄공사 도계광업소가 도계문화관을 설립하여 운영하였다. 도계문화관은 광산노동자의 '문화 복지 시설'을 표방하면서 영화 상영관으로 이용되었다. 대한석탄공사 편, 『대한석탄공사 50년 화보』, 대한석탄공사, 2001, 190~191쪽; 이주팔(1935년생, 강원도 삼척시 도계읍 전 도계문화관 운영 담당)의 구술. 구술일자 2011년 8월 25일.

현시켰다. 무엇보다도 주목할 인물은 김인득이었다. 1952년 2월 김인득의 서울 단성사 매입은 향후 등장할 신설 극장의 신호탄과 같았다. 1956년 단성사를 증·개축하면서 1000석이 넘는 모든 객석을 쿠션 의자로 대체하고 국내에서 최초로 냉·온방 시설을 갖췄기 때문이다.[29]

단성사의 극장 공간 선진화보다 더욱 주목할 사실은 1950년대 후반 '극장왕'으로 불릴 정도로 김인득이 전국 6대 도시에서 11개의 개봉관을 소유 또는 임차하여 운영한 일이다.[30] 김인득의 동양물산이 수입한 영화는 인천과 대구, 부산 그리고 진주와 대전의 개봉관에서 상영되었다. 다시 말하여, 김인득의 전국 주요 극장 장악은 세계적으로 생산된 영화를 한국의 지방 도시까지 유통시키며 대규모의 소비 구도를 형성한 것이다. 단적인 예로서 1962년 기준 현재 대전 중앙극장 관객석 1200석 규모는 지방 도시에서의 결코 적지 않은 영화 소비를 보여준다.[31] 서울과 지방 도시의 연계성과 관련하여 1952년 외화수입사 세기상사를 운영한 국쾌남 역시 주목된다. 1958년 서울 대한극장을 개관한 국쾌남은 1961년 개관한 인천키네마를 인수했으며, 이후 경기도 의정부 문화극장까지 운영하였다. 인천키네마가 대한극장과 연계되면서 1962년 서울에서 7개월 동안 흥행을 누린 세기상사의 흥행작 〈벤허(Ben-hur)〉(1959)는 인천키네마에서도 오랜 기간 상영될 수 있었다.[32]

29 위경혜, 「극장 문화의 지역성—한국전쟁 이후 대전을 중심으로」, 107쪽 각주 56) 참고.
30 "나의 기업인생(49) – 삶과 신앙: 벽산 김인득", 《경향신문》, 1994년 3월 22일자 12면.
31 위경혜, 「극장 문화의 지역성—한국전쟁 이후 대전을 중심으로」, 106~108쪽.
32 전승훈(1942년생, 전 인천키네마와 동방극장 영사기사)의 구술. 전승훈은 1961년 인천키네마 개관과 함께 영사기사로 일했다. 이후 의정부 문화극장 영사기사를 거쳐 1960년대 후반 동방극장 영사기사를 마지막으로 1970년대 중반 퇴사했다. 구술일자 2014년 10월 30일. 1978년 현재 의정부 문화극장의 대표자는 국종남으로 기록된다. 문화극장은 1960년 8월 공연장 허가를 받았다. 영화진흥공사 편, 앞의 책, 181쪽.

〈그림 2〉 **1960년대 후반 목포시 평화극장 앞 풍경**(사진 제공: 한국예술문화단체총연합회 목포지부)

서울의 주요 영화사가 지방 도시 극장을 소유/임대 운영한다고 해
서 서울과 비서울 극장이 절대적으로 일방적인 위계 관계를 형성한
것은 아니었다. 주요 지역 도시 극장이 서울 개봉관 못지않은 사업 규
모를 갖추고 흥행 성적을 올렸기 때문이다. 1960년대 대전의 개봉관
인 시민관의 필름 조달을 둘러싼 일화는 이와 같은 상황을 말한다. 즉,
1960년대 후반 경남 마산 '3·15회관'에서 상영을 마친 외화는 다음
날 시민관 첫 회 상영이 예정되어 있었다. 하지만 제때 필름을 공급할
수 없는 상황이 벌어지자 경찰용 소형 비행기를 이용하여 대전으로
필름을 수송하였다.[33] 상업 극장 영업을 위해 공적인 업무를 수행하는

---

33 경남 마산에서 상영을 마친 필름은 다음 날 오전 11시 대전의 시민관 상영을 위해 부산의 부산진역
에서 새벽 일찍 출발할 예정이었다. 하지만 필름 운반을 담당한 시민관 직원의 늦잠으로 예정된 시간의
기차를 놓치자, 우여곡절 끝에 부산 '수영비행장'에 있던 경찰용 해양경비대 소유의 소형 비행기 세스나
(Cessna)를 이용하여 대전 인근의 '유성비행장'으로 수송했다. 당연히 해당 영화는 개봉 첫 회 상영을

비행기를 동원한 사실도 흥미롭지만, 이보다 주목할 사실은 필름을 수송하는 데 드는 비용이었다. 1960년대 후반 개봉관 입장료는 65원이었고 시민관 수표(受票) 담당 직원 월급은 3000원에 불과한 상황에서 필름 운반을 위해 지불한 운임이 무려 30000원에 달한 것이다. 즉, 외화는 극장 평직원 월급의 10배에 달하는 비용을 지불하더라도 상영할 정도로 흥행을 보증하는 존재였다. 문제의 작품은 프랑스와 이탈리아가 제작한 범죄 스릴러 장르의 〈백만 불짜리 사나이(L'homme qui valait des milliards)〉(마이클 보아론드, 1967)[34]이었다. 1968년 5월 서울 피카디리극장을 비롯해 전국의 개봉관에서 상영된 이 작품은 교도소에서 탈출한 범죄자들의 제2차 세계대전 당시 은닉된 현금을 둘러싼 이야기를 다루고 있다. "세기의 서스펜스 대작", "1억불의 위조지폐 사건을 가려내라" 그리고 "처음부터 끝 자막까지 불붙는 액션" 등 호기심을 자극하는 문구로 점철된 신문 광고와 함께 청소년의 극장 입장도 허용되면서[35] 이 영화의 흥행 성공에 대한 기대감이 고조되었다. 요컨대 시민관의 필름 수송을 둘러싼 일화는 대전을 비롯해 충남 일대를 아우르며 영업한 지방 도시 개봉관의 사업 배포를 말해준다.

대전 시민관의 비행기 이용은 해당 극장에게 낯선 일이 아니었다. 1960년대 초중반에 이미 시민관이 서울 공연을 마친 '서독공중서커스단'을 대전으로 유치하여 공설운동장에서 서커스를 개최한 바 있기

무사히 마칠 수 있었다. 정태현(1944년생, 전 대전 시민관 수표 주임)의 구술. 정태현은 1958~59년부터 14년 동안 오영근 소유의 재개봉관 동화극장을 거쳐 개봉관 시민관에서 수표 주임과 필름 배급 담당 직원으로 일했다. 시민관 퇴사 이후 안보영화사를 설립하여 필름 배급을 비롯해 충북 지역 읍(邑) 단위 마을에서 순업 흥행사로 일했다. 구술일자 2017년 9월 15일.

34 www.imdb.com 참고.

35 《경향신문》, 1968년 5월 1일자 8면 광고.

〈그림 3〉〈백만 불짜리 사나이〉신문 광고, 《경향신문》, 1968년 5월 1일자 8면 하단

때문이다. 이때 해당 극장은 신문사 소유의 비행기를 빌려서 대전을 비롯한 충남 유성군 및 청주시와 공주시 그리고 금산군 일대 상공에서 광고 전단지를 대량 살포하여 흥행에 성공했다. 나아가 시민관 관주 오영근은 영화사를 설립하고 직접 외화를 수입하여 서울 스카라극장에 배급하는 등 흥행사로서 면모를 발휘했다.[36] 지방 도시 영화사의 서울 소재 극장으로의 역(逆) 필름 배급은 당대 입도선매(立稻先賣) 방식의 영화 제작 관행에 대한 일종의 반기(反旗)와 같았다. 약속된 작품의 제작 불이행 또는 필름의 공정 거래 위반으로 발생한 영화 수급 차질에 대항하여 지역 극장이 직접 필름 배급에 나선 것이기 때문이다.

---

36 1970년대 초반에 이르러 시민관은 안소니 퀸(Anthony Quinn) 주연의 〈노틀담의 꼽추(The Hunchback of Notre Dame)〉(1956)와 왕우 감독의 홍콩영화 〈흑백도(黑白道, The Brave and the Evil)〉(1971)를 수입하여 배급하였다. 정태현의 구술. 구술일자 2017년 9월 15일.

〈그림 4〉 1954년 군산시 군산극장
(사진 출처: 군산시 편, 『사진으로 보는 군산 100년, 군산의 옛모습과 생활상을 담은 기록집』, 군산시, 2004)

대전의 시민관과 같이 지방 소재 극장이 영화 배급의 절대적인 중
심으로서 서울의 위상에 도전한 사례는 경기도의 소도시인 파주군 문
산읍의 문산극장에서도 발견된다. 1960년대 대규모 미군부대 주둔으
로 기지촌 성매매 여성을 비롯해 성산업과 연관된 다수 직업인들로
구성된 파주군[37] 문산극장은 "필름을 아무거나 갖다놔도 (손님이) 꽉
꽉"[38] 들어찼다는 극장 종사자의 반복되는 증언에서 알 수 있듯이, 지

---

37 파주는 한국전쟁 직후 주둔한 주한미군 2사단을 비롯하여 미군 종합 휴양시설이 들어서면서 군부대
중심도시가 되었다. 1960년대 파주 지역 성매매 여성 숫자는 1000여 명에 이른 것으로 알려진다. 홍성
철 지음, 『유곽의 역사』, 페이퍼로드, 2007, 210～211쪽.
38 정주호(1923년생, 전 파주군 문산읍 문산극장 사업부장)의 구술. 1960년 개관한 문산극장의 관주
는 지역 일대를 아우르는 도매상인 22살의 청년 우정록이었다. 극장의 실질적인 업무를 담당한 사람은
우정록과 친인척 관계였던 30대 중반의 정주호였는데, 그는 육군 506 특무부대 출신이었다. 구술일자
2017년 9월 23일.

역에서 독점에 가까운 영업을 했다. 문산극장 관주 우정록이 문산극장 개관 이후 속칭 '용주골'로 불린 파주읍 연풍리 300번지 문화극장을 인수하고 법원읍 법원리 해동극장을 소유했으며, 나아가 파주문화원 소유 복지관의 영화 상영도 담당했기 때문이다. 문산극장 관주의 흥행 고공행진은 여가활동의 선택폭이 제한된 지역적 특성에서 기인한 것이었지만, 파주군 일대에서 식자재 도매상으로 활동한 관주의 이력과 육군 특무부대 출신 사업부장 정주호의 인적 네트워킹이 작용했을 것으로 짐작된다. 우정록이 파주군 일대 극장을 독점하다시피 한 상황에서 외지의 흥행사가 파주에서 사업을 개시하는 것은 쉬운 일이 아니었다. 당대의 대표적인 외화 수입사인 세기상사의 문산읍 직영 극장 개관 시도가 무산된 것이 이를 잘 보여준다.[39]

한편 전후 서울과 지방 도시 극장 사이의 연결망은 흥행 논리와 더불어 패권적 이념인 반공 이념을 매개로 형성되기도 하였다. 이는 전후 분단의 고착화가 지역민의 일상생활을 강력히 주조한 지역에서 두드러졌다. 대표적인 것이 1958년 원주극장을 비롯해 지역 전체의 극장을 소유/운영한 강원도 원주의 정운학의 사례다. 정운학의 원주행이 서울의 시공관(市公舘) 업무를 처리하는 과정에서 시작된 사실에서 알 수 있듯이, 정운학의 극장 운영은 시공관 관주이자 전국극장연합회 회장으로 활동한 백순성과 깊은 연관이 있었다. 또한 정운학의 아카데미

---

39 세기상사는 문산극장 사업부장 정주호의 거부로 인하여 자사의 외화를 파주군 일대의 극장에서 상영할 수 없었다. 이에 세기상사는 문산읍에서 직영 극장 건물을 짓기 시작하는데, 정주호는 세기상사의 신축 극장 부지가 상업 용도에 적합하지 않음을 문제 삼아 경기도청에 이의를 제기한다. 이에 따라 세기상사의 극장 건축 허가는 취소되었고 준공 마무리 단계에 있었던 극장 건물은 이후 문산극장 관주에게 넘어갔다. 정주호의 구술. 구술일자 2017년 9월 23일.

극장이 월남민의 세력을 규합하고 결집하는 연락 사무소로 이용된 것은 전후 극장 개관이 패권적 반공 이념과 결합되었음을 말한다.[40]

서울과 비서울 및 지역 간 전국적인 영화 상영 네트워크 형성과 관련하여 특기할 점은 지방의 주요 도시 극장들이 철도역 인근에 자리한 사실이다. 게다가 철도역 인근의 상설시장 또는 미군부대에서 유출된 물품을 거래한 '양키시장'은 극장 흥행의 전제를 마련하였다. 인천의 동인천역, 대전의 대전역 그리고 원주의 원주역은 영화/극장과 철도의 긴밀한 연관성을 보여주었다. 철도는 원활한 필름 공급과 영화 소비 구매력을 갖춘 관객을 신속히 이동시키는 데 필수적인 물적 기반이었기 때문이었다. 1970년대 경부선과 호남선 고속도로 전면 개통 이전까지 철도는 전국으로 필름을 공급하면서 극장 산업 발달과 불가분의 관계를 형성했다.

3. 영화 상영 확대와 영화 상영장의 재정비: 순업과 문화원

새로운 극장 공간의 확산은 영화라는 대중문화 장르의 전국화에 다름 아니었다. 1960년대 초중반까지 영화는 공연예술(악극과 무대 쇼 등)과 극장 프로그램 구성에 있어서 경쟁적인 관계를 형성했지만,[41] 시간이

---

40 정운학의 원주 지역 극장 운영에 대해서는 다음을 참고. 위경혜, 「한국전쟁 이후 극장 문화 로컬리티 (locality): 강원도 도시를 중심으로」, 551~555쪽.
41 영화를 비롯한 공연예술 공간으로서 극장의 위상으로 인하여 1950년대 후반부터 지방에서 신설된 극장 건물은 스크린을 비롯한 단상과 조명시설을 갖추었다. 단상은 1950년대 후반부터 일정한 시기 동안 인기를 누린 영화 출연배우들의 실연(實演)을 위해 쓰이기도 했지만, 지역 해당 공동체의 대규모 집회를 위해서도 사용되었다. 실연무대에 대해서는 다음을 참고. 박선영, 「1950년대 말~1960년대 초 극장의 영화 상영 관행: 실연무대와 무대인사를 중심으로」, 《한국극예술연구》 제56집, 한국극예술학회, 2017, 135~175쪽.

지날수록 극장은 영화 상영에 집중하면서 이외의 프로그램을 주변적인 존재로 만들었다.[42] 상업 극영화의 상영 확대는 극장에만 국한된 일이 아니었다. 극장을 벗어난 장소에서의 상영 역시 조직적이고 제도적으로 이뤄졌는데, 이는 순업과 문화원의 프로그램을 통해서 확인된다.

3-1. 순업의 주변화 또는 제도화

신규 극장의 전국적인 확산은 가설극장의 소멸을 가져왔다. 가설극장은 임시방편으로 상영 공간을 만들거나 건물이 존재하더라도 영사기 미비로 매일 영화를 상영할 수 없는 곳이었다.[43] 가설극장은 드물게나마 '가설극장'이라는 상호를 사용하는 경우도 있었지만,[44] 거의 대부분 시장터와 학교 운동장 등 불특정 다수의 공간에서 임의적으로 영화를 상영했다.[45] 상설극장의 정착화 이전까지 가설극장의 전국적인 규모에 대하여 정확히 확인할 수는 없다.[46] 하지만 전후부터 1960년대 초중반까지 가설극장은 도시와 비도시를 막론하고 전국적으로 번성하

---

42 1958년 영화 제작 편수는 이전 연도보다 두 배인 74편으로 증가했고 이듬해에 111편을 거쳐 1960년대 중반에 이르면 150편에 달한다. 이에 대해서는 일부분 다음을 참고. 김동호 외, 『한국영화 정책사』, 158쪽.

43 가설극장은 영화 상영 주체에 따라 양 갈래로 구분된다. 그것은 흥행을 목적으로 민간인이 조직한 순업과 국민 계몽을 위해 만들어진 정부 기관 산하의 이동영사반 및 미국공보원(USIS, Korea)의 지원을 받은 문화원의 이동영사였다. 이 글에서는 흥행을 목적으로 순회한 가설극장에 국한한다.

44 위경혜, 『호남의 극장문화사: 영화 수용의 지역성』, 273쪽.

45 황재석(1935년생, 충남 부여군 전 부여극장 운영자 겸 영사기사)의 구술. 구술일자 2014년 11월 4일.

46 1956년 10월 현재 한국사회 전체의 무허가 상설 또는 가설극장 숫자는 78개소로 보고된다. 이들 극장은 제대 장병 보도회의 후생사업을 위한 국방부 산하 기관이었다. 즉, 국방부 관계 극장 33개 처, 내무부 관계 9개 처, 법무부 관계 3개 처 그리고 무소속으로 33개 처가 있었다. 이들 무허가 극장 가운데 상설극장은 60개 처였으며 가설극장은 18개 처였다. 하지만 당시 흥행업계 종사자들의 반복되는 구술 증언에서 알 수 있듯이, 통계에 포함되지 않으면서 한시적으로 운영된 가설극장은 더욱 많았을 것으로 짐작된다. 이에 대해 다음을 참고. "무허가 극장 전국에 78소", 《조선일보》, 1956년 10월 21일자 2면; 위경혜, 「1950년대 '굿쟁이' 이동영사: 유랑예인 연행과 시각적 근대의 매개」, 《지방사와지방문화》 제15권 2호, 역사문화학회, 2012b, 197~228쪽.

였다.[47] 제대(除隊) 상이군인의 후생을 위한 '용사회관'이나 '재건회관' 등지에서 미군부대에서 유출한 16mm 필름을 상영한 가설극장도 있었고[48] 지역 청년 단체 주도의 가설극장도 있었다.[49] 하지만 극장이 증가하면서 가설극장은 차츰 사라졌으며, 가설극장 운영자의 일부는 극장 입장객 관리 인력으로 흡수되었다.[50] 가설극장 역시 극장으로 변신을 단행하면서 극장의 근대화에 동참하는데, 이와 같은 사례는 전북 전주의 전주경찰서가 설립한 천막 건물 '후생극장'이 목조 건물 '백도극장'으로 재탄생한 것에서 볼 수 있다.[51]

가설극장은 도시에서 사라졌지만, 가설극장 영업을 주도한 순업은 1960년대 후반까지 비도시 지역에서 흥행을 이어갔다. 농어촌과 산골 지역의 노동 현장에 결박되어 읍면 소재지 극장에서 영화를 관람할 수 없는 관객이 여전히 존재했기 때문이다. 읍면 단위 극장은 별도의 순업을 꾸려서 필름을 순회하거나 극장 근거리에 가설극장을 설치하고 극장과 시차를 두면서 동시 상영하였다. 순업 형태는 극장이 겸영한 경우보다 동인(同人)으로 구성된 영화사가 일반적이었다. 전남 해남군 해남 영화반의 사례에서 보듯이, 순업은 3개 조로 나뉜 각 차량에 35mm 영

---

47 1950년대 후반까지 서울 변두리에서도 가설극장을 만날 수 있었다. 즉, 1958년 당시 언론은 여름 장충단공원 가설극장의 확성기 소리와 변사 소음으로 학생들이 공부에 방해를 받으며 극장 주변의 군소 깡패들의 포진으로 위협적인 분위기가 형성된다고 고발하였다. "[투서] 가설극장 철거를 당국에 요구한다", 《서울신문》, 1958년 7월 9일자 2면.
48 위경혜, 「인천의 극장 문화: 한국전쟁이후〜1960년대를 중심으로」, 45〜88쪽; 위경혜, 「한국전쟁이후 1960년대 비도시 지역 순회 영화 상영: 국민국가 형성과 영화산업의 발전」, 278〜280쪽.
49 1960년대 초중반에 활동한 순업 가운데 일부는 상설극장이 부재한 군읍 지역(전남 곡성군과 충남 천원군 성환면 등)에서 문화원을 빌려서 영화를 상영했다. 이들 건물의 대표자는 지역 행정 기관장이었지만 실질적 운영자는 해당 사회 언론인과 소방대 등 청년 조직과 단체였다. 박종민(1925년생, 전남 진도군 전 한양영화사 대표)의 구술. 구술일자 2008년 7월 14일과 7월 15일.
50 위경혜, 「한국전쟁이후 1960년대 비도시 지역 순회 영화 상영: 국민국가 형성과 영화산업의 발전」, 285〜287쪽.
51 위경혜, 「호남의 극장문화사: 영화 수용의 지역성」, 287쪽.

사기와 발전기를 장착하고 7~8명에 달하는 흥행 인원을 배치하는 등 조직적으로 운영되었으며 소도시 극장 못지않은 흥행 기록을 세웠다.[52]

전국적으로 신설 극장이 확산되면서 순업 역시 성능이 우수한 35mm 영사기를 구비하고 영업을 했지만, 시골 변두리 일부 지역에서는 여전히 16mm 필름을 이용한 소규모 영세 순업도 잔존했다. 소규모 순업이 오래도록 지속할 수 있었던 요인 가운데 하나는 법률 제도였다. 1961년 공연법 제22조의 2에 따르면 '영화 규격이 16mm 이하인 경우' 영사기사 자격증이 없어도 영사할 수 있었기 때문이다. 게다가 문화공보부 주관의 영사기사 자격증 시험은 1964년에 이르러서야 시작되었다. 즉, 1960년대 국가 권력은 행정상 최하 말단 또는 지리상 오지까지도 영화를 상영할 수 있도록 제도를 정비한 것이다. 이러한 상황에서 순업을 전문으로 상대하는 영화배급사도 생겼다. 대전 합동영화사에서 확인되는 바, 순업 대상 영화사는 필름을 비롯해 영사기 자재 일체를 대여했다.[53] 요컨대 극장의 확산에도 순업이 지속된 것은 다수 농어촌 인구의 존재와 법률적 정비 그리고 영화 상영의 조직적 운영 때문이었다. 무엇보다도 순업의 제도화는 필름 배급과 영화 상영을 담당하는 흥행업자의 분화를 가져왔다.

간과할 수 없는 사실은 전후 냉전체제 형성에 따른 폭력의 논리가

---

52 서아귀(1937년생, 전남 해남군 해남영화반 대표 서대호의 아들)의 구술. 서아귀, 「한국전쟁이후 1960년대 이동영사 활동 증언 자료 수집: 전라남북도 지역을 중심으로」, 국사편찬위원회, 『2009년도 구술자료수집사업 OH_09_019_서아귀_11』, 1~71.

53 1960년대 전북의 순업 흥행사와 충남 부여의 부여극장 운영자에 따르면, 전국에서 영업하는 순업을 대상으로 필름을 포함한 영사기자재 일체를 대여한 곳은 대전의 합동영화사였다. 위경혜, 「한국전쟁이후 1960년대 비도시 지역 순회 영화 상영: 국민국가 형성과 영화산업의 발전」, 287~290쪽; 황재석의 구술. 구술일자 2014년 11월 4일.

순업 운영에도 암묵적으로 작동했다는 사실이다. 순업은 순회 지역 관공서와 원만한 관계를 유지하고 순회 지역민의 텃세에 대항하기 위하여 언제든지 완력을 동원할 수 있는 구성원을 필요로 했다. 해남영화반 대표 서대호의 경우에서 확인할 수 있는 바, 그의 한국전쟁 참여 이력과 신체에 새겨진 훈장과도 같은 전흔(戰痕)은 순업 홍행 방해 요인들 즉, 순회 지역의 텃세와 무료입장 시도자를 사전에 차단하는 보증서였다.[54]

3-2. 문화원: 영화 상영장의 다른 이름

1960년대 극장 설립의 전국화는 문화원 활동과 불가분의 관계에 있었다. 문화원이 전국적인 네트워크를 형성하고 영화 상영에 적극적으로 참여했기 때문이다. 한국전쟁을 계기로 급증한 문화원은[55] 1962년 1월 23일 사단법인 한국문화원연합회(회장 한기창 인천문화원장)를 창립하면서[56] 기존의 개별 단위를 넘어 전국적인 연결망을 형성했다. 1960년대 중반 문화원은 "성인교육"을 통해 "진정한 사회참여"를 달성하고, "지성 함양을 위한 교양강좌"와 "자기 향토(鄕土)의 문화 계

---

54 서대호는 해방 정국에 이승만을 지지한 청년 단체 대한독립청년단 단원이었으며, 한국전쟁 발발 이전 육군 참모 가운데 정보를 담당한 G-2(General Staff-2)에 참여한 인물이었다. 그는 전후 빨치산 자수 공작을 수행하는 도중 얼굴에 총을 맞아 구강 구조가 달라질 정도로 커다란 상처를 입었다. 서아귀, 「한국전쟁이후 1960년대 이동영사 활동 증언 자료 수집: 전라남북도 지역을 중심으로」, 1–71.
55 문화원은 1930년대 농촌진흥운동을 전개하면서 지역민 결집과 공론(公論) 형성을 주도한 공회당(公會堂)에 기원을 두고 있다. 해방 이후 문화원의 역사는 1947년 10월 9일 개관한 강화문화관에서 시작되었다. 문화원은 한국전쟁을 계기로 미국의 해외공보처 산하 기구인 미공보원의 직간접적인 지원을 받으면서 전국적으로 문을 열었다. 인천광역시 강화문화원, 『(복각)강화』, 도서출판 다인아트, 2007. 1962년 전국 각지에서 문화의 공공성을 표방한 기구(문화관, 복지관, 노동관, 회당 등)들은 문화원으로 명칭을 통일하고 문화원연합회를 결성했다.
56 전국문화원연합회 편, 『전국문화원연합회 40년사』, 전국문화원연합회, 2002, 41쪽.

몽을 위한 협동체의 구성"을 강조했다.[57] 문화원을 지원한 미공보원 역시 일상생활을 포함한 사회교육을 강조했는데,[58] 이는 문화원이 "비영리적 자치기관"이었지만 문화로 명명되는 모든 사회적 활동에 있어서 절대적인 우위에 있었기 때문이다.

지방 도시 극장은 문화원과 건물을 공유하거나 극장 관주를 문화원 임원으로 참여시키면서 상호 협조하였다. 그것의 대표적인 경우는 대전 문화원과 깊은 관계를 형성하며 흥행장으로서 입지를 강화한 대전의 시민관이다. 1963년 시민관은 도심에 자리한 오래된 대전문화원 건물을 허물고 같은 자리에 3층짜리 극장을 신축하면서 개관했다. 시민관은 극장 건물의 1·2층을 영업장으로 이용하고 3층을 대전문화원 사무실로 이용하도록 허용했다. 성격만 다를 뿐 상업극장 시민관이나 지역민의 계몽을 지향하는 문화원이 모두 영화 상영에 참여한 것이다. 문화원은 충남도청과 군부대 등 관공서를 비롯해 충남 소도시까지 순회 영화를 상영했지만, 흥행장인 시민관과 갈등 관계를 형성하지는 않았다.[59]

후방 군사도시 대전에서 나타난 흥행장과 문화원의 협동 관계는 전방 군사도시 원주에서도 볼 수 있었다. 1954년 개원한 원주문화원이 1964년 상업극장인 원주의 시공관 건물 2층으로 사무실을 이전했기 때문이다. 여타 지역에서는 찾아볼 수 없을 정도로 흥미로운 사실은

---

57 이는 1966년 12월 현재 한국문화원연합회장 김동선이 기관지 《문련(文聯)》의 권두언을 통해 밝힌 내용이다. 김동선, "진정한 사회참여의 지름길: 성인교육의 관점에서", 《문련》 제 3·4호 합병호, 1966, 한국문화원연합회, 4~5쪽. 한국문화원연합회는 1964년 기관지 《문련》을 창간한 것으로 기록하고 있으나 이를 확인할 수 없다. 이에 대해 다음을 참고. 한국문화원연합회 홈페이지 www.kccf.or.kr

58 서울의 미공보원부원장 오상교는 "일반행정, 보안행정 그리고 학교가 하는 정식 학교 교육을 빼낸 우리들의 일상생활의 거의 전부가 바로 문화원이 짊어져야 할 사회교육"임을 강조했다. 오상교, "사회교육기관으로서의 문화원의 사명과 사업활동", 《문련》 제 3·4호 합병호, 51~52쪽.

59 위경혜, 「극장 문화의 지역성—한국전쟁 이후 대전을 중심으로」, 102~104쪽; 황충민(1942년생, 제13대 대전중구문화원장)의 구술. 구술일자 2014년 10월 27일과 2017년 6월 5일.

시공관 관주 정운학이 군인극장을 제외한 지역 극장 전부를 독점적으로 운영하면서 흥행 패권을 장악한 점이었다. 분단과 반공 이념의 절대화 그리고 이를 아우르는 문화냉전 체제는 흥행과 계몽이라는 서로 다른 방향의 극장과 문화원을 '영화'라는 매체로 봉합시킨 것이다.

'향토 문화 계몽'을 지향한 문화원과 극장의 협동은 도시보다 비도시 지역에서 두드러졌다. 이는 전국문화원연합회 결성 이전인 1950년대 후반부터 농촌에서 실시된 지역사회개발사업 추진의 일정한 성공에 따른 결과이기도 하였다. 전후 미국의 대외원조 부담을 줄이고 농촌의 민주주의 정착을 위해 실시한 지역사회개발사업은 사회교화 분야를 설정하고 문화관 설립과 계몽 교육을 포함했기 때문이다.[60] 1950년대 후반 문화영화 〈가정교도원〉(1959) 제작에서 볼 수 있듯이, 영화는 농촌 생활개선을 위한 효과적인 매체였으며 안정적인 영화 상영을 위한 공간 확보는 공동체의 중요한 사안이었다. 따라서 1950년대 후반 미국이 기획한 한국 농촌지역 개발사업의 영향력은 1960년대 초반 문화원 설립을 경유하여 극장 개관으로 나타났다.

문화원과 극장의 협동은 문화원 원장의 극장 관주 겸직으로 이어졌다. 문화원장이 극장 흥행사로 변신한 것은 1962년 전남 광양군 광양문화원 초대원장의 광양극장 개관과 경기도 안성군 안성문화원 2대 원장의 광신극장 개관에서 볼 수 있다. 이와 달리 극장 대표가 문화원장을 겸직한 경우는 1965년 전남 해남군 해남문화원 초대원장에서

---

60 1958년부터 1961년까지 지역사회개발사업 수행을 위한 시범부락의 숫자가 10개에서 274개로 증가한 것은 해당 사업의 성공을 의미한다. 허은, 「1950년대 후반 지역사회개발사업과 미국의 한국 농촌사회 개편 구상」, 《한국사학보》 17호, 고려사학회, 2004, 287~292쪽.

찾아진다.[61] 참고로 극장 설립은 건물 신축을 포함해 영사기자재 구비 등 적지 않은 고정자본을 필요로 한다. 따라서 비도시 가운데 시장 규모가 작고 건물 신축을 위한 자금이 충분하지 않은 경우, 극장은 공회당과 사설 문화원 등 공리를 추구하기 위해 마련한 공간을 용도 변경하여 사용했다. 상호도 극장이 아니라 '문화관'이었다. 예를 들어 강원도 평창군 진부면 진부문화관은 퇴임한 농협 고위 간부가 공회당 건물을 임대하여 1962년부터 극장으로 사용한 경우였다.[62]

영화 상영의 전국화에 동참한 문화원 활동과 관련하여 주목할 사실은 문화원연합회 창립과 함께 5·16 군사정권이 문화영화의 상영을 전국적으로 실시한 점이다. 문화영화는 국민국가의 정체성을 형성하고 한국성을 국내외에 홍보하는 계몽영화였다. 1961년 공보부 산하 국립영화제작소는 문화영화의 제작을 강화하고 1962년 공연법 의거하여 극영화와 문화영화의 동시상영 조항을 만들었으며 1963년 문화영화를 뉴스영화의 상영과 함께 의무화했다. 적어도 1~2개의 극장이 군읍 단위 지역에서 문을 열던 1960년대 문화원은 문화영화 상영을 앞세우며 영화 상영의 전국화에 참여했다. 문화원 종사자들은 경제개발과 함께 널리 퍼진 향토 발전 담론을 적극 수용하면서 군읍 부락 마을까지 지역민을 교화시키기 위해 순회 영사에 헌신적이었다.

---

61 위경혜, 『호남의 극장문화사: 영화 수용의 지역성』, 212~218쪽; 한국문화원연합회 편, 『한국의 문화원』, 한국문화원연합회, 1974, 357쪽; 전국문화원연합회 편, 앞의 책, 222쪽; 영화진흥공사 편, 앞의 책, 182쪽.

62 1964년부터 자신의 부친과 함께 진부문화관 운영에 참여한 김남욱의 구술에 따르면, 영화 상영은 오일장이 열리는 날 오후와 저녁 두 차례 이뤄질 뿐, 평일은 저녁 한 차례 상영에 그쳤다. 관객 숫자 등 영화 소비 시장 규모가 크지 않았을 뿐만 아니라, 1960년대 초반까지 해당 지역 전체의 전기 시설 미비로 자가발전(自家發電)에 의존하여 영화를 상영했기 때문이다. 김남욱(1942년생, 전 평창군 진부면 진부문화관 운영)의 구술. 구술일자 2013년 8월 12일.

4. '새 문화 전당'을 자처한
상설극장의 역설과 문화 담론의 위계화

4-1. 탈법의 공간, 극장

1958년 12월 서울 47개관을 포함하여 전국에 150개 극장이 새롭게 영업을 시작했다.[63] 전후 신설 극장은 한국 극장 역사에 있어서 새로운 단계로의 진입이었다. 일제강점기에 개관한 극장은 건물 노후와 위생 문제를 지적받았고, 한국전쟁으로 파괴 또는 훼손된 건물은 보수를 필요로 했다. 이러한 상황에서 등장한 신축 극장 건물은 전후 재건 담론에 응답하는 적절한 지표였다. 신설 극장은 속속 문을 열었고, 기존 극장은 갱신을 단행하면서 과거와 결별했다. 한국 '최초'의 극장인 인천 애관극장은 1960년 9월 6일 '신장개관(新裝開舘)'을 하면서 사운드 스크린(sound screen)을 구비하고 휴게실을 제공했으며 극장 옥상에 전망대까지 설치했다.[64] 극장이 한정된 공간을 넘어서 도시 전체를 전망하는 볼거리를 제공한 것이다. 즉, 전쟁의 폐허에서 벗어나면서 극장은 단순히 영화 상영과 관람의 장소를 넘어 '현대적 공간'을 체험하는 장소로 바뀌었다. 극장은 영화와 연관된 문화 담론의 여러 계열들('근대' '화려' 그리고 '새 문화' 등)로 구성된 새로운 공간이었다. 한편 일부 지역 극장은 신축 건물을 완성하면서 재개봉관에서 개봉관으로 승격

---

63 "서울을 중심한 전국의 극장 개관/ 전국 150관에 서울 시내는 47관", 《한국일보》, 1958년 12월 14일자 8면.
64 애관극장은 "근대식 건축, 문화적 설비, 화려한 휴게실, 새 문화의 전당(殿堂)"이라는 문구와 더불어 "싸운드 스크린 완비"와 "현대시설의 대휴게실" 그리고 "팔미도, 월미도, 작약도를 조망할 수 있는 옥상(屋上) 전망대"를 강조했다. 위경혜, 「인천의 극장 문화: 한국전쟁이후~1960년대를 중심으로」, 55~56쪽 재인용.

했다. 1950년대 후반 대전역 근처의 재개봉관인 동화극장을 운영한 오영근은 그곳을 떠나서 1963년 충남도청을 향하는 대로변에 3층 건물 개봉관인 시민관을 개관했다.[65] 이는 기존 극장과의 단절과 새로운 도심의 확장을 의미했다.

1960년대 극장 건물에는 유독 '문화'라는 수식어가 따라붙었다. 특히 지방 비도시로 갈수록 극장은 '문화의 전당'이라는 수사를 부여받았는데, 이는 영화 관람 환경이 이전과 판이하게 달라졌기 때문이다. 1950년대 후반까지 대다수 비도시 극장 객석은 개별 의자가 아니라 동시에 여러 사람을 앉힐 수 있는 장의자(長椅子)였다. 심지어 일부 극장은 동절기 난방용으로 개인용 숯불 화로와 방석을 관객에게 대여한 점에서[66] 쾌적한 관람 환경과 동떨어져 있었다. 따라서 양철 지붕에 얼기설기 지은 '하꼬방' 같은 낡은 목조를 벗어난 신축 극장은 그 자체로 근대화의 표식이었다. 도서 지역 극장 개관식에 해당 사회 행정기관장이 축사를 전달할 정도로,[67] 비도시 신축 극장은 지역 발전과 근대화를 상징했다.

하지만 '새 문화 전당'이라는 극장에 대한 수식은 '탈법의 공간'이라는 명명에서 벗어날 수 없었다. 지정좌석제 불이행과 그에 따른 폭력적인 극장 운영 때문이었다. 지정좌석제 불이행은 서울과 같은 대도시에서도 발생했지만,[68] 지방 도시의 그것은 탈세와 위법이라는 질타 속에

<hr />

65 위경혜, 「극장 문화의 지역성—한국전쟁 이후 대전을 중심으로」, 102~106쪽.
66 이는 충남 논산군 논산읍 논산극장에서 발견된다. 황재석의 구술. 구술일자 2014년 11월 4일.
67 1966년 전남 완도군 완도읍 완도극장의 경우가 이에 해당한다. 위경혜, 「호남의 극장문화사」, 168~173쪽.
68 지정좌석제를 둘러싼 논란은 대도시 서울 역시 마찬가지였다. 이에 대한 구체적인 내용은 다음을 참고. 이지윤, 「자본주의적 선진 문화공간으로서의 1950년대 극장 연구: 1950년대 중후반 서울 개봉관을

서도 항상적으로 존재했다.[69] 지정좌석제를 계기로 세수를 확보하고 흥행 시장에 대한 통제를 기획한 국가의 시도는 폭력 집단의 물리력에 기대어 흥행을 좌우하는 상영 현장에서 무산되었다. 기도(きど)로 불리며 무술 실력을 갖추거나 폭력배 집단에 속한 자들이 극장 관객 출입을 관리했기 때문이다. 이와 같은 사정은 1950년대 중반부터 20여 년 동안 인천의 문화극장 수표 주임으로 근무한 홍정식의 이력을 통해 확인된다. 문화극장은 재개봉관이었지만 개봉관의 필름을 가게모찌(かけもち, 겹치기) 방식으로 상영하면서 관객의 인기를 끌었다.[70] 동시에 이는 입장료 지불 능력이 부족하거나 완력으로 무료입장을 감행하는 관객들의 항상적인 존재를 의미했다. 흥미롭게도 이곳에서 관객 관리를 담당한 홍정식은 '미스터 코리아' 대회에서 우승한 경력의 소유자였다.

보디빌딩과 극장의 인연은 한국전쟁 발발 이전부터 시작되었지만,[71] 1950년대 중반에도 일반 대중은 보디빌딩을 스포츠 종목으로 인식하지 않았다. 따라서 근육 발달로 장대한 체구를 갖게 된 홍정식은 그 자체만으로도 관객을 제압하는 존재였다. 실제로 홍정식은 '미스터 코리

중심으로」, 38~43쪽.

69 위경혜, 「인천의 극장 문화: 한국전쟁이후~1960년대를 중심으로」, 62쪽. 1950년대 도시 극장의 지정좌석제 실시와 연관된 관람 환경의 변화와 극장 공간 재편에 대해서는 다음을 참고. 이지윤, 「1950년대 극장 공간 재편에 대한 일고찰: 극장 지정좌석제 논란을 중심으로」, 220~226쪽.

70 문화극장은 인근의 동인천역과 상설시장으로 인하여 인구 집중과 물류 유통이 빈번하였다. 인천키네마와 문화극장의 필름 공유 및 문화극장에서의 관람 경험은 각각 전승훈과 신용길의 구술에 따른다. 전승훈의 구술(구술일자 2014년 10월 30일), 그리고 신용길(1942년생, 전 인천문화원 과장이자 자칭 '영화마니아')의 구술(구술일자 2014년 10월 30일)을 참고.

71 '미스터 코리아'로 대표되는 보디빌딩 대회와 극장의 관계는 낯선 것이 아니었다. 1949년 1회 '미스터 코리아' 대회가 서울의 시공관에서 개최된 것을 시작으로 1958년 10회(서울 동화극장), 1959년 11회(서울 시공관), 1964년 16회(인천 현대극장), 1968년 20회(대구 아세아극장), 1970년 22회(평택 평택극장) 그리고 1972년 24회(대구 만경관) 대회가 주요 도시 개봉관에서 열렸다. 홍정식은 1955년 전남 광주에서 열린 제7회 '미스터 코리아' 대회에서 1위를 수상했다. 이한경 외, 2002, 「몸매 만들기와 보디빌딩」, 홍경, 497~498쪽.

아' 수상을 계기로 서울의 임화수와 이정재 등 '정치 깡패'들과 친분을 쌓았고 관객 관리자로서 그의 입지를 굳혔다.[72] 완력을 동원한 극장 운영은 극장 공간 외부로 이어졌으며, 극장 선전부 직원들이 "주먹 없으면 포스터도 못 붙이고 다녔을" 정도로 소소한 폭력은 일상적이었다.[73] 게다가 비도시 지역으로 갈수록 극장 관주들이 사업 관계를 비롯해 지연과 학연을 이유로 해당 사회 유지들과 네트워크를 형성하면서[74] 폭력을 동반한 극장 운영은 그 정도와 상관없이 묵인되는 실정이었다.

'새 문화 전당'이라는 극장의 품격을 무색하게 만든 것은 지정좌석제 문제에 국한되지 않았다. 대전에서 확인할 수 있는 바, 매달 음력 초하루 극장에서 구복(求福)을 기원하는 고사를 지내고 영화관에 입장하는 여성 관객의 숫자에 따라서 흥행 여부를 점쳤을 만큼 극장 운영은 '예측할 수 없는 사업'이었다.[75] 따라서 관주는 영화 흥행의 안정성을 기하는 일이면 무슨 일이든 실행에 옮겼는데, 그것의 대상은 직원은 물론 관객도 예외일 수 없었다. 새로운 영화가 개봉한 당일에 극장 직원의 신체와 외모를 관리한 사실이나 성별에 따라 첫 회 관객을 선택적으로 입장시키는 데에서[76] 이를 잘 알 수 있다.

---

72 홍정식(1927년생, 전 인천 문화극장 수표 주임)의 구술. 구술일자 2017년 8월 12일.

73 정태현의 구술. 구술일자 2017년 9월 15일.

74 전남 강진군 강진극장 관주 김유홍은 지역에서 사진관과 포목점 그리고 찻집을 운영하는 사람들끼리 계(契)를 만들어서 친목을 도모했다. 김유홍은 지역에서 양조장과 정미소를 운영하는 한편으로 강진군 번영회장을 비롯한 각종 지역 발전 조직에서 임원으로 활동했다. 김창한(1942년생, 전 강진극장 운영자 김유홍의 아들/현 영랑기념사업회 회장)의 구술. 구술일자 2017년 9월 25일.

75 대전 지역 흥행 종사자들은 1960년대 여성 관객을 여성을 비하는 용어로서 "고무신짝"이라고 부르는 한편으로, 여성 관객의 입장 정도를 흥행 여부의 기준으로 삼았다. 이정웅의 구술. 구술일자 2017년 9월 15일.

76 대전 지역 극장은 일일 첫 회 관객으로 여성을 입장시키지 않거나, 영화 개봉 첫날 극장 직원이 머리를 감거나 손톱을 깎는 일을 금기시켰다. 이정웅의 구술. 구술일자 2017년 9월 15일.

4-2. 관객과 문화 담론의 분화 또는 위계화

실내와 실외의 경계가 모호한 가설극장이 사라진 대신에 새롭게 등장한 극장은 관객의 변화를 요청했다. 영사기의 조명으로 쓰이는 카보나이트의 불빛을 비롯해 영화 상영 도중 관객의 이동에 따른 소란 그리고 전력을 동원하는 데 쓰이는 발전기에서 나는 소음 등 산만한 관람 환경이 사라졌기 때문이다.[77] 또한 극장에 신설된 개별 좌석은 관객을 통제하고 극장 내부의 소란을 잠재우는 데 용이했다. 게다가 1960년대 초중반 비도시 지역 극장에서 변사의 연행이 소멸하면서 관객은 영화의 극적 전개와 사운드 영역에 더욱 몰입할 수 있었다. 극적 세계에서 제공한 사운드 외에 상영 현장으로 개입하는 각종 '소리들'의 소거는 영화를 관람하는 데 있어 내면으로의 침잠과 성찰을 요구하는 관객의 출현을 요청했다.

하지만 극장은 언제든지 소란을 불러일으키는 공간이었다. 검열 심의를 준수하지 않은 버전의 필름을 상영하거나 흥행을 고려하여 영화 장면을 임의적으로 삭제하는 일이 발생했기 때문이다. 1960년 4·19 혁명 이후 인천의 개봉관 동방극장이 〈젊은 육체들(Beat Girl)〉(1960)의 예고편을 상영하면서 여성 상반신 노출 장면을 편집하지 않은 것은 그러한 경우에 해당한다.[78] 군읍 단위의 지역 극장은 검열을 마친 작품일지라도 극장 운영자가 보기에 특정 장면이 '지역 정서'에 위배

---

77 영사기 조명을 위해 가설극장뿐만 아니라 일부 상설극장에서 사용한 카보나이트 불빛의 조도는 상당히 높았다. 황재석에 따르면, 한여름 더위로 부여극장 영사실 창문을 열어놓으면 극장에서 거의 1km 정도 떨어진 부소산에서 벌레들이 불빛을 타고 극장까지 날아들었다. 황재석의 구술. 구술일자 2014년 11월 4일.
78 위경혜, 「인천의 극장 문화: 한국전쟁이후~1960년대를 중심으로」, 63~64쪽.

된다고 판단되면 상영 도중이라도 영사기 렌즈를 손으로 가로막아 볼거리를 제한했다.[79] 극장이 야유와 소란의 공간으로 바뀌는 것은 순식간이었다. 지역민의 여론에 따라 흥행 성패가 절대적으로 좌우되는 순업의 경우, 영화 상영 주도권은 여전히 관객에게 있었다. 게다가 순업의 상영 지속 여부가 일기(日氣) 변화에 따라 결정되면서 상영 현장의 정숙을 이어갈 수 없었다. 따라서 관람 현장에서 타인과 상호 작용하며 집단적 실체로서 자신의 존재를 재구성하는 '관객(audience)'은 문화 텍스트로서의 영화와 관계를 맺음으로써 자신의 정체성을 형성하는 '관객(spectator)'과 괴리되고 충돌할 수밖에 없었다. 이는 신설 극장의 전국화라는 문화적 제도 안에서 관객을 우열의 비교 대상으로 위치시키고 계도의 대상으로 자리매김하는 일이었다.

도시 소재 극장의 등급화 역시 '새 문화 전당'으로서 극장의 위상을 재고하도록 만들었다. 극장 위치와 관객 구성 그리고 이를 아우르는 등급에 따라 극장에 대한 평가를 달리했기 때문이다. 예를 들어 인천 도심의 개봉관은 지역 문화 엘리트의 활동 공간으로 이해되는 반면, 부도심의 재개봉관은 사회적으로 낮은 등급의 지역민이 드나드는 공간으로 간주되었다.[80] 게다가 일기에 영향을 받는 일용직 육체노동자들이 재개봉관을 소일거리 장소로 이용하면서,[81] 재개봉관의 영화는 '대중예술'이라기보다는 일회성을 갖는 '이벤트'로 인식되었다. 따라서 분할된 도시 공간의 성격을 반영한 극장의 등급화는 '새 문화 전당'

---

79 전남 영암군 영암읍 중앙극장 관주 김규현은 성적 표현과 관련된 특정 장면을 자신의 판단에 따라서 검열했다. 위경혜, 「호남의 극장문화사: 영화 수용의 지역성」, 191~192쪽.
80 위경혜, 「인천의 극장 문화: 한국전쟁이후~1960년대를 중심으로」, 77~81쪽.

이라는 극장의 위상에 균열을 가져왔다.

　무엇보다도 1960년대의 신설 극장 증가는 비도시 지역에 대한 문화 담론과 깊은 관련이 있다. 1961년 5·16 쿠데타 이후 군사정권은 국립 영화제작소 설립과 함께 문화재관리국을 설치하고 다음 해 문화재보호법을 공포했다. 이와 더불어 전국적인 연결망을 형성한 문화원연합회는 비도시 지역을 '향토화'하는 프로그램을 추진하였다. 문화원연합회는 근대 이전 각 지역의 지리와 세시풍속을 비롯한 역사적 인물을 발굴·기록한 향토지를 발간하고, 이를 바탕으로 지역민을 동원한 각종 행사를 실시했다. 나아가 각 지역 문화원에서 지정한 향토 사료는 일상생활에서 탈각되어 '전통'이라는 이름으로 문화영화의 주요 소재로 변했다.[82] 이러한 환경에서 문화영화는 신설 극장에서도 문화원 이동영사에서도 그리고 순업의 흥행장에서도 의무적으로 반복 상영되었다. 요컨대 1960년대 본격적인 산업화 과정에서 향토라는 이름의 '만들어진 전통'은[83] '새 문화의 전당'으로 명명된 극장에서 선진 문화로서 영화와 대당 관계에 놓였다. 즉, 과거의 재구성을 통한 문화 담론의 생산은 극장을 우열의 논리에 지배되는 공간으로 다시 탄생시켰다. 그 것은 1960년대 '새 문화의 전당'을 자처한 극장의 역설이었다.

81　1970년대 육림영화사 김병식 상무에 따르면, "영화 배급에는 영화의 성격, 지역적인 특수성, 계절적인 변화를 감안해야" 했다. 그만큼 날씨의 변화는 흥행 성공 여부의 주요 요인이었다. 김병식은 20대 청년 시절부터 흥행업에 뛰어들어 경기도와 강원도 지역의 영화 배급에 종사했다. 국제영화사, "한국흥행사열전 연재3", 《국제영화》 1979년 5월호, 59쪽.
82　위경혜, 「1950년대 '굿쟁이' 이동영사 – 유랑예인 연행과 시각적 근대의 매개」, 197~228쪽.
83　세계적인 산업 혁명 이후 '만들어진 전통'의 공통된 특징으로는 사회통합과 소속감 구축 및 상징화, 권위 관계의 정당화 그리고 사회와 행위 규범 등의 주입이 있다. 에릭 홉스봄 외, 『만들어진 전통』, 박지향·장문석 옮김, 휴머니스트, 2004, 33쪽.

5. 나오며

이 글은 1960년대 지방 도시와 비도시의 신설 극장 증가 현상에 주목하여 극장문화의 역사적 성격을 규명한 것이다. 극장이 주요 프로그램으로서 영화에 절대적인 지위를 부여하는 가운데 1960년대 한국사회는 극장 개관의 전국화를 달성했다. 신설 극장은 전후 자본 축적과 영화를 비롯한 공연장에 대한 일련의 법률 정비 그리고 설립 주체의 다층적인 욕망을 반영하면서 늘어났다. 극장은 한국을 반공의 기지로서 구축하는 과정에서 동원된 문화냉전 형성의 주요 공간이기도 하였다. 지방의 극장문화가 도시와 비도시를 비롯해 각 지역에 따라서 비균질적인 모습으로 나타난 것은 이를 말한다. 신설 극장들은 '새 문화의 전당'을 자처했으나 그것의 위상은 언제든지 동요할 수 있는 상황에 놓여 있었다. 또한 새로운 모습의 극장은 이전과 다른 관객의 등장을 요청하면서 그들을 위계적인 위치로 배치했으며, 극장 공간을 둘러싼 문화 담론 역시 이로부터 자유로울 수 없었다.

그렇다면 지방과 대당 관계로 설정된 서울의 극장문화는 균질적인 존재였는가에 대한 물음을 제기할 수 있다. 이에 대한 해답을 구하는 일은 쉽지 않은데, 이는 하나의 지역 또는 지방으로서 전후 서울의 극장문화에 대한 기존 연구가 충분하지 않다는 사실에서 기인한다.[84] 서울 역시 도심과 부도심 및 변두리 그리고 거주민의 구성과 사회적 이

---

84 그럼에도 불구하고 1950년대 서울 도심의 극장을 연구한 이지윤의 박사학위논문은 전후 극장 공간을 둘러싼 여러 문제를 검토했다는 점에서 주목할 성과이다. 이에 대해서는 다음을 참고. 이지윤, 「자본주의적 선진 문화공간으로서의 1950년대 극장 연구: 1950년대 중후반 서울 개봉관을 중심으로」.

력에 따라서 이질적이며 모순적인 극장문화를 형성했을 것으로 짐작된다. 따라서 서울과 지방으로 총칭되는 비서울의 관계에 대한 연구는 향후 과제로 남겨둔다. 이 글은 1960년대 근대화와 산업화 그리고 냉전의 교집합이 전개되는 시기 서울 중심의 일반화를 재고하고 '지방'을 중심축으로 극장문화를 재구성하여 문제의식을 확장하고 풍부한 해석을 제기한 점에서 의의를 지닌다.

참고문헌

신문 및 잡지

《경향신문》《국제영화》《서울신문》《조선일보》《한국일보》《문련》 등 각 기사

대한석탄공사 편, 『대한석탄공사 50년 화보』, 대한석탄공사, 2001.

영화진흥공사 편, 『1977년 한국영화연감』, 영화진흥공사, 1978.

인천광역시 강화문화원, 『(복각)강화』, 도서출판 다인아트, 2007.

전국문화원연합회 편, 『전국문화원연합회 40년사』, 전국문화원연합회, 2002.

한국문화원연합회 편, 『한국의 문화원』, 한국문화원연합회, 1974.

논문 및 단행본

김동호 외, 『한국영화 정책사』, 나남출판, 2005.

김성보·김종엽·이혜령·허은·홍석률 기획, 오제연 외 지음, 『한국현대 생활문화사
　　　1960년대: 근대화와 군대화』, 창비, 2016.

박선영, 「1950년대 말~1960년대 초 극장의 영화 상영 관행: 실연무대와 무대인사를
　　　중심으로」, 《한국극예술연구》 제56집, 한국극예술학회, 2017, 135~175쪽.

안재석, 「대구 경북 지역의 영화 배급사 연구」, 《현대영화연구》 13권 1호(통권 26호),
　　　현대영화연구소, 2017, 67~94쪽.

에릭 홉스봄 외, 『만들어진 전통』, 박지향·장문석 옮김, 휴머니스트, 2004.

역사문화학회 엮음, 『지방사연구입문』, 민속원, 2008.

위경혜, 『광주의 극장 문화사』, 도서출판 다지리, 2005.

　　___, 『호남의 극장문화사: 영화 수용의 지역성』, 다할미디어, 2007.

　　___, 「한국전쟁이후 1960년대 비도시 지역 순회 영화 상영: 국민국가 형성
　　　과 영화산업의 발전」, 《지방사와지방문화》 제11권 2호, 역사문화학회, 2008,
　　　267~305쪽.

　　___, 「1950년대 중반~1960년대 지방의 영화 상영과 '극장가기' 경험」, 중앙대학교
　　　첨단영상대학원 박사학위논문, 2010.

　　___, 「한국전쟁 이후 극장 문화 로컬리티(locality): 강원도 도시를 중심으로」, 《대

동문화연구》 제77집, 성균관대학교 동아시아학술원 대동문화연구원, 2012a, 543~581쪽.

_____, 「1950년대 '굿쟁이' 이동영사: 유랑예인 연행과 시각적 근대의 매개」, 《지방사와지방문화》 제15권 2호, 역사문화학회, 2012b, 197~228쪽.

_____, 「군민(軍民) 협동과 영화 상영: 강원도 '군인극장'」, 《대중서사연구》 제20권 1호, 대중서사학회, 2014, 239~272쪽.

_____, 「인천의 극장 문화: 한국전쟁이후~1960년대를 중심으로」, 《한국극예술연구》 제53집, 한국극예술학회, 2016, 45~88쪽.

_____, 「극장 문화의 지역성―한국전쟁 이후 대전을 중심으로」, 《순천향 인문과학논총》 제36권 제2호, 순천향대학교 인문학연구소, 2017, 91~124쪽.

이순진, 「중심의 해체와 복원: 1950년대 대구지역 영화사를 중심으로」, 2011년 한국영상자료원 한국영화사연구소 심포지엄 "한국영화사연구와 로컬리티" 자료집, 한국영상자료원, 2011, 25~46쪽.

이지윤, 「1950년대 극장 공간 재편에 대한 일고찰: 극장 지정좌석제 논란을 중심으로」, 《대중서사연구》 제22권 제2호, 대중서사학회, 2016, 203~231쪽.

_____, 「자본주의적 선진 문화공간으로서의 1950년대 극장 연구: 1950년대 중후반 서울 개봉관을 중심으로」, 중앙대학교 첨단영상대학원 박사학위논문, 2017.

이한경 외, 『몸매 만들기와 보디빌딩』, 홍경, 2002.

정종화, 「대구 지역 영화사: 1950년대를 중심으로」, 《영상예술연구》 1권, 영상예술학회, 2001, 207~225쪽.

_____, 「한국영화 성장기의 토대에 대한 연구: 동란기 한국영화 제작을 중심으로」, 중앙대학교 첨단영상대학원 석사학위논문, 2002.

조준형, 「박정희 정권기 외화수입정책 연구: 1960년대를 중심으로」, 《한국극예술연구》 제31집, 한국극예술학회, 2010, 85~124쪽.

최상오, 「1950년대 한국의 환율제도와 환율정책」, 《한국경제연구》 9권, 한국경제연구학회, 2002, 145~182쪽.

허은, 「1950년대 후반 지역사회개발사업과 미국의 한국 농촌사회 개편 구상」, 《한국사학보》 17호, 고려사학회, 2004, 275~312쪽.

홍성철 지음, 『유곽의 역사』, 페이퍼로드, 2007.

인터뷰

김남욱(1942년생, 전 평창군 진부면 진부문화관 운영) 구술. 구술일자 2013년 8월 12일.

김창한(1942년생, 전 강진극장 운영자 김유홍의 아들/현 영랑기념사업회 회장) 구술. 구술일자 2017년 9월 25일.

박종민(1925년생, 전남 진도군 전 한양영화사 대표) 구술. 구술일자 2008년 7월 14일 과 7월 15일.

신용길(1942년생, 전 인천문화원 과장이자 자칭 '영화마니아') 구술. 구술일자 2014년 10월 30일.

이윤희(1966년생, 파주시 파주지역문화연구소장) 구술. 구술일자 2017년 2월 17일.

이정웅(1941년생, 전 한양영화사 근무, 현 대전 다운타운영화사 입회 담당) 구술. 구술 일자 2017년 4월 20일과 9월 15일.

이주팔(1935년생, 강원도 삼척시 도계읍 전 도계문화관 운영 담당) 구술. 구술일자 2011년 8월 25일.

전승훈(1942년생, 전 인천키네마와 동방극장 영사기사) 구술. 구술일자 2014년 10월 30일.

정주호(1923년생, 전 파주군 문산읍 문산극장 사업부장) 구술. 구술일자 2017년 9월 23일.

정태현(1944년생, 전 대전 시민관 수표 주임) 구술. 구술일자 2017년 9월 15일.

홍정식(1927년생, 전 인천 문화극장 수표 주임) 구술. 구술일자 2017년 8월 12일.

황재석(1935년생, 충남 부여군 전 부여극장 운영자 겸 영사기사) 구술. 구술일자 2014년 11월 4일.

황충민(1942년생, 제13대 대전중구문화원장) 구술. 구술일자 2014년 10월 27일과 2017년 6월 5일.

기타

서아귀, 「한국전쟁이후 1960년대 이동영사 활동 증언 자료 수집: 전라남북도 지역 을 중심으로」, 국사편찬위원회, 『2009년도 구술자료수집사업 OH_09_019_서아 귀_11』, 1-71.

한국문화원연합회 홈페이지 www.kccf.or.kr

1960~70년대
서울개봉관 지형과 변화:
외화관 단성사를 중심으로 *

송영애

* 이 글은 「1960~70년대 서울개봉관 지형과 변화 연구 – 단성사를 중심으로」,《로컬리티 인문학》 18집, 부산대학교 한국민족문화연구소, 2017)를 수정·보완한 것이다.

1960~70년대는 '영화법' '공연법' 등의 법률을 통해 영화 제작, 수입, 배급, 상영 부문이 정부의 강력한 통제를 받던 시기였다. 더불어 영화 관객층 연령의 하향화, 한국영화에 대한 선호도 감소, 외국영화에 대한 선호도 증가, TV 등 다양한 대중매체의 영향력 증가라는 변화도 나타난 시기였다. 당시 영화관은 제작되거나 수입되는 과정에서 사전 심의와 허가를 통과한 영화가 최종적으로 관객을 만나는 공간으로서, 이 시기 영화산업의 양적, 질적 변화가 고스란히 드러난 공간이라고 할 수 있다.

이 글은 1960~70년대 서울개봉관의 지형과 변화 양상을 분석하기 위해 2010년 한국영상자료원 한국영화사연구소에서 '1960~1970년대 영화관: 서울 개봉관을 중심으로'라는 주제로 진행한 구술채록연구(이후 2010년 한국영상자료원 주제사 연구)를 바탕으로 했다. 구술자별로 산재된 증언에서 필요한 정보를 수집하여 당시 통계와 신문 기사 등을 이용해 비교·확인했고 서울개봉관의 개관과 폐관, 소유 구조 변화, 근무 인력 등의 정보를 정리해 1960년대 방화관-외화관이라는 서울개봉관 지형 형성 배경을 분석했다.

1966년 도입된 스크린쿼터제가 1973년에 강화되면서 서울개봉관이 맞이하게 된 변화 상황을 대표적인 외화관인 단성사를 중심으로 살펴보기 위해 당시 단성사에 근무했던 이용희[1]와 조상림[2]의 증언을 집

---

1 이용희(李龍熙, 1930~). 1960년 친척인 이벽호의 동성영화사 선전부에 입사했다. 1962년 이남규가 단성사를 인수한 후, 이벽호가 단성사 전무가 되면서, 단성사를 오가며 동성영화사 업무를 보다가, 1963년 이남규의 제안으로 단성사 선전부장으로 근무를 시작했다. 1966년부터는 이벽호를 이어 단성사 영업 업무도 담당하게 되고, 1987년 퇴사 전까지 단성사의 영업과 선전 업무를 모두 담당하였다. 송영애, 「이용희」, 1960~70년대 영화관 구술채록연구팀 편, 『2010 한국영화사 구술채록연구 시리즈 〈주제사〉 1960~1970년대 영화관 1 조상림·이용희』, 한국영상자료원, 2010, 98~99쪽.

중점으로 살펴보았고, 2016년 10월 본 연구자가 개인적으로 이용희와 진행한 추가 인터뷰[3] 내용, 이 과정에서 확보한 『단성사 경리장부』도 집중 분석했다. 『단성사 경리장부』는 그동안 외부에 공개된 적이 없는 자료로서, 1953년부터 1996년까지 단성사에서 상영된 영화의 제목, 개봉날짜, 상영일수, 제작사와 수입사 정보, 입장료 금액, 관객 수, 매출액 등이 기록되어 있다. 특히 당시 영화 흥행 기록이 관객 수 위주로 기록되어 있기 때문에, 『단성사 경리장부』의 기록은 매우 유용하다.

단성사의 변화가 1960~70년대 서울 시내 모든 개봉관의 변화와 일치한다고 단순화시킬 수는 없을 것이다. 하지만 당시 정부 정책에 의해 비자발적인 변화를 강요당한 서울개봉관이 겪었던 변화 양상을 확인하는 기회가 될 것이라 생각한다.

1. 1960년대 서울개봉관 지형

1960년대 영화관은 영화관당 스크린이 1개인 단관 영화관이었다. 영화관은 개봉관과 재개봉관으로 구분되었고, 영화관 즉 스크린당 좌석 수는 1000석 안팎이었다. 영화 개봉은 도시별로 영화관 한 곳에서만 이뤄지는 것이 관행이어서, 요즘 같이 특정 영화가 스크린을 독과점하는 것은 불가능했다. 예를 들어 10여 개의 서울 시내 개봉관에서

---

2 조상림(曺相林, 1935~). 1966년 친척인 이남규의 남한기업공사에 근무하며 단성사 경리 관련 일도 담당했다. 1971년 남한기업공사가 폐업하면서 단성사 경리과장으로 근무를 시작, 1980년 경리부장, 1985년 상무이사로 승진했고, 2005년 퇴사했다. 송영애, 「조상림」, 1960~70년대 영화관 구술채록연구팀 편, 『2010 한국영화사 구술채록연구 시리즈 〈주제사〉 1960~1970년대 영화관 1 조상림·이용희』, 한국영상자료원, 2010, 18~24쪽.

3 송영애, 「이용희 추가 인터뷰 녹취록」, 2016.

는 각각 1편씩 총 10편의 각기 다른 영화가 개봉되어 상영 중인 셈이었다. 이후 개봉관 상영이 끝나면, 변두리 재개봉관에서 저렴한 입장료로 재개봉되었다.

12개 안팎이던 서울 시내 개봉관의 경우, 대부분 종로나 중구 같은 도심에 위치했고, 1500석 안팎의 좌석을 확보한 규모였는데, 한국영화를 주로 상영하는 방화관과 외국영화를 주로 상영하는 외화관으로 구분되어 운영되었다. 예를 들어 서울개봉관 중 단성사는 외국영화 중에서도 액션영화를 주로 상영하는 개봉관으로, 국도극장은 중년 여성 대상 한국영화를 주로 상영하는 개봉관으로 인식되었다. 당시 서울개봉관은 영화관마다 차별화된 나름의 정체성을 갖고 있었다고 할 수 있다.

1-1. 1960~70년대 서울개봉관 수

1960~70년대 내내 서울개봉관은 12개 안팎으로 유지되었다. 영화관 설립 허가 과정에서부터 구분이 되는 것은 아니었지만, 개봉 영화 상영 여부를 비롯해 극장 규모, 시설 그리고 정부 고시에 따라 정해지는 입장료 등에 따라 개봉관과 재개봉관, 3번관 등의 등급으로 구분됐다. 이러한 구분은 고정적인 것이 아니어서, 개봉관에서 재개봉 영화를 상영하는 경우도 있었고 재개봉관에서 개봉 영화를 상영하는 경우도 있었다. 그러나 주거래 영화사나 배급사와의 관계, 주 관객층의 인식 등으로 인해 개봉관과 재개봉관을 넘나드는 것이 쉽지는 않았다.

1960~70년대 서울개봉관은 해방 이전에 개관된 국도극장, 단성사, 스카라극장(이전 수도극장), 중앙극장, 1950년대 후반에 개관된 국제극

장, 대한극장, 명보극장, 세기극장(이후 서울극장), 아카데미극장, 을지극장, 피카디리극장(이전 반도극장), 1960년대 초반에 개관된 아세아극장, 1960년대 후반에 개관된 코리아극장, 허리우드극장 등 10여 개였다. 1960~70년대 서울개봉관으로 운영된 영화관을 개관 순으로 정리하면 [표 1]과 같다.

[표 1] **1960~70년대 서울개봉관[4]**

	개봉관명	개관 연도	폐관 연도	좌석수	위치	명칭 변경 및 상세 위치 (현재 위치)
1	단성사	1907	2015	1,118	종로구 묘동	1939년~1945년 대륙극장 2003년 복합상영관 신축
2	국도극장	1913	1999	1,457	중구 을지로4가	1913년~1942년 황금관 1942년~1945년 보총극장 (현 호텔국도)
3	중앙극장	1922	2010	1,109	중구 저동1가	1922년~1934년 중앙관 2000년~2010년 중앙시네마
4	스카라극장	1930	2005	1,400	중구 초동	1930년~1945년 약초극장 1945년~1962년 수도극장 (현 아시아미디어타워)
5	국제극장	1956	1985	1,613	종로구 세종로	(현 동화면세점)
6	명보극장	1957	–	1,385	중구 인현동1가	1994년 복합상영관 신축 2008년~2016년 명보아트홀 2016년~ 명보아트시네마
7	을지극장	1957	1973	933	중구 을지로2가	파라마운트극장
8	대한극장	1958	–	2,002	중구 충무로4가	2001년 복합상영관 신축
9	세기극장	1958	–	921	종로구 관수동	1960년 메트로극장 1978년~ 서울극장
10	아카데미극장	1958	1968	964	중구 태평로1가	(현 코리아나호텔)
11	피카디리극장	1959	–	1,156	종로구 돈의동	1959년~1962년 반도극장 1960년 서울키네마 2004년 복합상영관 신축 (현 CGV 피카디리)
12	아세아극장	1962	2001	–	종로구 장사동	세운상가 내 위치
13	코리아극장	1968	2002	–	중구 명동2가	유네스코회관 내 위치
14	허리우드극장	1969	–	1,407	종로구 낙원동	낙원상가 내 위치

〈그림 1〉 1961년경 을지극장 전경

1960~70년대에 폐관된 개봉관은 아카데미극장과 을지극장 두 곳 뿐이었다. 아카데미극장은 1968년 광화문 도로확장공사로 폐관되었고, 을지극장은 1973년에 폐관되었지만,[5] 1968년 코리아극장, 1969년 허리우드극장이 개관되면서 서울개봉관 수는 유지되었다. 당시 개봉관 수가 유지된 배경 중에는 신규 개봉관 설립을 사실상 불가능하게 했던 공연법 상의 영화관 허가 조건, 1970년대 서울시의 도심 개발 억제 정책, 높아진 도심 내 대규모 영화관 설립 비용 등도 있었다.

---

4 좌석 수와 위치는 『한국연예대감』(성영문화사, 1962)을, 개관 및 폐관 연도와 명칭 변경 사항은 송영애·안재석, 「참고자료: 서울시내 영화관 정보」(1960~70년대 영화관 구술채록팀 편, 『2010 한국영화사 구술채록연구 시리즈 〈주제사〉 1960~1970년대 영화관 1 조상림·이용희』, 한국영상자료원, 2010, 271~283쪽)를 참고해 정리했다. 현재도 운영 중인 극장 관련 정보는 해당 홈페이지를 추가적으로 참고했다.
5 '주식회사 을지극장이 가칭 판 코리아 레스토랑 디어터 전속무용단원을 모집한다'는 당시 신문 광고를 비롯해 관광극장식당 판 코리아(구 을지극장), 캬바레 판 코리아(구 을지극장) 등으로 표기된 광고가 다수 발견된다. "소형 광고", 《경향신문》, 1973년 10월 17일자 6면.

〈그림 2〉 1961년경 아카데미극장 전경

1-2. 방화관과 외화관 구분 배경

1960~70년대 서울개봉관의 가장 큰 특징은 방화관과 외화관으로 구분되어 운영되었다는 점이다. 이러한 구분은 해방 이후부터 1950년 대 후반까지 서서히 형성된 것으로 보인다. 해방 이후 연간 한국영화 제작 편수가 적었던 시기에 서울개봉관은 사실상 대부분 외화관이었다.[6] 1956년 12월 26일 일부 개정과 동시에 시행된 입장세법에 따라 한국영화에 대한 입장세가 면제되면서 한국영화 제작 편수 즉 공급량 이 증가해, 이 시기 신설된 영화관들은 방화관으로 출발한 경향이 있

---

6 미군정 시기 국도극장과 수도극장은 중앙배급영화사가 직배하는 미국영화 전용관이기도 했다. 당시 서울시 극장협회는 '중배 영화 상영일수를 월 2회, 1회당 1주 상영을 원칙으로 해야 한다'는 결의를 하기 도 했다. 조혜정, 「미군정기 극장산업 현황 연구」, 《영화연구》 14권, 한국영화학회, 1998, 521쪽.

다. 1956년 개관한 국제극장, 1957년 개관한 명보극장과 을지극장이 이에 해당된다.

당시 서울개봉관이 각각 방화관이나 외화관이라는 정체성을 가질 수 있었던 가장 근본적인 이유는 당시 영화관들이 단관 영화관이었기 때문이다. 1편의 영화가 1개 개봉관에서 개봉되는 관행 속에서 개봉 관들은 각기 다른 개봉 영화를 상영하며 경쟁했는데, 개봉관별로 차별화된 특성을 지니는 것이 중요했을 것으로 보인다.

1960~70년대 서울개봉관 중 대표적인 방화관은 국도극장과 명보극장, 대표적인 외화관은 단성사, 대한극장, 중앙극장, 피카디리극장, 허리우드극장이라 할 수 있다. 시기에 따라 국제극장, 스카라극장, 아카데미극장은 방화관과 외화관을 오고 갔다. 1960년대부터 방화관-외화관 구분이 본격적으로 무너지는 1970년대 중반 이전까지 서울개봉관의 전반적인 방화관-외화관 지형을 정리하면 [표 2]와 같다.

[표 2] **1960~70년대 서울개봉관 중 방화관과 외화관**

	방화관	방화관↔외화관	외화관
개봉관	국도극장 명보극장	국제극장 스카라극장 아카데미극장	단성사 대한극장 중앙극장 피카디리극장 허리우드극장
개봉관↔재개봉관	을지극장 아세아극장	세기극장	코리아극장

당시 서울개봉관이 영화관별로 외화관과 방화관으로 운영된 배경은 지리적 요인을 비롯해 제휴 영화사, 영화관 소유 영화사 등의 영화 공급 상황과 운영 인력의 인적 교류 등과 관련이 있던 것으로 보인다.

① 지리적 요인: 국도극장, 단성사

지리적인 요인은 영화관이 위치한 지역과 유동 인구(주 고객층)에 의해 발생한다. 대표적인 방화관인 국도극장은 을지로4가에 위치해 주변 시장을 찾는 중년 여성들이 주 고객층이었는데, 이들은 바로 1950~60년대 한국영화의 주 관객층이기도 했다. 또한 국도극장은 수도극장과 더불어 일제강점기부터 영화 상영과 공연 등을 해온 오래된 문화 공간으로서, 상대적으로 중장년층의 유입도 용이해, 방화관이라는 정체성을 갖게 된 것으로 보인다.

대표적인 외화관인 단성사는 종로3가에 위치해 시내 중심 유흥가라는 점과 주변에 고등학교가 다수 있다는 지리적인 요인으로 인해 젊은 관객 동원에 유리했다는 평을 받았다. 특히 액션영화가 강세인

〈그림 3〉 1961년경 국도극장 전경

〈그림 4〉 1962년경 단성사 전경

외화관으로 인식되었다. 이용희도 '단성사 주변 가회동, 안국동 인근에
위치했던 경기고, 중앙고보, 대동상학, 휘문고 등의 학생들이 단성사의
주 관객층으로서 외국영화와 액션영화를 선호했다'[7]고 구술했는데, 주
고객층을 대상으로 한 상영 영화 선정이 이루어지면서 외화관이라는
정체성을 갖게 된 것으로 보인다.

② 주거래 영화사, 수직계열화: 대한극장, 단성사, 국제극장 등
영화관의 정체성은 지리적인 요인에 이어 주거래 영화사에 따라서
도 영향을 받았던 것으로 보인다. 1956년 한국영화 입장세 면세 조치

---

7   송영애, 「이용희」, 142~143쪽.

이후 한국영화 제작이 활발해지는 가운데 영화관과 제작사가 제휴를 맺는 현상이 나타났다. 국제극장은 1960년대 초까지 홍성기 감독의 선민영화사, 한국연예, 대한흥업 등과 제휴를 맺었고, 명보극장은 한국 영배, 신상옥 감독의 신필름, 배우 최은희와 제휴를 맺었다.[8] 1963년에는 당시 소위 '청춘영화' 개봉관으로 인기가 높았던 아카데미극장이 한양영화사와 제휴관계를 맺고 방화관으로 운영되었다.[9]

당시 서울 지역 영화 개봉은 제작사나 수입사와 개봉관의 직거래로 결정되었다. 개봉관은 직접배급을 통해 개봉한 영화 상영이 종료되면 입장료 수입을 제작사나 수입사와 일정 비율로 분배했다. 이는 전국 6개 권역(서울변두리, 경기·강원, 충청, 호남·제주, 대구·경북, 부산·경남)별로 제작사나 수입사가 각 지역 지방 배급업자에게 영화 개봉 이전에 판권을 일시불로 판매하고, 이후 지방 배급업자가 영화관을 확보하는 간접배급 방식과 달랐다.

영화 직배 체제 속에서 수입-상영이라는 수직계열화가 사실상 이루어진 경우도 있었다. 1958년 개관한 대한극장과 세기극장은 외화수입사인 세기상사가 설립하여 외화관으로 운영된 경우였다. 세기상사가 수입한 영화 중 대작은 규모가 큰 대한극장에서 주로 상영되었고, 세기극장과 대한극장에서 동시 개봉되는 영화도 있었다.

당시 단성사와 중앙극장도 대표적인 외화 수입사인 김인득의 동양물산(동양영화사) 소유였는데,[10] 동양물산이 수입한 외화를 주로 상영

---

8 "극장중심이 되는 제작씨스템 명보만 상영케된 최은희 영화", 《동아일보》, 1959년 9월 30일자 4면; "제작체인 구체화", 《동아일보》, 1959년 10월 23일자 4면 참고.
9 "추석 대목 노리고 출혈의 강행군", 《경향신문》, 1963년 8월 28일자 5면 참고.
10 김인득이 1994년 《경향신문》에 시리즈로 기고한 글에 따르면, 김인득은 '1952년 서울 환도설이 돌

〈그림 5〉 1961년경 명보극장 전경

〈그림 6〉 1961년경 국제극장 전경

하는 외화관으로 운영되었다. 단성사와 중앙극장도 동일한 영화를 동시 개봉하기도 했다. 1959년 단성사 맞은편에 개관된 반도극장 역시 1962년 매각 전까지 김인득의 소유였다. 반도극장은 개봉관과 재개봉관을 오가며 주로 한국영화를 상영했지만, 외화관으로 운영된 시기도 있었고 단성사와 동일한 영화를 동시 개봉하는 경우도 있었다.[11]

국제극장은 1961년경 동아흥업의 이성근이 인수한 후 동아흥업이 제작하거나 수입한 영화들을 상영했는데, 기본적으로는 방화관으로 인식되었으나 외화관으로 운영되기도 했다. 또한 수도극장은 해방 후 관리권을 획득한 수도영화사의 홍찬이 운영하면서 1962년 매각 이전까지 방화관으로 운영하였다. 허리우드극장은 1969년 신필름이 설립해 개관했는데, 초기 대표를 지낸 최경옥은 2010년 한국영상자료원 주제사 연구에서 '당시 신필름이 제작하거나 수입한 영화 상영을 위해 영화관을 개관하게 되었다'[12]고 증언한 바 있다.

1960~70년대 서울개봉관은 장·단기적으로 주거래 영화사와의 관

던 시기에 단성사와 수도극장, 국도극장이 매물로 나왔다는 소식을 듣고 단성사를 매입했다. 증·개축으로 국내 최초 냉·온방 시설을 갖추고 외화전용관으로 운영했고, 1956년에는 중앙극장을 인수, 1959년에는 단성사 건너편에 반도극장을 신축해, 전국 6대 도시에 11개의 개봉관을 소유하거나 임차로 경영했다. 그러나 흥행업에 대한 회의감으로 1960년 복건기업을 설립했고, 1962년 9월 28일 한국스레트를 인수하기 위해 단성사와 반도극장을 처분해 인수자금을 마련했다.' 김인득, "나의 기업 인생(46~50), 삶과 신앙 벽산 김인득", 《경향신문》, 1994년 3월 1일자, 3월 8일자, 3월 15일자, 3월 22일자, 3월 39일자 12면 참고.

11 한편 해방 후 적산극장 관련 기사를 참고하면 '일제강점기 단성사가 대륙극장으로 불리던 때 대륙극장을 소유하고 있던 요시무라흥행주식회사 사원으로 일했던 김인한이 연고권을 인정받아 해방 후 적산관리인이 되어 운영하다가 1952년 김인득을 끌어들여 불하를 받았다.' "비화한 세대 (305) 귀속재산 (86) 적산극장", 《경향신문》, 1978년 1월 26일. 한편 김인한과 김인득이 친척 관계인 것으로 추정되는데, 확인이 필요하다. 《씨네21》의 스페셜 기사에는 김인한이 김인득의 아버지라 언급되었는데, 김인득의 아버지는 김상수로 이는 오류이다. "거기에 이들이 있었다", 《씨네21》, 2001년 9월 21일.

12 안재석,「최경옥」, 1960~70년대 영화관 구술채록연구팀 편, 『2010년 한국영화사 구술채록연구 시리즈 〈주제사〉 1960~1970년대 영화관 3 김창규·최경옥·복철·김종원』, 한국영상자료원, 2010, 73~74쪽.

〈그림 7〉 1962년경 대한극장 전경

〈그림 8〉 1961년경 중앙극장 전경

계 유지를 통해 방화관이나 외화관으로서의 정체성이 유지되거나 변화됐다. 또한 단성사, 국제극장, 대한극장, 중앙극장, 허리우드극장 등은 제작사나 수입사가 직접 설립하거나 운영한 수직계열화 된 영화관들로서 방화관이나 외화관 운영 여부와도 관련이 있었던 것으로 보인다.

③ 영화관 운영 인력: 국도극장, 단성사 등

지리적 요인, 주거래 영화사, 영화관 소유 영화사 이외에 영화관 운영 인력도 방화관이나 외화관 운영 여부에 영향을 주었던 것으로 보인다. 1960~70년대 내내 방화관으로 운영된 국도극장의 운영 인력 중에는 무성영화시기에 변사로 활동했던 성동호가 포함되어 있다. 1955년 변사 시절을 회상하는 인터뷰 기사[13]에서 국도극장 영업부장으로 소개된 성동호는 1961년 9월 문교부 고시에 따라 65개 제작사가 16개로, 28개 수입사가 7개사로 통합된 소식을 전하는 기사[14]에서는 전국영배사 대표로 소개되었고, 1969년 기사[15]에서는 한국영화주식회사 사장과 국도극장 전무를 겸직하고 있다고 소개되었다.

한국영화데이터베이스에서 성동호가 제작에 참여한 것으로 검색되는 영화 73편[16] 중 1948년부터 1964년까지의 영화 11편은 모두가 국도극장에서 개봉되었고, 이후 60여 편의 영화들 중에서도 상당수가 국도극장에서 개봉되었다. 성동호는 한국영화계에서 활발하게 활동해 온 인력으로서 국도극장이 방화관으로 자리 잡는 데 큰 역할을 했을

---

13 "(변사편) 감상수준은 높았지", 《경향신문》, 1955년 1월 19일자 2면.
14 "내외영화사 통합", 《경향신문》, 1961년 10월 29일자 4면.
15 "사전포석에 혈안", 《매일경제》, 1969년 12월 4일자 6면.
16 한국영화데이터베이스 www.kmdb.or.kr (검색일: 2017년 7월 18일)

것으로 보인다. 김종원도 2010년 한국영상자료원 주제사 연구에서 '성 동호의 오랜 영화계 경력과 인맥 등이 국도극장이 방화관으로 운영되 는데 영향을 끼쳤을 것'[17]이라고 구술한 바 있다.

〈그림 9〉 1955년경 단성사 전경

1960년대 내내 단성사는 외화관으로 운영되었다. 단성사가 외화관 이라는 정체성을 지니게 된 데에는 앞에서도 다루었듯이, 해방 후 대 표적인 외화 수입사인 불이무역 한국 지사장을 지낸 동양물산의 김인 득이 단성사를 적산 불하 받은 후 수입한 영화들을 주로 상영한 이유 가 컸던 것으로 보인다.

---

17 송영애, 「김종원」, 1960~70년대 영화관 구술채록연구팀 편, 『2010년 한국영화사 구술채록연구 시 리즈 〈주제사〉 1960~1970년대 영화관 3 김창규·최경옥·복철·김종원』, 한국영상자료원, 2010, 276쪽.

1962년 9월 단성사는 남한기업공사 대표 이남규에게 매각되었다.[18] 조상림은 이남규에 대해 '미8군 군납 업체인 남한기업공사를 운영 중이었는데, 국내에서 현금이 가장 많은 사람 중 한 명으로 통했지만 영화를 본 적도 거의 없는 인물이었고, 단성사 매입은 이남규에게 일종의 현금 투자였다'[19]고 구술했다.

이남규가 단성사를 인수한 뒤 전무로 취임한 이벽호는 일본 불이무역 이현수의 조카로 한국 불이무역에서 김인득 지사장과 함께 전무로 근무한 바 있는데,[20] 동성영화사를 설립해 일본 불이무역을 통한 영화 수입업을 지속했던 인물이었다. 당시 동성영화사 선전부에서 근무하다가 이벽호를 따라 단성사로 자리를 옮겼던 이용희는 '이벽호가 김인득과 이남규 사이에서 단성사 매각 과정에 개입했고, 매각 후 단성사 전무로 근무하며 단성사 영업 업무를 전담하게 되었다'[21]고 증언했다. 한국 불이무역 전무 출신이면서 일본 불이무역을 통해 외화 수입업을 해온 이벽호 전무는 한국 불이무역 사장 출신인 김인득이 운영했던 단성사의 외화관 운영 방향에서 벗어나는 사람은 아니었다.

『단성사 경리장부』를 보면 1962년 9월 매각 이전과 이후 상영 영화들은 불이무역, 유니온영화사, 아카데미 등에서 수입된 영화들로 거래 영화사에 변화가 발견되지 않는다. 또한 조상림과 이용희는 모두 '이전 김인득 체제에서 단성사에 근무하고 있던 사람들 중 선전부장 김상화

---

18 당시 기사를 보면 단성사는 1962년 9월 11일 6300만 원에 이남규에게 인수되었다. "6300만원에 단성사 팔려", 《경향신문》, 1962년 9월 19일자 5면 참고.
19 송영애, 「조상림」, 27~30쪽.
20 김인득, "나의 기업 인생(46), 삶과 신앙 벽산 김인득", 《경향신문》, 1994년 3월 1일자 12면 참고.
21 송영애, 「이용희」, 116~117쪽.

를 포함한 대다수가 이남규 인수 후에도 단성사에 근무했다'[22]고 증언했다. 단성사는 1952년 김인득이 인수한 이후부터 외화관으로 운영되었고, 1962년 이남규가 인수한 이후에도 외화관으로 운영되었다. 새로 전무로 영입되어 단성사 영업을 책임진 이벽호는 김인득과 한국 불이 무역에서 함께 일했던 사람으로서, 기존 단성사 근무자들과 함께 외화관이라는 단성사의 정체성에 변화를 주지는 않은 것으로 보인다.

앞서 언급한 국도극장과 단성사를 포함해 1960~70년대 서울개봉관 소유사(자)와 운영 인력 관련 사항을 [표 3]에 간략하게 정리했다. 비록 이 연구에서는 모든 개봉관의 경우를 다루지 못하지만, 당시 서울개봉관 운영진과 소유사(자)는 영화관 운영 방향에 결정적인 영향을 준 중요한 요소였다.

[표 3] **1960~70년대 서울개봉관 운영진과 소유사(자)**[23]

개봉관명	1962년 기준 운영진	소유사(자) 변경
국도극장	대표 안태식, 전무 성동호, 상무 박종림	1946년 적산 관리인 김동렬 1959년 대표 백순성 1962년경~1972년경 대표 안태식 1974년경~ 대표 이일규[24]
국제극장	대표 이성근, 상무 이규재, 손홍희	1959년 동아흥업(대표 이성근) 인수 1973년 대표 이재훈 1974년 대표 김진관 1976년 대표 박인재 1980년 대표 이재훈 1984년 대표 최상균
단성사	대표 이남규, 전무취체역 이벽호	1946년 적산 관리인 김인한 1952년 적산 불하 동양물산(대표 김인득) 1962년 남한기업공사(대표 이남규) 인수 1987년 대표 이성호 2009년 아산M 인수 2015년 영안모자(대표 백성학) 경매 낙찰[25]
대한극장	대표 우기동, 취체역회장 국쾌남, 전무 국한철	1959년 세기상사(대표 국쾌남) 인수[26] 회장 국쾌남, 사장 우기동 1974년 대표 국종남 1982년 대표 국정본[27] 2017년 대표 김정희[28]

명보극장	대표 지덕영, 총무부장 이정대	1957년 대림산업(대표 이석구) 이후 명보실업 설립 1958년 대표 이재준 1960년 대표 지덕준 1965년 오범석 인수 1977년 배우 신영균 인수
스카라극장	대표 김근창, 상무 김근철	1946년 적산 운영권 수도영화사(대표 홍찬) 1962년 김근창에게 최종 불하 2005년 철거 당시 화성물산(대표 김우형)
아카데미극장	대표 방우영, 상무 황영실	1958년 조선일보사 설립 1961년 대표 방우영
을지극장	대표 김동준,[29] 전무 정진일, 지배인 김기성	–
중앙극장	대표 윤보박,[30] 상무 김인동[31]	1946년 적산 관리인 김상진 1956년 동양물산(대표 김인득) 인수 2010년 철거 당시까지 김인득이 창업한 벽산그룹 소유
피카디리극장	대표 김손준,[32] 전무 이벽호, 상무 안임득	1959년 동양물산(대표 김인득) 1962년 무림제지(대표 이무일) 인수 1989년 대표 이동익[33]
허리우드극장	–	1969년 신필름(대표 신상옥) 대표 최경옥 1972년 명보실업(대표 오범석) 인수 1973년 동아흥행(대표 이재훈) 인수 1987년 대표 이창무

---

22 송영애, 앞의 글, 117쪽.

23 운영진 이름은 「한국연예대감」, 483~485쪽의 자료를 기본적으로 참고했고, 송영애·안재석, 「참고 자료: 서울시내 영화관 정보」, 271~283쪽에서 일제강점기에 해당되는 내용은 빼고 재정리했다. 필자가 추가하거나 수정한 내용에 대해서는 개별 주석을 참고할 것.

24 이일규는 당시 국도극장 소유주였던 대한유화 이정호 회장의 아들로 현 베스트웨스턴코리아 대표이 사이다. 1993년 기준 대한유화의 계열사는 원동공업, 국도극장, 뉴서울호텔, 서울가든호텔 등 4개사였 다. "대한유화 법정관리 신청", 《경향신문》, 1993년 9월 4일자 6면; 송영애·안재석, 「참고자료: 서울시내 영화관 정보」, 272쪽 재인용.

25 앞으로, 영화관 운영 계획이 없다고 한다. "110년 역사 단성사, 단성골드로 재탄생", 《국민일보》, 2016년 9월 1일.

26 대한극장은 설립 과정에서 자금난으로 세기상사에 인수되었다고 알려져 있다. 2017년 5월 12일 자 세기상사 「분기보고서」 상 '회사 연혁'에 따르면 '세기상사는 1958년 8월 21일 외화 수입사로 설립된 한 국흥행주식회사를 모태로 한다. 1959년 대한극장을 매수했고, 같은 해 세기상사를 흡수 합병했다.' 「세 기상사 2017. 5. 12. 분기보고서」, 기업공시시스템 dart.fss.or.kr (검색일 2017년 7월 17일)

27 국정본 대한극장 회장은 2017년 1월 17일 별세했다.

28 별세한 국정본 전 회장의 배우자 김정희가 신임 대표로 취임했다. "세기상사, 김정희 대표 신규 선 임", 《아시아경제》, 2017년 3월 27일.

29 이용희는 을지극장 김동준 대표를 당시 외무부장관 김동조의 동생으로 기억했다. 김동조는 외무부

2. 1970년대 서울개봉관 변화: 외화관 단성사를 중심으로

1960~70년대 서울개봉관은 양적인 변화를 거의 겪지 않았다. [표 4]를 참고하면 1971년 717개까지 증가했던 전국 영화관이 1979년에 472개로 감소하는 동안, 서울개봉관은 12개 안팎으로 유지되었다. 관객 수의 경우에도 1969년 약 1억 7000만 명이던 전국 관객이 1979년 약 6500만 명으로 크게 감소하는 동안, 서울개봉관 관객은 1969년 약 1600만 명에서 1979년 약 1300만 명으로 감소하는 데 그쳤다. 1960~70년대 서울개봉관 수와 관객 수 변화는 당시 영화 제작 편수, 수입 편수, 전국 영화관 수, 전국 관객 수 변화와는 분명 다른 양상이었다.

1960~70년대는 급속한 경제 발전으로 도시 집중화, 서울 팽창화가 나타난 시기로서 영화 흥행 역시 서울 의존도가 커지고, 개봉관 선호도가 높아진 시기였다. 서울개봉관에게는 유리한 상황이었다고 할 수 있는데, 전체 관객 수가 감소한 상황에서도 12개 안팎의 서울개봉관 수가 유지되고 관객 역시 크게 감소하지 않은 것이 이를 증명한다.

국장, 차관, 주일대사, 주미대사를 거쳐 1973~75년에는 외무부장관을 역임했다. 송영애, 「이용희 추가 인터뷰 녹취록」; "별세한 김동조 전 외무부 장관", 《중앙일보》, 2004년 12월 9일.

30 이용희는 윤보박을 김인득의 처가 쪽 인척으로 추정했다. 김인득의 부인 이름은 윤현이이고, 장인 이름은 윤두박이다. 송영애, 「이용희 추가 인터뷰 녹취록」.

31 김인동은 김인득의 동생으로 중앙극장, 부산의 부영극장, 혜성극장 등 김인득의 동양물산이 소유한 영화관 운영에 참여했다. 이후 중앙극장 사장이 되고, 1965년에는 대영영화사를 설립해 영화 제작도 했다. 한국영화데이터베이스 www.kmdb.or.kr (검색일: 2017년 7월 18일)

32 본 표를 인용하는 보고서나 논문 중에는 '김유준'으로 표기된 경우가 있는데, 김손준이 맞다. 당시 신문기사들을 비롯해 이용희의 추가 인터뷰에서도 확인했다. "전임 김손준 회장(피카디리) 후임에 우기동씨 (대한)를 선출했다", 《중앙일보》, 1972년 8월 1일자 8면 등 참고.

33 이동익은 이무일의 장남으로 1989년 무림그룹 이무일 회장이 타계한 후 피카디리극장을 맡아 분리 독립했다. "창립 50주년 맞은 이동욱 무림그룹 회장 "M&A로 종합제지사 변신"", 《한국경제》, 2006년 7월 30일; "[100대그룹 지배구조 대해부] 무림그룹, 이동욱 회장 그룹 총괄... 동생 이동윤 회장 '세하' 독자경영", 《이투데이》, 2013년 5월 21일.

[표 4] **1961~80년 제작 수입 편수, 전국 영화관 수, 전국 서울 관객 수**[34]

연도	제작 편수	수입 편수	총 편수	전국 영화관 수	전국 관객 수	국민 1인당 관람 횟수	서울개봉관 관객 수
1961	86	84	170	302	58,608,075	2.3	–
1962	113	79	192	344	79,046,152	3.0	–
1963	144	66	210	386	96,059,711	3.6	–
1964	147	51	198	477	104,579,315	3.8	–
1965	189	59	248	529	121,697,527	4.3	–
1966	136	82	218	534	156,336,340	5.4	–
1967	172	53	225	569	164,077,224	5.6	–
1968	212	50	262	578	171,341,354	5.7	–
1969	229	65	294	659	173,043,272	5.6	15,935,073
1970	209	53	262	690	166,349,541	5.3	12,901,538
1971	202	63	265	717	146,303,355	4.6	12,376,361
1972	122	59	181	694	118,273,789	3.7	10,351,576
1973	125	51	176	662	114,625,241	3.5	9,596,056
1974	141	37	178	626	97,375,813	2.9	9,480,254
1975	83	31	114	597	75,597,977	2.2	8,470,266
1976	134	36	170	580	65,700,738	1.8	8,205,959
1977	101	38	139	558	64,928,935	1.8	11,815,244
1978	117	30	147	488	73,988,036	2.0	13,709,871
1979	96	26	122	472	65,518,581	1.7	13,631,222
1980	91	32	123	447	53,770,415	1.4	11,557,142

34 영화진흥공사 편, 「1977년 한국영화연감」, 영화진흥공사, 1978, 46쪽, 80쪽; 영화진흥공사 편, 「1980년 한국영화연감」, 영화진흥공사, 1981, 129쪽; 영화진흥공사 편, 「1981년 한국영화연감」, 영화진흥공사, 1982, 126쪽; 영화진흥공사 편, 「1984년 한국영화연감」, 영화진흥공사, 1985, 85쪽, 93쪽; 이충직 외, 「한국 영화 상영관의 변천과 발전 방안」, 문화관광부, 2001, 31쪽; 이길성 외, 「1970년대 서울의 극장산업 및 극장문화 연구」, 영화진흥위원회, 2004, 50쪽; 조준형, 「1960~70년대 공급중심 영화산업 체제와 상영영역의 이중적 지위」,(《한국극예술연구》 43권, 한국극예술학회, 2014, 281쪽)의 재인용을 참고해 재정리했다.

1970년대 서울개봉관이 맞이한 가장 큰 변화는 방화관과 외화관의 구분이 붕괴되었다는 점이다. 1966년 영화법 개정으로 스크린쿼터제가 도입되면서 서울개봉관은 거대한 변화를 압박받았고, 정체성 변화라는 거대한 질적 변화를 겪게 된다. 스크린쿼터제 도입 직후부터 변화가 시작된 것은 아니었다. 1973년 소위 '유신영화법'에서 관련 조항이 강화되면서[35] 모든 외화관은 본격적으로 한국영화를 상영하게 된다. 외화관의 한국영화뿐만 아니라 방화관의 외국영화 상영도 시작되어, 1970년대 서울개봉관의 정체성 변화는 기존 외화관뿐만 아니라 방화관에도 해당되는 서울개봉관 전체적인 변화였다.

대표적인 외화관인 단성사의 경우를 통해 서울개봉관이 겪은 좀 더 구체적인 변화들을 살펴보도록 하자.

2-1. 방화관과 외화관 구분 붕괴 과정

서울개봉관의 방화관과 외화관의 구분이 모호해지기 시작한 것은 1966년 영화법 개정으로 스크린쿼터제가 도입되면서였다. 1966년 개정된 영화법 제19조 3항에는 "영화를 상영하는 공연장의 경영자는 대통령령이 정하는 외국영화와의 상영비율에 따라 국산영화를 상영하여야 한다"는 규정이 포함되었다. 그리고 같은 해 개정된 '영화법 시행령' 제25조에는 "법 제19조 제3항의 규정에 의하여 상영하여야 할 국산영화(극영화 및 이에 준하여 상영할 수 있는 문화영화에 한한다)의 편

---

35 1973년 2월 개정된 영화법에는 기존에 시행령을 통해 규정했던 한국영화 상영일수 기준이 "제26조 (외국영화 상영제한) 공연장의 경영자는 연간 영화상영일수의 3분의 2를 초과하여 외국영화를 상영할 수 없다"로 명문화되어 강화되었다.

수는 연간 6편 이상으로 하되, 2월마다 1편 이상으로 하고, 총 상영일수는 90일 이상이어야 한다. 다만, 공보부장관은 지역별 및 영화상영 상황에 따라 총상영일수를 조절할 수 있다"고 규정되었다.

스크린쿼터제는 외화관도 한국영화를 상영하도록 규정했지만, 큰 변화가 바로 나타나지는 않았다. 조준형은 '개정 영화법 시행 첫 해인 1967년 외화관 7개관에서 상영한 한국영화는 총 40편으로 평균 6.7편이었고, 상영일도 총 422일로 평균 60일에 불과했으며, 그나마 1968년에는 외화관 6개관에서 23편(평균 3.8편), 228일(평균 38일) 상영으로 감소되었고, 1970년과 1971년에는 거의 상영되지 않았다'는 사실을 강조하며, 오히려 스크린쿼터제 도입 이후 기존 방화관이 외화를 상영하게 되는 상황에 주목한다. 기존 외화관의 한국영화 상영 규모보다 방화관의 외국영화 상영 규모가 더 컸다는 점도 지적하며 1972년이 되면 사실상 국도극장만이 방화관이었고, 한국영화 상영관 확보를 위해 도입된 스크린쿼터제가 오히려 외화 상영의 정당성을 부여했다고 주장한다.[36]

외화관이 본격적으로 한국영화를 상영하게 된 것은 1973년 소위 '유신영화법'으로 불리는 영화법 4차 개정 이후부터다. 1973년 개정 영화법은 영화 제작업과 수입업을 다시 일원화하고 영화업을 허가제로 전환했는데, 매년 초 발표되는 영화시책을 통해 외화 수입 편수를 제한하여 1970년대 연간 외화 수입 편수는 대략 30~50편 수준이었다. 영화 상영 부문에 있어서는 개정 영화법 제26조에 "공연장의 경영

---

36 조준형, 앞의 글, 291~293쪽.

자는 연간 영화 상영일수의 3분의 2를 초과하여 외국영화를 상영할 수 없다"라는 규정이 추가되어 외국영화에 대한 상영 제한이 강화되었다. 정부는 영화관이 영화 상영을 위해 의무적으로 해야 하는 공연 신고 과정 등에서 보다 강력하게 스크린쿼터 준수 여부를 단속하겠다는 의지도 보이면서 1974년부터 외화관의 한국영화 상영이 증가했고 방화관과 외화관의 구분은 점차 모호해지기 시작했다.

2-2. 외화관 단성사의 한국영화 상영

1960년대 대표적인 외화관인 단성사는 스크린쿼터제가 처음 도입된 1966년에 처음으로 한국영화를 상영했다. 10월 22일 단성사에서 개봉된 〈맹호작전〉(김묵, 설봉, 박호태)과 관련하여 '연간 6편의 국산 영화를 상영하는 스크린쿼터제 도입으로 단성사에서 개봉된 〈맹호작전〉이 10만 관객을 동원했고, 대한, 중앙, 피카디리, 스카라, 파라마운트도 이번 주까지 국산영화를 1편씩 상영하고 있다'[37]고 소식을 전하는 기사도 발견된다. 장동휘, 황해, 남미리, 허장강 등이 출연한 〈맹호작전〉은 베트남 전쟁을 배경으로 한 반공, 전쟁영화였다.

1966년부터 단성사 영업부장직을 맡아 선전부장과 겸직했던 이용희는 '당시 단성사가 주로 액션영화, 전쟁영화를 상영하는 외화관이다 보니, 반공영화 상영 제의를 자주 받았다면서 〈맹호작전〉의 경우도 비슷했다고 기억했다. 공보부에서 불러 갔더니, 중앙정보부 조종관이 나와 〈맹호작전〉 상영을 제안했다는 것이다. 이용희는 스크린쿼터제 도

---

37 "새 판도 이룰 방화계 '스크린·코터'제 실시로 넓어진 방화시장", 《경향신문》, 1966년 11월 26일자 6면.

입으로 방화를 상영해야 하는 상황에서 이왕이면 "기댈 언덕"이 있는 영화 상영을 받아들였다고 한다. 또한 문교부 차원의 추천으로 학생 단체 관람이 진행되어 흥행에 도움이 되었다'[38]고 한다.[39] 비자발적이지만 한국영화를 상영해야 하는 상황에서 단성사의 기존 정체성을 유지하기 위해 노력했다는 점은 주목할 만하다.

이후에도 단성사는 1967년 〈남매〉(김기), 〈돌무지〉(정창화), 〈암행어사〉(이규웅) 등 3편, 1968년 〈칼맑스의 제자들〉(강범구), 〈괴담〉(전조명), 〈황혼의 부르스〉(장일호) 등 3편, 1969년 〈소문난 아가씨들〉(정인엽) 등 1편의 한국영화를 더 상영했다. 하지만 1970년에는 한국영화를 상영하지 않았고 1971년 〈내실 사모님〉(김기)만을 상영했을 뿐 1972년에도 한국영화를 상영하지 않았다.

[표 5] **1966~79년 연도별 단성사 상영 한국영화 목록**[40]

연도	한국영화 제목	상영일수	감독	제작사
1966	맹호작전	21	김묵, 설봉, 박호태	동인프로덕션
1967	남매	14	김기	안양필림[41]
	돌무지	20	정창화	대양영화
	암행어사	15	이규웅	제일영화
1968	칼맑스의 제자들	10	강범구	연방영화
	괴담	9	전조명	연방영화
	황혼의 부르스	21	장일호	한국영화
1969	소문난 아가씨들	9	정인엽	신아필림
1971	내실 사모님	7	김기	대양영화

---

38 송영애, 「이용희」, 226~227쪽.
39 한편 「단성사 경리장부」를 보면, 〈맹호작전〉은 21일간 상영되어 11만 104명의 관객을 동원했고 786만 8524원의 매출을 기록했다. 동일한 입장료로 비슷한 수의 관객을 동원한 영화와 비교할 때 매출액이 20% 가량 낮은 것을 알 수 있는데, 이용희의 구술대로 할인된 입장료가 적용된 학생 단체 동원 때문인 것으로 보인다.

1973	할복	13	이혁수	태창흥업
	쥬리아와 덕천가강	27	이성구	유림흥업
	엄마 결혼식	22	조문진	화천공사
1974	일대영웅	28	팽장귀, 강범구	동아수출
	악인의 계곡	12	김묵	국제영화흥업
	지구여 멈춰라 내리고 싶다	8	이재웅	동아수출
	위험한 영웅	15	오우삼, 김명용	동아수출
	청녀	7	이만희	화천공사
	공포의 숨소리	7	박태원	화천공사
	첫손님	7	이신명	신프로덕션
	흑무사	12	정창화	화천공사
	승부	4	김효천	화천공사
	들국화는 피었는데	14	이만희	영화진흥공사
1975	5천리 대도망	9	강대선, 유가창	삼영필림
	애수의 샌프란시스코	15	정소영	동아수출
	조총련	7	박태원	화천공사
	남사당	7	이규환	동아수출
	격동	7	박호태	남아진흥
	잔류첩자	15	김시현	영화진흥공사
	황혼의 맨하탄	9	강범구	동아수출
	타인의 숨결	19	최하원	화천공사
	불꽃	14	유현목	남아진흥
	흑거미	8	김시현	화천공사
	꽃과 뱀	12	이원세	한진흥업
1976	금욕	10	김수형	남아진흥
	왕룡	11	고영남	태창흥업
	옥중녀	14	장일호, 로키	태창흥업
	정말 꿈이 있다구	22	문여송	동아수출
	바다의 사자들	15	이재웅	동아수출
	용서받은 여인	10	고영남	화천공사
	의혈문	7	이혁수, 이현구	대영흥행
	진짜 진짜 미안해	20	문여송	동아수출
	용사왕	14	권영순	남아진흥

---

40 연도별 단성사 상영 한국영화 제목, 상영일수, 제작사는 『단성사 경리장부』를 기준으로 한국영화데이터베이스(KMDb)와 당시 신문 광고를 확인하며 작성했다. 영화 제목은 개봉된 순서대로 정리했다.
41 『단성사 경리장부』에는 남양흥업으로 적혀 있다.

1977	속 정무문	29	남석훈, 초석	남아진흥
	가위 바위 보	17	김수용	화천공사
	충열도	23	김시현, 오우삼	화천공사
1978	겨울여자	96	김호선	화천공사
	겨울여자	37		
	코메리칸의 낮과 밤	7	홍의봉	한진흥업
	진짜 진짜 좋아해	14	문여송	동아수출
	엄마 없는 하늘 아래	14	이원세	한진흥업
	사대통의문	14	김정용	국제영화흥업
	악어의 공포	14	이원세	한진흥업
	소림관문돌파	22	김형준, 진소붕	화천공사
1979	야시	28	박남수	국제영화흥업
	목마 위의 여자	14	김응천	한진흥업
	최헌쇼	5		
	가을비 우산속에	43	석래명	동아수출
	죽음보다 깊은 잠	25	김호선	동아수출

[표 6] **1966~79년 단성사 방화와 외화 편수, 일수, 점유율**[42]

연도	상영 편수		상영 편수 점유율(%)		상영일수		상영일수 점유율(%)	
	방화	외화	방화	외화	방화	외화	방화	외화
1966	1	12	7.69	92.31	21	345	5.74	94.26
1967	3	12	20.00	80.00	49	313	13.54	86.46
1968	3	11	21.43	78.57	40	326	10.93	89.07
1969	1	12	7.69	92.31	9	368	2.39	97.61
1970	0	11	0.00	100.00	0	366	0.00	100.00
1971	1	12	7.69	92.31	7	356	1.93	98.07
1972	0	11	0.00	100.00	0	366	0.00	100.00
1973	3	12	20.00	80.00	28	345	7.51	92.49
1974	10	6	62.50	37.50	114	250	31.32	68.68
1975	11	6	64.71	35.29	122	243	33.42	66.58
1976	9	6	60.00	40.00	123	244	33.51	66.49
1977	4	4	50.00	50.00	164	181	47.54	52.46
1978	7	4	63.64	36.36	122	243	33.42	66.58
1979	4(5)[43]	5	44.44	55.56	115	249	31.59	68.41

단성사의 한국영화 상영 편수가 급증하는 것은 1974년부터이다. 앞에서도 언급했듯이 1973년 영화법 4차 개정으로 스크린쿼터제에 대한 정부의 강력한 의지 공표 이후였다. 1974년 이후 단성사의 한국영화 상영일수를 보면, 한국영화 연간 의무상영일수인 122일을 준수하기 위해 노력한 것을 알 수 있다.

[표 6]을 보면 단성사에서 상영한 한국영화 편수는 1974년부터 외국영화 편수보다 많아지지만, 상영일수는 한국영화 상영일수가 외국영화 상영일수보다 많았던 적이 없다. 한국영화가 더 많이 상영된 1974년 이후 한국영화 상영 편수 점유율과 상영일수 점유율은 오히려 반비례했다. 1975년 단성사에서 상영된 한국영화는 전체 영화 중 약 65%인 11편이었지만 한국영화 상영일수는 전체 일수의 약 33%에 불과해, 흥행보다는 122일 스크린쿼터를 지키기 위한 상영이었음을 알 수 있다. 당시 영화사가 외화 수입쿼터를 따내기 위해 한국영화를 흥행과 무관하게 편수만 채워 제작했던 것과 마찬가지로, 영화관 역시 소수의 외화로 수입을 올리기 위해 방화 여러 편을 흥행과 무관하게 상영했던 것으로 보인다.

단성사가 122일을 초과해 한국영화를 상영했던 것은 1977년뿐이었는데, 단성사 첫 흥행 한국영화인 〈겨울여자〉(김호선)의 장기흥행 때문이었다. 〈겨울여자〉는 1977년 9월 27일부터 1978년 4월 7일까지 133일 동안 장기 상영되어 한국영화라도 흥행이 되는 경우 장기 상영

---

42 『단성사 경리장부』의 기록과 당시 신문 광고를 대조·확인하며 재구성한 후 비율을 계산하였다.
43 ( )안은 〈최헌 쇼〉(6월 23~27일)를 포함한 수이다. 당시 영화관에서 상연한 쇼 공연도 한국영화 상영일수의 50%를 인정했다고 한다. "비좁은 연말 쇼 무대", 《경향신문》, 1975년 12월 3일자 8면; 송영애, 「이용희」, 223쪽 재인용.

으로 이어졌지만, 그렇지 않은 경우 스크린쿼터를 준수하는 용도로만 상영했던 것을 다시 한 번 확인할 수 있다.

〈그림 10〉〈겨울여자〉 포스터

2-3. 한국영화 상영 시작 이후 더 중요해진 외국영화 상영

단성사는 1974년부터 한국영화 상영을 본격화했지만, 대부분의 수입은 여전히 외국영화 상영에서 발생했다. [표 6]과 [표 7]을 보면, 상영하는 한국영화 편수만 전체 상영 영화의 절반 이상으로 증가했을 뿐, 한국영화 관객과 입장료 수입이 차지하는 비율은 높지 않았던 것을 확인할 수 있다. 단성사를 비롯한 외화관이 본격적으로 한국영화를 상영하기 시작한 1974년의 경우, 상영된 한국영화는 10편으로 전체 상영 영화 중 62.5%를 차지했으나 상영일수는 스크린쿼터에 조금 못 미치는 114일로 전체 상영일 중 약 31%였고, 동원한 한국영화 관객은 전체 관객 중 17.62%, 입장료 수입은 전체 수입의 12.91%에 불과했다.

단성사 상영 첫 장기 흥행 한국영화 〈겨울여자〉가 개봉된 1977년에 도 단성사 상영 영화 중 50%가 한국영화였고, 〈겨울여자〉의 장기 상 영으로 한국영화 상영일수도 47.54%로 절반에 육박했지만, 한국영화 관객은 전체 관객의 44.75%였고, 입장료 수입은 전체 수입의 34.48% 에 그쳤다.

[표 7] 1966~79년 단성사 상영 방화와 외화 관객 수, 입장료 수입[44]

연도	관객 수(명)		관객 점유율(%)		입장료 수입(원)		입장료 점유율(%)	
	방화	외화	방화	외화	방화	외화	방화	외화
1966	110,104	1,496,821	6.85	93.15	7,868,524	126,821,086	5.84	94.16
1967	218,625	1,473,056	12.92	87.08	21,751,117	170,708,328	11.30	88.70
1968	139,440	1,492,312	8.55	91.45	17,667,658	230,370,642	7.12	92.88
1969	13,626	1,434,885	0.94	99.06	2,014,823	305,524,477	0.66	99.34
1970	0	1,361,587	0.00	100.00	0	344,066,782	0.00	100.00
1971	15,256	1,231,789	1.22	98.78	3,073,154	347,816,699	0.88	99.12
1972	0	1,277,485	0.00	100.00	0	360,044,846	0.00	100.00
1973	40,327	1,083,323	3.59	96.41	11,331,984	374,462,371	2.94	97.06
1974	196,190	917,011	17.62	82.38	59,156,337	399,194,232	12.91	87.09
1975	157,648	862,357	15.46	84.54	56,958,054	488,052,214	10.45	89.55
1976	189,608	938,125	16.81	83.19	74,562,551	593,501,690	11.16	88.84
1977	620,244	765,704	44.75	55.25	292,151,873	555,150,946	34.48	65.52
1978	370,135	969,944	27.62	72.38	216,240,210	973,129,360	18.18	81.82
1979	408,623	916,639	30.83	69.17	438,952,400	1,096,151,100	28.59	71.41

44 「단성사 경리장부」와 당시 신문 광고를 대조·확인하며 재구성한 후 비율을 계산하였다.

이용희가 '정부 정책을 따르는 것이 익숙했던 당시 스크린쿼터제 준수 역시 당연한 일이라 여겼고, 애초에 큰 매출을 기대하지는 않았다'[45]고 증언한대로 단성사는 1966년 스크린쿼터제 도입에 부응해 한국영화 상영을 시작했고 1974년부터는 상영일수의 30% 이상 전체 상영 영화의 절반 이상을 한국영화로 상영하지만 대부분의 수입은 외국영화 상영에서 발생했다. 같은 시기 서울개봉관 관객 수 기준 한국영화와 외국영화 수익성 변화를 보면, 외국영화 평균 수익성이 한국영화 수익성보다 높아 단성사만 현상은 아니었던 것을 알 수 있다. '1966년 한국영화 편당 평균 관객 수는 59,032명, 외국영화 평균 관객 수는 83,852명이었는데, 1979년 한국영화 편당 관객 수는 59,019명, 외국영화 평균 관객 수는 133,226명'[46]으로 한국영화와 외국영화의 수익성 격차는 더 커졌다.

이용희는 당시 한국영화 상영보다는 외국영화 상영이 더 어려웠다고도 증언하는데, '한국영화 상영으로 입은 손실을 보상하기 위해 흥행이 예상되는 외국영화를 수급하는 것이 매우 중요했다. 특히 같은 시기 정부가 허가하는 연간 외국영화 수입 편수가 30여 편 정도로 대폭 감소했기 때문에 흥행이 될 외화를 수급해 상영해내는 것이 쉽지 않아, 소위 '오찌(落ち)'라고 불리는 전도금이 영화관에서 영화사로 전달되는 상황까지도 벌어졌다. 이전까지는 개봉관 확보를 위해 영화사가 영화관에 전도금을 지급하는 경우가 있었는데 상황이 역전된 것이다. 영화 종영 후 정산 과정에서 공동 부담으로 처리하던 통관세 및 수

---

45 송영애, 「이용희」, 216~220쪽.
46 김동호 외, 『한국영화 정책사』, 나남출판, 2005, 247쪽.

입 비용이 개봉 이전에 영화관이 영화사에 '전도금'으로 선지급하는 관행이 나타날 정도로 외국영화 수급은 매우 절박했다'[47]고 한다.

[표 4]를 참고하면 스크린쿼터제가 강화된 1974년부터 연간 외국영화 수입 편수는 30편 안팎으로 급감했다. 반면에 한국영화 제작 편수는 100편 안팎이었다. 한국영화 제작 편수의 1/3 이상을 수입할 수 없다는 규제 덕분에 인위적으로 결정된 연간 외국영화 수입 편수는 서울 시내 10여 개 개봉관이 소화하기에는 매우 부족했다. 단성사를 비롯한 서울개봉관의 흥행 예상 외국영화 수급 경쟁은 더욱 심해질 수밖에 없었고, 과거에 개봉관을 잡기 어려웠던 영화사가 개봉관에 지급하던 전도금 관행이 뒤바뀌는 경우도 발생한 것으로 보인다.

한편 단성사의 첫 흥행 한국영화였던 〈겨울여자〉와 관련해서 '한국영화 입장료가 외국영화보다 저렴해, 동일한 관객을 동원했을 때 입장료 수입에서 한국영화가 불리하기 때문에, 극장 측은 흥행이 되어 장기 상영이 되어도 별로 달갑게 여기지 않는다'[48]는 소식을 전하는 기사가 보인다. 이길성 등은 입장료 차이로 인해 영화관이 한국영화 상영을 홀대하는 경향이 있었다고 지적하면서 1977년 대한극장이 〈엄마 없는 하늘아래〉를 조기종영하고, 〈무적 600만불〉을 상영한 사건 등을 예로 들기도 한다.[49]

그러나 이에 대해 이용희는 다르게 기억했다. '당시 흥행이 예상되는 외화 수급이 쉽지 않았기 때문에 한국영화 흥행이 영화관 측에 부

---

47 송영애, 앞의 글, 229~230쪽.
48 "외화 일색 신정극장프로", 《한국일보》, 1977년 12월 18일.
49 이길성 외, 앞의 책, 45쪽.

〈그림 11〉〈겨울여자〉광고, 《경향신문》, 1977년 9월 24일자 6면.

정적이지만은 않았다는 것이다. 특히 영화관과 영화사의 입장료 수입 분배 비율 즉 부율이 외국영화의 경우 4:6이었으나 한국영화의 경우 5:5여서 입장료 차이를 어느 정도 보완할 수 있었고, 장기 상영의 경우에는 개봉 초기 이외에는 광고비를 거의 지출할 필요가 없어서 오히려 긍정적인 면도 있었다'[50]면서 일종의 "박리다매, 저비용 고효율"[51]이었다고 추가 증언했다.

앞서 〈엄마없는 하늘아래〉처럼 이후 상영할 외화가 대기하고 있는 상황이 아니라면, 이용희의 증언대로 한국영화의 흥행과 장기 상영이

---

50 이용희는 단성사의 경우 상영 계약서에 신문 광고, 포스터 부착 등을 위한 광고비 한도를 표기했는데, 예상 입장료 수입을 산정해 10~15% 정도를 설정했다고 증언한 바 있다. 단성사는 고정 관객층이 두터운 편이라 다른 개봉관보다는 광고비 비율이 낮았다고도 했다. 송영애, 「이용희」, 175~176쪽.
51 송영애, 「이용희 추가 인터뷰 녹취록」.

영화관 측에 손해는 아니었을 것으로 보인다. 다만 상영할 외국영화가 대기하고 있는 상황이 빈번하게 발생하지는 않았을 것으로 추정된다. 앞서 살펴본 대로 1974년 이후 1년에 수입되는 외국영화는 30편 안팎에 불과했기 때문이다. 이런 이유로 당시 개봉관은 과거에 흥행한 외국영화를 재개봉하거나 공연을 유치하는 등의 노력을 펼치기도 했다.

2-4. 한국영화 '끼워 팔기' 관행: 영화사와 영화관의 관계

한편 당시 한국영화 상영은 이후 외국영화 상영을 위한 투자로도 인식되었다. 영화법상 영화제작과 수입이 일원화되어 허가받은 소수의 영화사만이 영화를 제작하고 수입할 수 있던 상황에서, 이용희는 '거래 영화사가 수입한 외화를 상영하는 조건으로 제작한 한국영화를 상영하는 경우가 많아져, 한국영화는 흥행이 되지 않아도 큰 손해로 여겨지지는 않았다'[52]고 증언했다. 말하자면 한국영화 상영은 다음 외국영화 상영관 확보를 위한 영화사의 '끼워 팔기' 즉 패키지 판매였던 셈이다.

이용희의 증언대로 『단성사 경리장부』를 보면 1970년대 단성사는 주로 화천공사, 동아수출공사, 태창흥업, 한진흥업, 남아진흥 등을 통해 영화를 수급했는데, 각 영화사의 한국영화와 외국영화가 거의 짝을 이루어 상영되었던 것을 알 수 있다. 예를 들어 1978년 단성사 상영 한국영화 10편 중 〈코메리칸의 낮과 밤〉(홍의봉, 4월 8일 개봉), 〈엄마 없는 하늘 아래〉(이원세, 9월 16일 개봉), 〈악어의 공포〉(이원세, 10월 14일 개봉) 3편은 한진흥업 제작 영화로 각각 7일, 14일, 14일 동안 상

---

52 송영애, 「이용희 추가 인터뷰 녹취록」.

영되어 2만 2450명, 3만 6311명, 3만 8745명의 관객을 동원했는데, 같은 해 140일간 상영되어 54만 5583명의 관객을 동원한 〈007 나를 사랑한 스파이〉가 바로 한진흥업 수입 영화였다.

한편 조준형은 '방화관과 외화관 모두 한국영화와 외국영화를 상영하게 되면서 기존 영화사-영화관 협력 관계가 무너지고, 영화관은 한국영화를 외국영화와 동등한 경쟁상대로 보았다'[53]고 주장한다. 하지만 당시 영화제작과 수입이 일원화된 상황에서 영화사 역시 외화수입 쿼터 확보를 위해 졸속으로 한국영화를 제작하는 경우가 발생했다는 것은 이미 널리 알려진 사실이다. 개봉관 역시 스크린쿼터 준수 및 이후 외국영화 상영을 위해 거래 영화사가 제작한 한국영화를 흥행과는 무관하게 상영하는 식으로 오히려 서로의 이해관계가 맞아떨어진 유착관계를 형성했을 가능성이 더 컸다고 생각한다. 영화사와 개봉관 모두 소수 독과점 상황에서 한국영화와 외국영화의 동등한 경쟁보다는 전도금 지급, 패키지 구매 등의 관행을 만들어갔을 가능성도 높다.

2-5. 1970년대 감소한 적 없는 단성사 입장료 수입의 배경

앞에서는 단성사가 상영한 한국영화와 외국영화의 비율 위주로 상영 편수, 관객 수, 입장료 수입 등을 살펴보았다. 그런데 단성사의 1970년대 연도별 입장료 수입을 보면 감소한 적이 단 한 번도 없었다는 것을 알 수 있다. 같은 기간 관객 수는 감소한 해가 있지만 입장료 수입은 증가세만을 기록했다.

---

53 조준형, 앞의 글, 293~294쪽.

[표 8] 1966~79년 단성사 전체 관객 수, 평균 입장료, 입장료 수입[54]

연도	전체 관객 수(명)	관객수 전년 대비 증감율(%)	평균 입장료(원) 방화	외화	전체 입장료 수입(원)	입장료 수입 전년 대비 증감율(%)
1966	1,606,925		100	91	134,689,610	
1967	1,691,681	5.27	113	134	192,459,445	42.89
1968	1,631,752	−3.54	127	179	248,038,300	28.88
1969	1,448,511	−11.23	150	228	307,539,300	23.99
1970	1,361,587	−6.00	0	263	344,066,782	11.88
1971	1,247,045	−8.41	205	291	350,889,853	1.98
1972	1,277,485	2.44	0	303	360,044,846	2.61
1973	1,123,650	−12.04	280	368	385,794,355	7.15
1974	1,113,201	−0.93	339	490	458,350,569	18.81
1975	1,020,005	−8.37	432	575	545,010,268	18.91
1976	1,127,733	10.56	453	700	668,064,241	22.58
1977	1,385,948	22.90	495	775	847,302,819	26.83
1978	1,340,079	−3.31	600	988	1,189,369,670	40.37
1979	1,315,074[55]	−1.87	1,025[56]	1,220	1,504,539,500[57]	26.50

---

54 『단성사 경리장부』를 참고해 계산했는데, 입장료의 경우 할인가가 아닌 일반가를 기준으로 평균액을 계산했다. 공연 〈최헌쇼〉 관련 통계는 모두 제외한 후 계산했다.

55 공연 〈최헌쇼〉의 관객 1만 188명은 제외하였다. 『단성사 경리장부』 참고.

56 〈최헌쇼〉의 입장료 3000원은 한국영화 입장료 평균 계산에서 제외하였다. 1979년 단성사에서 상영된 한국영화 4편의 입장료는 〈야시〉 800원, 〈목마 위의 여자〉 1000원, 〈가을비 우산속에〉 1000원, 〈죽음보다 깊은 잠〉 1300원이었다. 『단성사 경리장부』 참고.

57 〈최헌쇼〉의 입장료 수입 3056만 4000원은 제외하였다. 『단성사 경리장부』 참고.

1967년 약 170만 관객을 동원한 단성사는 1975년 100만을 겨우 넘긴 관객을 동원해 1967년 대비 관객 수가 약 39% 감소했다. 그러나 같은 기간 입장료 수입은 오히려 약 183% 증가했다. 1966년 대비 1975년 소비자물가 증가율은 123.9%로 계산되는데,[58] 정교한 검증이 필요하겠으나 단성사의 관객 수 감소가 입장료 수입 감소로 그대로 이어지지는 않았던 것이다. 그 이유는 무엇일까?

① 입장료 인상

관객이 감소했음에도 불구하고 단성사의 입장료 수입이 1970년대 후반에 오히려 증가한 이유 중 하나는 [표 8]에서도 확인할 수 있듯이 입장료 인상이었다. 당시 입장료 인상과 자율화는 영화관 업계가 지속적으로 정부에 요구하던 사항이었다. 이용희는 '개봉 예정 1주일 전쯤 서울시 공보과에 공연 신고를 하게 되는데, 좀 더 유리한 즉 더 비싼 입장료를 받기 위해 단성사 영업 책임자인 본인이 직접 서울시 공보실을 출입했다'[59]고 증언할 정도로 당시 입장료 결정은 개봉관 입장에서 매우 중요한 사항이었다.

1961년 12월 제정된 공연법에 따라 영화 입장료는 영화 개봉 전 공연신고를 하는 과정에서 방화 제작비와 외화 수입가를 기준으로 영화에 따라 다르게 결정되었다. 입장료 한도액은 문화공보부 장관이 정했는데, 공연자 즉 영화관 측이 매번 시장 또는 군수에게 공연 즉 영화

---

58 국가통계포털에서 '연도별 소비자 물가 등락률'을 '1966년: 1975년'으로 시점 설정해 계산했다. 국가통계포털 kosis.kr 참고.
59 송영애, 「이용희」, 158쪽.

상영을 신고해야 했고 서울시장 또는 도지사의 관람료 즉 입장료 인가를 받아야 했다.

1970년대 입장료 산출액 한도는 1973년, 1975년, 1979년 세 차례 변경되었는데 한국영화의 경우 제작비, 상영시간 등에 따라, 외국영화의 경우 수입가격과 상영시간 등에 따라 한도액이 결정되었다. 이 중 1979년에는 한도액이 대폭 상승되었다.[60] 1978년 6월 신문기사를 참고하면 '1974년 고시 가격으로 묶인 영화관 입장료는 한국영화의 경우 제작비 3500만 원에 300원, 이후 500만 원 증가시마다 30원 증액, 외화의 경우 수입가격 5000만 원에 500원, 이후 500만 원 증가시마다 50원 증액'[61]되었다.

[표 8]을 봐도 입장료 인상 시기를 확인할 수 있다. 특히 1979년은 1978년 대비 크게 상승한 것을 알 수 있다. 한국영화의 경우 1978년 평균 입장료가 600원이었지만 1979년 평균은 1025원이었다. 외국영화의 경우에도 988원에서 1220원으로 증가했다. 그 결과 1979년 단성사 전체 관객 수는 전년 대비 1.87% 감소했지만, 전체 입장료 수입은 오히려 26.50% 증가할 수 있었다. 1970년대 내내 단성사의 전체 입장료 수입은 입장료 인상에 힘입어 증가세를 유지할 수 있었던 것이다.

한편 당시 입장권은 일련번호가 인쇄된 정부 발행 입장권이었다. '1962년 3월부터 인구 20만 이상 6개 도시 입장권을 정부에서 발행했는데, 입장권 재사용을 통한 탈세를 방지하기 위해서였다. 인쇄는 조폐공사가 했는데 일련번호를 이용한 복권제도가 실시된 시기도 있었다.

---

60 이길성 외, 앞의 책, 43쪽; "영화시책의 전환", 《동아일보》, 1979년 3월 12일자 4면.
61 "올들어 5월까지 90곳 문닫아 "극장폐업"이 잇따른다", 《경향신문》, 1978년 6월 26일자 8면.

1973년 4월부터는 전국 32개 도시로 확대 실시되면서 원래 정부 부담이었던 인쇄비의 70%를 영화관이 부담하게 되어 반발이 일기도 했다. 1975년에는 인쇄처가 변경되고, 인쇄비도 장당 71전에서 35전으로 인하되어 영화관의 부담이 줄었다.[62]

당시 상황에 대해 조상림은 '조폐공사가 인쇄하던 입장권이 이후 서울신문사 인쇄로 바뀌었고, 한꺼번에 10만 장 단위 정도로 구입해왔다고 기억했다. 구입하는 과정에서 일련번호를 기준으로 단성사 구매 상황이 세무서에 신고되었고, 관객이 입장하며 영화관에 제출하는 입장권을 취합해 일련번호로 판매 매수를 계산해 세금이 부과되었다고 한다. 요금과 좌석번호는 영화관 측에서 도장을 찍었고 수정할 경우 세무서에 신고를 해야 했는데, 입장권 일련번호는 영화관과 영화사 측 모두 일일 관객 수를 계산하는 데에도 이용되었다'[63]고 한다.

② 입장세 폐지

1970년대 단성사의 입장료 수입이 관객 감소에도 증가할 수 있었던 또 다른 이유는 입장세 폐지라고 할 수 있다. 1977년 입장세가 부가가치세로 대체되면서 감세 효과 즉 수입 증가 혜택을 누린 것으로 보이기 때문이다. 입장세는 1938년 3월 조선총독부령 제12호 '조선지나사변특별세령'을 통해 도입된 이후 1977년 7월 부가가치세가 도입될

---

62 "극장입장권 정부서 발행", 《경향신문》, 1962년 1월 19일자 3면; "극장가의 탈세 유형과 복금부 입장권의 실효", 《매일경제》, 1969년 5월 27일 3면; "4월부터 전국서 복권부입장권", 《매일경제》, 1973년 2월 1일 2면; "복권부 극장입장권 인쇄소 변경", 《매일경제》, 1975년 4월 3일자 2면 등 참고; 송영애, 「이용희」, 190쪽 재인용.
63 송영애, 「조상림」, 50~54쪽.

때까지 영화관 입장료에 부과되었다. 1977년 폐지 당시 입장세율은 1974년에 일부 개정된 입장세법 제3조에 따라 '1인 1회의 입장료가 25원 이하인 때 입장료의 100분의 15, 다만, 읍·면에 있어서는 입장료의 100분의 10, 1인 1회의 입장료가 25원을 초과하여 50원 이하인 때 입장료의 100분의 20, 1인 1회의 입장료가 50원을 초과한 때 입장료의 100분의 30'으로 차등 적용되었다. 1977년 단성사 상영 영화의 경우 한국영화는 420원~600원, 외화는 700원~1000원의 입장료를 받았으니 30% 세율이 적용된 것으로 보인다.

1977년 7월 입장세를 대체해 입장료에 부가된 부가가치세의 세율은 10%로 영화관 입장에서는 약 1/3의 감세효과를 얻게 된 셈이었다. 당시 단성사 경리부장이었던 조상림은 부가가치세 도입에 대해 "우리야 살았죠"[64] 라는 표현도 했다. '입장세 이외에 원호기금, 문예진흥기금 등의 준조세와 재산세, 법인세, 각종 시설 관련 면허세 등을 부담하던 영화관 입장에서 부가가치세 시행은 영화관 지출 감소 효과가 컸다'는 것이다.[65]

입장세의 부가가치세 전환은 입장료 인상과 더불어 1970년대 관객 감소로 인한 단성사를 비롯한 개봉관의 수입 감소를 보완하는 역할을 충분히 했을 것으로 보인다. 단성사가 수급해 상영한 영화별로 영화사와의 수입 분배율, 세율 등을 적용해 단성사의 순수 수입에 대한 추가적인 통계를 작성해보지는 못했지만, 1974년 본격적인 한국영화 상영이라는 큰 변화를 맞이한 단성사가 한국영화 상영으로 인한 수입 감

---

64 송영애, 앞의 글, 55쪽.
65 송영애, 같은 글, 54~55쪽.

소를 만회할 수 있는 외부 요건들을 만났다는 것은 확인할 수 있다.

1970년대를 거치며 한국영화 상영을 시작한 서울시내 외화관은 외국영화 상영을 시작한 기존 방화관까지 가세한 상황에서 외국영화 중 흥행 가능 영화 선점을 위한 경쟁에 돌입했다. 하지만 1970년대 신규 개봉관이 없는 독과점 상황에서 제작과 수입이 일원화되어 역시 독과점 상황이었던 소수의 영화사와 협력하며 전도금 지급, 패키지 구매 등 나름의 생존 방식을 형성했다. 또한 입장료 인상과 입장세 폐지라는 외부적인 환경 변화에 따라 단성사의 경우 관객 수 감소에도 입장료 수입은 증가하는 상황을 맞게 되었다.

3. 마치며

1960~70년대 서울개봉관은 약 12개로 유지되었다. 1970년대 전국 극장 수가 감소하는 상황에서도 서울 개봉관 수는 거의 변화하지 않았다. 공연법 규정, 서울시 도심 개발 억제 정책, 높은 설립 비용 등으로 사실상 신규 개봉관이 진입할 수 없었던 상황에서 1970년대에 나타났던 개봉관 선호, 외화 선호, 젊어진 관객층 증가라는 변화 역시 단성사를 비롯한 서울개봉관에게는 매우 유리한 상황을 만들어주었다.

1960년대 서울개봉관은 지리적 요인, 주거래 영화사, 운영 인력 등에 의해 방화관과 외화관으로 구분되어 운영되었지만, 1966년 스크린 쿼터제 도입 이후에는 서서히 구분이 사라지기 시작한다. 스크린쿼터제 도입이라는 외부 변화 요인이 1973년 강화되면서 대표적인 외화관인 단성사 역시 1974년부터는 외화보다 한국영화를 더 많이 상영하는 상황으로 변화했다. 그러나 단성사의 영화 수입 중 외화 수입이 차지하는 비율이 여전히 더 컸다. 한국영화 상영으로 발생한 손실이 외화 상영으로 보완된 셈이었고, 입장료 인상과 입장세 폐지 등도 관객 감소를 겪던 개봉관의 입장료 수입 감소를 막았다.

단성사는 1970년대를 거치며 외화관이라는 정체성은 잃게 되었지만, 서울개봉관 수가 정체된 상황에서 최악의 어려움은 겪지 않았다. 오히려 한정된 수의 서울개봉관과 영화사는 독과점이라는 공통 상황 속에서 서로 협력해나갔다.

1960~70년대 내내 소수의 서울개봉관과 영화사가 안주한 이러한 독과점 상황은 1980년대 이후 컬러TV의 대중화, 개봉관 급증, 영화시장 개방 등과 같은 변화에 대한 서울개봉관의 대응 능력에 긍정적인 영향을 주지는 못했다. 1960~70년대 서울개봉관은 스크린쿼터라는 갑작스러운 외부 충격은 버텨냈지만, 장기적 안목의 변화 대응력은 점차 잃어갔다고 평가할 수 있겠다.

참고문헌

신문 및 잡지

《경향신문》《국민일보》《동아일보》《매일경제》《씨네21》《아시아경제》《이투데이》
《중앙일보》《한국경제》《한국일보》등 각 기사

영화진흥공사 편, 『1977년 한국영화연감』, 영화진흥공사, 1978.

영화진흥공사 편, 『1980년 한국영화연감』, 영화진흥공사, 1981.

영화진흥공사 편, 『1981년 한국영화연감』, 영화진흥공사, 1982.

영화진흥공사 편, 『1984년 한국영화연감』, 영화진흥공사, 1985.

『한국연예대감』, 성영문화사, 1962.

논문 및 단행본

김동호 외, 『한국영화 정책사』, 나남출판, 2005.

송영애, 「김종원」, 1960~70년대 영화관 구술채록연구팀 편, 『2010년 한국영화사
　　구술채록연구 시리즈 〈주제사〉 1960~1970년대 영화관 3 김창규·최경옥·복
　　철·김종원』, 한국영상자료원, 2010, 241~304쪽.

＿＿＿, 「이용희」, 1960~70년대 영화관 구술채록연구팀 편, 『2010년 한국영화사 구
　　술채록연구 시리즈 〈주제사〉 1960~1970년대 영화관 1 조상림·이용희』, 한국영
　　상자료원, 2010, 97~268쪽.

＿＿＿, 「조상림」, 1960~70년대 영화관 구술채록연구팀 편, 『2010 한국영화사 구술
　　채록연구 시리즈 〈주제사〉 1960~1970년대 영화관 1 조상림·이용희』, 한국영
　　상자료원, 2010, 17~95쪽.

송영애·안재석, 「참고자료: 서울시내 영화관 정보」, 1960~70년대 영화관 구술채록연
　　구팀 편, 『2010년 한국영화사 구술채록연구 시리즈 〈주제사〉 1960~1970년대
　　영화관 1 조상림·이용희』, 한국영상자료원, 2010, 271~283쪽.

안재석, 「최경옥」, 1960~70년대 영화관 구술채록연구팀 편, 『2010년 한국영화사 구
　　술채록연구 시리즈 〈주제사〉 1960~1970년대 영화관 3 김창규·최경옥·복
　　철·김종원』, 한국영상자료원, 2010, 63~111쪽.

이길성 외, 『1970년대 서울의 극장산업 및 극장문화 연구』, 영화진흥위원회, 2004.

이충직 외, 『한국 영화 상영관의 변천과 발전 방안』, 문화관광부, 2001.

조준형, 「1960~70년대 공급중심 영화산업 체제와 상영영역의 이중적 지위」, 《한국극예술연구》 43권, 한국극예술학회, 2014, 257~300쪽.

조혜정, 「미군정기 극장산업 현황 연구」, 《영화연구》 14권, 한국영화학회, 1998, 487~524쪽.

기타

국가법령정보센터 www.law.go.kr

국가통계포털 kosis.kr

금융감독원 기업공시시스템 dart.fss.or.kr

『단성사 경리장부』, 1953~1996.

송영애, 「이용희 추가 인터뷰 녹취록」, 2016.

한국영화데이터베이스 www.kmdb.or.kr

은막의 사회문화사

1950~70년대 극장의 지형도

초판 발행 2017년 12월 15일

기획   한국영상자료원
펴낸이   류재림

펴낸곳   한국영상자료원
주소   서울시 마포구 월드컵북로 400
출판등록   2007년 8월 3일 제313-2007-000160호
대표전화   02-3153-2001
팩스   02-3153-2080
이메일   kofa@koreafilm.or.kr
홈페이지   www.koreafilm.or.kr

편집 및 디자인   현실문화연구(02-393-1125)
총판 및 유통   현실문화연구

2017 ⓒ 한국영상자료원, 이길성, 이지윤, 박선영, 정찬철, 위경혜, 송영애

값 18,000원

ISBN 978-89-93056-60-0 (93680)